尚商系列丛书

U0826197

上海商业发展报告

2020

ANNUAL REPORT ON BUSINESS DEVELOPMENT OF SHANGHAI

贺瑛　曹静　孙雪飞　沈荣耀等　著

上海科学技术文献出版社
Shanghai Scientific and Technological Literature Press

图书在版编目（CIP）数据

上海商业发展报告．2020/ 贺瑛等著． —上海：上海科学技术文献出版社，2021
ISBN 978-7-5439-7921-5

Ⅰ．①上… Ⅱ．①贺… Ⅲ．①商业经济—研究报告—上海—2020 Ⅳ．① F727.51

中国版本图书馆 CIP 数据核字 (2020) 第 265678 号

责任编辑：李 莺 栾 鑫
封面设计：VIDA

上海商业发展报告．2020
SHANGHAI SHANGYE FAZHAN BAOGAO. 2020
贺 瑛 曹 静 孙雪飞 沈荣耀 等著
出版发行：上海科学技术文献出版社
地 址：上海市长乐路 746 号
邮政编码：200040
经 销：全国新华书店
印 刷：常熟市人民印刷有限公司
开 本：787mm×1092mm 1/16
印 张：16.25
字 数：299 000
版 次：2021 年 1 月第 1 版 2021 年 1 月第 1 次印刷
书 号：ISBN 978-7-5439-7921-5
定 价：78.00 元
http://www.sstlp.com

编　委　会

前言

《上海商业发展报告(2020)》由上海商学院、上海市商务委员会共同打造。作为"尚商系列丛书"之一种,《上海商业发展报告》诞生于2015年,至今已有五个年头。五年来,该报告为政府相关部门、研究机构、商业企业了解、分析、研判上海商业市场和消费市场提供了基础材料。

为更好地服务于上海"五大中心""四大品牌"建设需要,上海商学院与上海市商务委员会共同组织编写了《上海商业发展报告(2020)》。该报告既延续了之前的体例和风格,又根据新的发展形势需要做了调整与创新。围绕2019年度上海商业运行、上海商业网点、上海商业品牌、上海商业热点、上海商业发展,编写人员展开了深入调查、研究。

本报告第一章"上海商业运行状况",与之前的《上海商业发展报告》仅聚焦于上海商业发展本身不同,此次报告从上海商业运行的国内外环境着手,将上海商业置于国际、国内尤其上海经济发展的大环境下,结合上海经济发展热点,分析其对于上海商业宏观市场运行和微观企业运行的影响。商业宏观市场运行包括商业市场的总体状况和发展趋势,微观企业运行分析选取2019年有典型代表性的商业企业进行重点分析。在此基础上,结合上海商业政策关注的重点领域进行深入分析。

第二章"上海商业网点研究"是历年《上海商业发展报告》的保留章节。本章由四节组成。第一节通过宏观数据对上海商业网点2019年的整体发展状况进行了基本分析,同时引入银联微观商圈交易数据,采用Tableau大数据分析软件,对各行政区内商业网点的消费金额、消费频率、消费类别等进行特征分析,最后梳理国际最新商业网点发展优秀案例,为上海商业网点发展提供借鉴。第二节借助ArcGIS10.7等软件,对上海的商业中心进行识别。进一步从区位竞争力和消费竞争力两个方面系统评价商业中心的竞争力。区位竞争力包括交通便捷性、居民流动性、辐射广域性、区位中心性;消费竞争力包括消费类型多样性、消费时间分散性、消费空间广域性和消费人群高端性。第三节以 2019 年度上海社区商业发展的新变化为研究重点,在梳理近年来影响上海社区商业发展的政策背景的基础上,从上海社区商业中心、社区商业业态和社区商业电商等三个方面,收集新建、改造项目,业态和电商发展变化的典型案例,对其进行整理和分析,总结上海社区商业 2019 年度的发展特征。同时结合国内外社区商业发展的先进经验和最新实践,预测上海社区商业未来发展的趋势。第四节梳理了上海特色商业街区发展的"特色商业街""休闲街区""特色商业街区"等三个演变阶段,以上海市商务委推选出的最新的 69 个特色商业街区为样本,宏观分析了上海市特色商业街区的类型结构和空间分布;通过典型案例商业特色街区的 POI 数据分别分析了四类特色商业街区的业态结构,最后总结提炼了上海特色商业街区发展演变的五大特征和五大发展趋势。

商业发展离不开品牌的支撑,不能设想没有品牌的商业和没有商业的品牌。第三章"上海商业品牌研究"是本报告新设章节,该章节会在以后的报告中固化下来。本章共分三个部分。第一部分从宏观的角度诠释了品牌对于城市、对于商业的意义,并由此从理论层面深入研究了"四大品牌"建设,探讨了上海四大品牌建设现状、瓶颈、突破口,继而对如何打响"四大品牌"提出了具体建议。第二部分专题研究了上海购物品牌,通过对上海购物 SWOT 分析,揭示了上海购物的优势、劣势,面临的机遇、挑战。第三部分则从一个相对狭小的切口就商业品牌展开深入研究,并就上海商业品牌建设提出了作者的一些思考。

每年的上海商业热点有所不同,2019 年商业热点的分析聚焦于上海夜市,这与上海城市发展定位、零售市场自然发展和新冠疫情下的经济应对措施有关。第四章"上海商业热点分析"对夜市基本理论作了一定阐述,着重分析了上海夜市的发展情况,包括夜市发展环境、呈现类型、总体规划,并从上海夜市未来的区域、空间规划、营商环境、经营内核、自然形成夜市的升级改造及夜市外部效应的利用和规范等方面进行策略性探讨。

以往的《上海商业发展报告》在回顾了一年商业基本运行情况后，会对来年的商业发展趋势做一下展望，尽管篇幅有长短之分，章节有安排之变，本年度的报告仍然因循这一风格。2020 年是个极其不一般的年份。一场突如其来的新冠疫情毫无征兆地暴发了，人类社会几乎处于"停摆"状态。疫情或许会以一种"常态"的方式与人类长期共存。如何重振商业，扩大消费，充分释放超大规模国内市场潜力，做好"双循环"，是这篇文章的题中之意。上海商业在全国占据举足轻重的地位，深入研究后疫情时代上海乃至全国、全球的经济背景、消费特征、商业模式，从而突破消费增长瓶颈、寻求商业发展模式、发现经济恢复路径构成了整个第五章"上海商业发展展望"的研究内容。

本报告是集体合作的产物。第一章由曹静领衔，曹静同时完成了第一节、第二节的编写任务，第一章第三节由符栋良完成，第四节由单佳灵完成。第二章具体由孙雪飞负责，其中第一节由刘玉飞、李佳佳、孙雪飞完成，第二节由史文天、张海平、孙雪飞完成，第三节由侯新冬、梁丽芳、孙雪飞完成，第四节由宋长海、孙雪飞完成。赵萌协助孙雪飞做了第二章的统稿工作。第三章由贺瑛、曹剑涛主持完成，贺瑛、刘会齐、张凯旋、曹剑涛参与了第一节的撰写，第二、三节则由曹剑涛执笔。沈荣耀完成了第四章的编写及统稿任务，第四章共三节，其中第一节由符栋良完成，第二节由赵黎黎完成，第三节由沈荣耀完成。第五章由贺瑛独立完成。本书最后由贺瑛总撰。

特别感谢银联智策提供数据分析支持，感谢上海科学技术文献出版社对本书出版的大力支持，感谢责任编辑的倾心付出。

由于作者水平有限，书中疏漏或错讹之处在所难免，欢迎读者批评指正。

贺　瑛

2020 年 9 月

目　录

第一章　上海商业运行状况

第一节　上海商业运行环境

一、国内外宏观经济环境

（一）世界经济增速持续下滑，国际贸易与投资增长表现不佳

2019年全球经济增速2.9%，为自2008年金融危机爆发以来的最低水平。单边主义和保护主义政策拖累了全球经济，各国尤其是发达经济体货币与财政政策的效果不佳，中国经济增长放缓和美中贸易紧张局势溢出效应的影响也使得亚洲发达经济体经济增速下降。外国直接投资大幅下降，主要发达经济体增速持续下行，新兴经济体下行压力加大。[1]全球商品贸易增速仅为1.2%，大幅低于2018年3%的增速。贸易摩擦负面冲击显现，引发全球制造业生产整体回落，受贸易保护主义、民粹主义影响，主要经济体的全球化进程陷入停滞，全球需求转弱，经济增速下行，制造业陷入低迷。世界工业生产增速回落，主要经济体制造业疲软，2019年采购经理指数（PMI）持续性低于50%的荣枯线。

全球总需求不足严重抑制了世界经济的增长。在此背景下，世界主要经济体适时采取应对措施，推出量化宽松政策或降低利率并扩大政府支出，避免了全球经济出现衰退。受负利率政策扩散、国际金融市场风险与投资信心缺失、部分国家深陷社会动荡等因素影响，未来数年世界经济仍将在中低速轨道内前行。[2]

---

[1] 2019年世界经济形势：进入中低速增长轨道[EB/OL].(2020-01-19)[2020-02-23].http://www.gmw.cn/xu.
[2] 同上。

(二)中国经济运行平稳,发展质量稳步提升

2019年我国实现国内生产总值99万亿元,按可比价格计算,比上年增长6.1%,稳居世界第二。其中,第一产业增加值70 467亿元,比上年增长3.1%;第二产业增加值386 165亿元,增长5.7%;第三产业增加值534 233亿元,增长6.9%。粮食产量创历史新高,连续5年保持在65 000万吨以上,牛羊禽蛋奶产量实现增长。工业生产持续发展,高技术制造业和战略性新兴产业增加值分别比上年增长8.8%和8.4%,增速分别比规模以上工业快3.1和2.7个百分点。[1]

2019年,我国全年全社会固定资产投资560 874亿元,比上年增长5.1%。其中,固定资产投资(不含农户)551 478亿元,增长5.4%。第一产业投资12 633亿元,比上年增长0.6%;第三产业投资375 775亿元,增长6.5%。高技术产业投资增长17.3%,快于全部投资11.9个百分点,其中高技术制造业和高技术服务业投资分别增长17.7%和16.5%。[2]批发和零售业固定资产投资减少15.9%。全年外商直接投资(不含银行、证券、保险领域)新设立企业40 888家,比上年下降32.5%。实际使用外商直接投资金额9 415亿元,增长5.8%,折1 381亿美元,增长2.4%。外资在批发和零售业的投资额为125.7亿美元,比上年增加18.6%。

(三)对外贸易逆势增长,居民收入增长与经济增长基本同步

在全球贸易形势持续紧张的背景下,2019年,我国全年货物进出口总额315 505亿元,比上年增长3.4%。其中,出口172 342亿元,增长5%;进口143 162亿元,增长1.6%。进出口相抵,顺差为29 150亿元。与"一带一路"沿线国家和地区进出口增势良好,对"一带一路"沿线国家和地区合计进出口增长10.8%,高出货物进出口总额增速7.4个百分点。[3]

全国居民收入稳步增长,2019年,全国人均可支配收入30 733元,比上年名义增长8.9%,增速比上年加快0.2个百分点;扣除价格因素实际增长5.8%,与经济增长基本同步,与人均GDP增长大体持平。农村居民的收入增长速度快于城镇居民,城乡居民人均收入比值为2.64,比上年缩小0.05。全国居民人均消费支出

[1] 2019年国民经济运行总体平稳,发展主要预期目标较好实现[N/OL].证券日报网,2020-01-17[2020-02-25]. http://www.zqrb.cn/f.

[2] 国家统计局.中华人民共和国2019年国民经济和社会发展统计公报[N].人民日报,2020-02-29(005).

[3] 2019年国民经济运行总体平稳,发展主要预期目标较好实现[N/OL].证券日报网,2020-01-17[2020-02-25]. http://www.zqrb.cn/f.

21 559元，比上年名义增长 8.6%，增速比上年加快 0.2 个百分点；扣除价格因素实际增长 5.5%。按常住地分，城镇居民人均消费支出 28 063 元，名义增长 7.5%；农村居民人均消费支出 13 328 元，名义增长9.9%。[1]农村居民的消费增长速度也快于城镇居民。

（四）消费持续成为经济主动力，居民消费升级明显

2019 年第三产业增加值占国内生产总值的比重为 53.9%，比上年提高 0.6 个百分点，高于第二产业 14.9 个百分点，对国内生产总值增长的贡献率为 59.4%。消费作为经济增长主动力作用进一步巩固，最终消费支出对国内生产总值增长的贡献率为 57.8%，高于资本形成总额 26.6 个百分点。全国居民恩格尔系数为 28.2%，比上年下降 0.2 个百分点，中国居民基本实现了从温饱到小康的转变，在消费上有更加多元化的选择。

城乡居民消费升级明显。2019 年全国居民人均消费支出中，服务性消费支出占比为 45.9%，比上年提高 1.7 个百分点。食品烟酒、衣着、居住的消费在城乡居民消费中的比重呈下降趋势，特别是食品烟酒类消费下降明显；以交通通信、医疗保健为代表的服务类消费支出占比不断提高。在消费结构优化的同时，居民的消费品质也在持续提升。在饮食结构上越来越注重营养与健康，主食消费在减少；在医疗保健、教育文化娱乐、交通通信等领域的消费呈现出明显的升级优化态势。中国城乡居民开始从基本的吃穿消费向发展和享受型消费倾斜。中产阶级由于具有较为稳定和可观的收入、人群规模日益扩大而成为品质消费的重要动力。

二、 上海经济发展态势

（一）上海经济发展总体平稳，第三产业比重持续提高

2019 年，上海市实现生产总值 38 155.32 亿元，按可比价格计算，比上年增长6%，占全国的 3.86%。其中，第一产业增加值 103.88 亿元，下降 5%；第二产业增加值 10 299.16 亿元，增长 0.5%；第三产业增加值 27 752.28 亿元，增长 8.2%。第三产业增加值占全市生产总值的比重为 72.7%，比上年提高 1.8 个百分点。按常住人口计算的上海市人均生产总值为 15.73 万元。[2]上海由于经济总量基数较大，整体增速虽略低于全国平均水平，但第三产业增加值、增速和占比远高于全国平均水平。第三

[1] 2019 年国民经济运行总体平稳，发展主要预期目标较好实现[N/OL].证券日报网，2020-01-17[2020-02-25]. http://www.zqrb.cn/f.

[2] 国家统计局.中华人民共和国 2019 年国民经济和社会发展统计公报[N].人民日报，2020-02-29(005).

产业作为上海的优势产业，依然有较大的发展潜力。

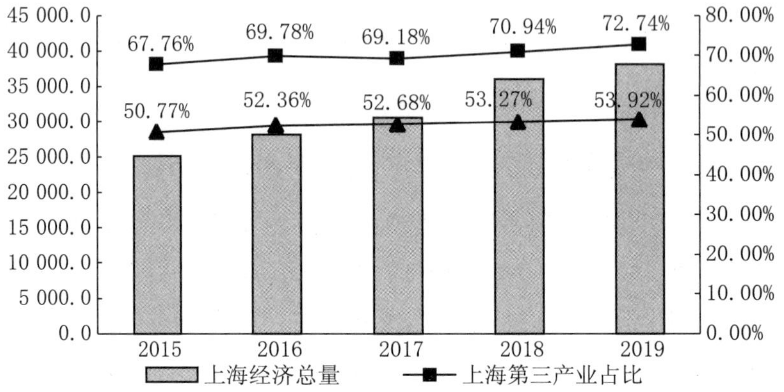

图 1-1　上海与全国的经济总量、第三产业占比对比图(2015—2019 年)

资料来源:国家统计局。

(二) 投资增速平稳，工业投资持续较快增长

2019 年，上海市固定资产投资总额比上年增长 5.1%，第二产业投资增长 11.6%，非国有经济投资增长 3.9%。从主要领域看，工业投资增长 11.3%，连续 21 个月保持两位数增长，房地产开发投资增长 4.9%，城市基础设施投资下降 2.6%。全市制造业投资在新能源汽车、电子信息等一批大项目的带动下，比上年增长 21.1%。六个重点工业行业投资增长 24.2%。其中，生物医药制造业投资增长 79%，汽车制造业投资增长 48.5%，石油化工及精细化工制造业投资增长 36.6%，电子信息产品制造业投资增长 12.9%。

(三) 对外贸易小幅增长，外商直接投资增势良好

2019 年上海口岸货物进出口总额 84 267.90 亿元，比上年下降 1.2%，继续位居世界城市首位。2019 年全市货物进出口总额 34 046.82 亿元，比上年增长 0.1%。其中，出口总额 13 720.91 亿元，增长 0.4%；进口总额 20 325.91 亿元，下降 0.1%。高新技术产品出口占全市比重为 41.2%。与“一带一路”沿线国家和地区及重要节点城市货物贸易额占全市比重达到 22.4%。

全年全市外商直接投资合同项目 6 800 个，比上年增长 21.5%；外商直接投资合同金额 502.53 亿美元，增长 7.1%；外商直接投资实际到位金额 190.48 亿美元，增长 10.1%。第三产业外商直接投资实际到位金额 172.86 亿美元，增长 11.6%，占比为 90.7%。“一带一路”沿线国家和地区在沪投资合同金额占全市比重达 8.2%。至年

末，在上海投资的国家和地区达 188 个，在上海落户的跨国公司地区总部累计达到 720 家。其中，亚太区总部 116 家，外资研发中心 461 家。年内新增跨国公司地区总部 50 家。其中，亚太区总部 28 家，外资研发中心 20 家。[1]

（四）战略性新兴产业作为经济发展主要动力，推动产业转型升级

2019 年上海市工业战略性新兴产业总产值比上年增长 3.3%，生产形势明显好于全市工业平均水平，占全市规模以上工业总产值的比重达到 32.4%，同比提高 1.8 个百分点。其中，受益于风电、核电设备订单增加，新能源产业产值增长 17.7%；生物医药产业在外资原研药企的拉动下，产值增长 7.3%。[2]新兴经济作为上海经济发展的重要动力，在推动上海产业转型升级、结构优化以及发展质量提升方面发挥了重要作用。2019 年全年日均新设企业 1 476 户，比上年增长 12.0%，为全市经济发展注入新动能。全年新认定高新技术企业 5 950 家，总数达 1.28 万家。集成电路、人工智能、生物医药、智能制造、数字经济等新兴产业集群正在成为上海产业转型的方向。

（五）现代服务业发展势头良好，商品销售额持续提高

从 2015 到 2019 年，上海第三产业增加值从 25 123.5 亿元增加到 27 752.28 亿元，增长 8.2%。第三产业服务业继续引领经济发展。全年实现金融业增加值 6 600.60 亿元，比上年增长 11.6%；房地产业增加值 3 300.72 亿元，增长 5.1%；交通运输、仓储和邮政业增加值 1 650.44 亿元，增长 3.6%；批发和零售业增加值 5 023.23 亿元，增长 2.4%。在第三产业利用外资的比例中，以商务服务业、信息服务业和科技服务业为代表的现代服务业比重持续提高，分别为 32%、19.3%和 14.7%。

2019 年上海商品销售总额持续增加，达到 12.08 万亿元，比上年增长 1.1%，其中，批发销售额 10.78 万亿元，增长 0.3%。电子商务交易额达 3.31 万亿元，比上年增长 14.7%。网络购物交易额达 1.31 万亿元，增长 27%，占电子商务交易额的比重为 39.7%，其中服务类网络购物交易额增长 26.2%。2019 年全市已开业城市商业综合体达 277 家，在全国居于首位。其中，商场商业建筑面积 10 万平方米以上的有 69 家，城市商业综合体实现营业额 1 972 亿元，比上年增长 14.6%。

---

［1］ 上海市统计局、国家统计局上海调查总队.2019 年上海市国民经济和社会发展统计公报[J].统计科学与实践.2020(03)：12—22.

［2］ 张晓鸣.2019 年上海经济总体平稳稳中有进进中固稳[N].文汇报.2020-01-22(002).

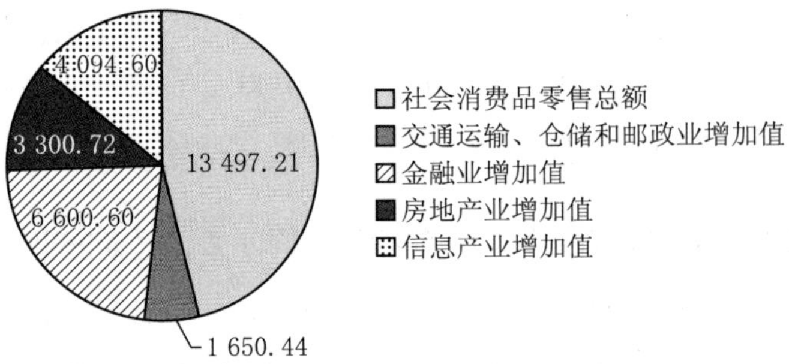

图 1-2　2019 年上海市第三产业增加值构成(亿元)

资料来源:上海市统计局。

三、上海经济发展热点

(一) 上海自贸区建设取得重大进展

2013 年 9 月上海自贸试验区正式挂牌成立,确定了全方位的对外开放新格局。2019 年,上海自贸试验区临港新片区正式成立,支持细则逐步出台;在自贸试验区推出"证照分离"改革全覆盖试点;上海"四大战略"的稳步推进为自贸试验区带来全新角色定位与发展动力;多条促进自贸试验区深入发展的政策陆续出台,进一步营造一流营商环境,激发市场活力。临港新片区不是简单的范围上的再扩区,而是着重聚焦特殊经济功能的塑造,更加突出开放的深化、功能的强化、布局的优化、动能的转化,是全方位、深层次、根本性的制度创新变革。截至 2019 年 4 月,上海自贸区在扩大开放方面取得了显著成效。全国首份外商投资负面清单从 190 条缩减至 45 条,95%以上的外资投资项目通过备案方式设立;两轮 54 项扩大开放的措施,累计落地 2 800 个项目;在 40 个领域落地了一批首创性外资项目;上海自贸区新设外资企业 1.1 万户,比重从原来的 5%上升到 20%。新增企业 5.9 万家,超过挂牌前 20 多年的总和。上海自贸试验区以全市 1/50 的土地面积,创造了全市 1/4 的生产总值、1/4 的税收收入,集聚了全市 45%左右的跨国公司地区总部和外资研发中心。累计 120 多项制度创新成果在全国复制推广,彰显了全国改革开放试验田的作用。[1]

(二) 上海国际消费城市建设已显成效

2019 年,商务部明确提出了开展"国际消费中心城市"建设试点,北京、上海、广

[1] 车海刚,江宜航,李昱霖,杜悦英.推进高质量开发开放的浦东样本[J].中国发展观察.2019(15):10—16.

州、深圳等一线城市都在致力于打造国际消费中心城市。上海作为全国的商业中心，人口密度高，人群消费能力强，许多零售企业都将上海作为中国大陆、亚洲乃至全球新业态、新模式的首发地和尝试地，特别是在场景式、体验式消费等方面发展迅速，如大调整后的新世界城带来了世界最高室内攀岩项目、全球首家“火影忍者”主题乐园。

实体商圈加快向多元化、差异化发展，社交化、时尚化、文化消费正在成为上海许多商圈的转型方向。根据中国城市规划设计研究院的报告显示，2019 年上海优势活力的街区单元比重超过 40%，在全国居于首位。在这些街区中，传统的以“百货＋餐饮”为主的商圈模式逐渐难以适应消费需求，一些实体商圈积极调整商场业态。如静安的兴业太古汇汇聚超过 250 个品牌，其中 28 个首次进入中国，40 多个首次进入上海，很多是集服务和销售于一体的全球旗舰店和体验店。淮海路 K11 商场长期展示典藏的本土年轻艺术家的杰作，以艺术引领消费。南京路恒隆广场云集了世界 100 多个知名奢侈品牌，其中很多品牌属于新品发布或全球限量产品出售。

上海已成为全球零售商进驻的重要目的地，国际零售商集聚度达 54.4%，国际高端知名品牌集聚度超过 90%，上海口岸的服装、化妆品、汽车进口额分别占到全国的 70%、53%和 37%，已成为名副其实的中高端消费品的进口集散地。引领消费新潮流的新品首发、新进首店数量大幅增加，全年超过 3 000 个国际国内品牌在沪首发，新进首店 835 家，其中中国首店超过 300 家，11 家全球首店旗舰店落户上海，国际品牌首店占全国半壁江山。路易威登、蒂芙尼、迪奥、蔻驰、宝诗龙等一批国际知名零售企业先后在沪首发全球新品。“首发东方”“东方购物”“天猫国际”等纷纷对接新品首发活动，主动为国际国内品牌、国内新品牌、老字号等提供首发推广服务。上海时装周已成为全球第五大时装周，全年有超过 200 场时尚品牌发布，影响力不断提升。

（三）第二届中国国际进口博览会为上海和中国经济注入了更多动能

2019 年 11 月举行的第二届中国国际进口博览会规模比第一届更大，质量更优。有来自 170 多个国家（地区）的政商学界人士和国际组织代表应邀与会，3 000 多家参展商、40 多万采购商报名参展。其中，世界 500 强和行业龙头企业数量超过首届，“隐形冠军”和创新型中小企业竞相亮相，专业观众和国际采购商比例进一步提高。在内容上创新更多，首次设置了“进博会发布”平台，中国有关部委和地方政府集中开展重要政策发布解读，国际组织和研究机构发布年度报告、行业报告，参展企业进行“全球首发、中国首展”。嘉宾层次更高，参会的境外副部级以上嘉宾超过 70 位。从交易组织来看，国资委、卫健委和中国各地方共组建 39 个交易团、近 600 个交易分团，为有效成交提供了有力保障。共举办 380 多场配套活动，首次集中亮相进博会的非物质文化遗产和中华老字号展示活动，积极展现中国传统文化特色，众多发展中国家和欠发达国家企业也携本国特色优质产品前来参展。进博会将各国的高新技术纷纷展现于我们眼前，全面呈现出国际尖端、前沿、具代表性的产品及服务趋势。2019 第二届上海进口博览会不仅为中国经济发展注入新的动能，也为全球更多发展中国家带来新机遇。

（四）长三角一体化战略取得跨越式发展

2019 年，中央已经印发了《长江三角洲区域一体化发展规划纲要》(以下简称《规划纲要》)，明确了"一极三区一高地"的战略定位。上海贯彻落实长三角一体化规划纲要，制订实施方案，坚持服从服务国家战略，坚持发挥龙头带动作用，坚持项目化清单化推进，坚持多方联动形成合力，紧扣"一体化"和"高质量"两个关键，抓好"七个重点领域"合作、"三个重点区域"建设。"七个重点领域"，就是围绕区域协调发展、协同创新、基础设施、生态环境、公共服务、对外开放、统一市场等重点领域，加快与苏浙皖三省对接，把《规划纲要》中明确的重大项目尽快落实落地。"三个重点区域"则包括长三角生态绿色一体化发展示范区、上海自贸试验区新片区和虹桥商务区。以"三个重点区域"为抓手，加强跨区域分工合作，促进全方位协同联动，不断提升区域发展的整体效能和核心竞争力。到 2025 年，上海"五个中心"核心功能和服务辐射能级将显著增强，跨区域多领域深化合作将达到较高水平，长三角一体化发展的体制机制也将全面建立，能更好发挥上海龙头带动作用，努力形成长三角共性与个性相得益彰、合作与竞争相互促进、集聚与辐射相辅相成的高质量一体化发展格局。[1]

（五）营商环境大幅提升

2017 年底以来，上海启动了对标世界银行的营商环境改革，在 2018 年 10 月世界银行发布的《2019 营商环境报告》中，中国总体排名比上一年上升 32 位，位列第 46 名。2019 年 3 月，上海又制定了"上海市进一步优化营商环境实施计划"，也就是 2.0 版。这一版本充分吸收 2018 年世界银行提交的对我国优化营商环境政策建议，研究提出了 88 项进一步对标改革的举措和建议。在全面落实 2.0 版各项任务的基础上，又根据督查中发现的问题推出 20 项新的深化改革举措。改革举措全部完成后，获得建筑施工许可、获得电力、开办企业、跨境贸易、纳税等以地方事权为主的指标，企业办事时间缩短 40%左右，手续环节减少近 50%。2019 年 10 月 24 日，世界银行发布

---

[1] 路沙.上海市发布贯彻《长江三角洲区域一体化发展规划纲要》实施方案[N].中国信息化周报.2020-01-20(003).

《2020 营商环境报告》，中国营商环境的最新排名在第 31 位，较上一年提升15 位。[1] 上海通过营商环境的不断改善，努力实现贸易投资最便利、行政效率最高、政府服务最规范、法治体系最完善，为上海经济社会发展提供更优软环境。

受惠于良好的营商环境，2019 年 1 到 11 月，上海新设外资项目 6 168 个，同比增长 29.3%；合同外资 459 亿美元，同比增长 14.6%；实到外资 178 亿美元，同比增长 10.8%。统计显示，2019 年上海全市日均新设企业 1 476 家，增长 12%。上海全市的市场主体数量达到 250 万家以上，按 2 400 万的人口计算，相当于每 10 个人左右就有一个人在当"老板"。市场主体的活跃度、集聚度反映了区域营商环境建设的成效。

第二节　上海商业宏观市场运行分析

一、 上海商业市场总体概况

2019 年，在全国经济发展的大环境下，通过积极举办第二届中国国际进口博览会，组织上海购物节，培育国际消费品展示交易平台等手段，上海商业取得了显著成效，"首店效应""夜市经济""海派文化"等正在成为上海商业新的标签，不断完善的消费体制机制和优良的政策环境持续推动着上海商业的高质量发展。

（一）上海社会消费品零售总额持续增长，外资和私营经济是主体

上海的社会消费品零售总额呈逐年增长态势，2015 年突破 1 万亿大关，2019 年达到 1.35 万亿，比上年增长 6.5%，对全市经济增长贡献居各行业前列。占全国社会消费品零售总额的 3.3%，居全国城市之首，因基数较大故低于全国 8%的平均增速。其中，批发零售业实现 1.23 万亿元，占比 91.2%，比上年增长 6.8%；住宿餐饮业实现 0.12 万亿元，占比 8.8%，比去年增长 4.3%。批发零售业在上海社会消费品零售总额实现中继续居于主导地位，拉动社会消费品零售总额增长 6.5%。

在所有的经济类型中，外商投资占比 22.4%，中国港澳台地区商人投资占比 19.7%，私营占比 18.9%，比上年分别增长 13.7%、12.8%和 2.3%，三种投资类型合计超过 60%，表明外资经济和私营经济是实现社会消费品零售总额的主要途径，且已成为趋势。

[1] 胥会云.2019 外企交出满分成绩单　上海营商环境给了什么底气[N].第一财经日报，2020-01-02(A06).

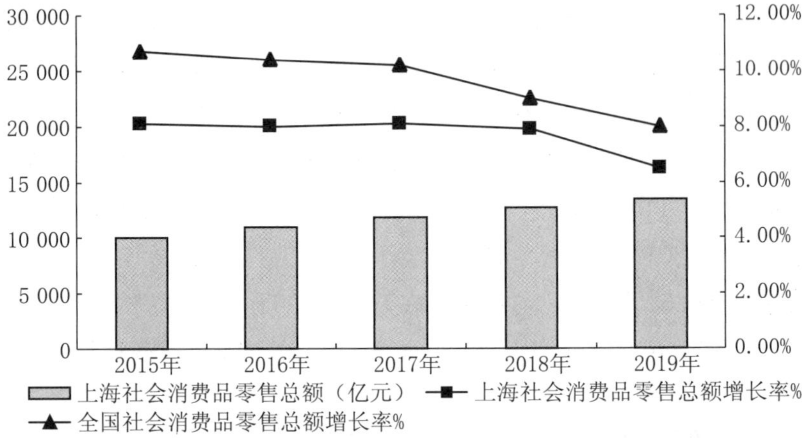

图 1-3　上海社会消费品零售总额情况与全国增速对比(2015—2019)

资料来源:上海市统计局。

在商品类别方面,用的商品占比最高为52.3%,且增速最快达3.7%,其次为穿和吃的商品,分别为21.9%和21.6%。随着收入水平的提高,居民追求更高的生活品质,愿意在用的商品上投入更多。

(二) 居民收入增长稳定,上海消费市场已成为全国消费新高地

2019年,上海人均可支配收入居于全国首位,达到69 442元,比上年增长8.2%,扣除价格因素,实际增长5.6%。其中,城镇常住居民人均可支配收入73 615元,比上年增长8.2%,扣除价格因素,实际增长5.6%;农村常住居民人均可支配收入33 195元,增长9.3%,扣除价格因素,实际增长6.6%。[1]收入的持续增长为消费提供了动力和保障。2019年全市居民消费价格比上年上涨2.5%,其中消费品和服务价格分别上涨2.8%和2%,远低于收入增长的幅度。

上海以人均消费支出45 605元位居全国榜首。其中,城镇常住居民人均消费支出48 272元,增长4.9%;农村常住居民人均消费支出22 449元,增长12.4%。同时,上海是全国中产阶级人数最多的城市之一,高收入与高消费成为上海城市的标签,消费理念推动着消费的不断升级,消费结构、消费方式、消费人群、消费市场格局等正在发生深刻的改变。上海已成为互联网新消费的策源地和新高地,特别是在市场发展水平、消费聚集带动能力和增长潜力等方面,都处于全国领先水平。

---

[1] 上海市统计局、国家统计局上海调查总队.2019年上海市国民经济和社会发展统计公报[J].统计科学与实践.2020(03):12—22.

（三）消费升级形势向好，实物类与服务类消费增长迅速

随着居民收入的增加，消费升级类产品在居民消费中的比重不断上升，享受型商品比例增速很快。在上海的社会消费品零售总额中，化妆品、通信器材和日用品是增长速度最快的三类产品，增速分别达到21.8%、21.3%和20.6%，远远高于社消增速，对社消总额的拉动贡献率均在1%以上。苏宁金融研究院发布的数据显示，2019年上海居民消费升级综合指数为0.644，在全国31个省市自治区中居于第一梯队的第二位，上海消费在“经济发展与结构”“居民消费概况”“实物消费”“服务消费”“消费业态”和“苏宁消费”等六个维度指标上均呈现较好态势，各个维度的消费升级发展也很均衡。

在所有消费中，服装、鞋帽和针纺织品类、汽车类以及粮油、食品类依然是消费主力，占到社消总额的近50%。交通运输和文化旅游方面的消费呈快速上升的趋势，汽车消费的增速略有下滑，主要是由于上海家庭汽车的保有量已非常大，居全国之首，外地车牌的限行和上海车牌的低拍率在相当程度上限制了汽车的消费。未来新能源车以其免拍牌、直上绿牌的优势越来越可能成为消费的热点。

（四）商业新技术大规模普及，影响未来商业格局

2019年商业科技领域的新技术、新产品大量涌现，第五代移动通信技术（5G）颠覆了人们的想象、人工智能（AI）场景落地、数字化新零售、电商社交裂变、体验经济跨界等，对行业发展和消费习惯将产生长期的影响。首先，区块链迎来发展的转机。2019年10月，中共中央政治局领导就区块链技术发展现状和趋势进行第十八次集体学习，中共中央总书记习近平指出，要把区块链作为核心技术自主创新的重要突破口，加快推动区块链技术和产业创新发展。银保监会发文鼓励商业银行利用区块链等技术创新产品和服务方式，工信部也发文2020年将持续深化区块链等技术创新和产业应用。其次，2019年6月6日，工信部正式发放5G牌照，由此拉开中国5G商用的序幕。2019年11月1日，中国移动、中国联通、中国电信正式上线5G套餐。目前5G网络的覆盖率还较为有限，尚无明显带有新通信技术特征的杀手级应用崭露头角，5G的意义和价值还需要更高的普及率和更长的时间才能显现出来。商业新技术在行业的大规模推广和普及使用大大降低了商业成本，提高了流通效率，消费者得到最大化的满足，通过改变传统的商业经营方式，重塑新的商业格局，对上海未来商业发展必将产生深远影响。

二、 上海商业发展趋势

2019 年,上海商业发展趋势良好。一方面,无店铺零售业态发展迅速,实现零售额 0.24 万亿元,比上年增加 13.0%,占当年社会消费品零售总额的 17.8%,其中,网上商店实现 0.19 万亿,比上年增长 15.8%,占比 14.1%,两者均快于上海市社会消费品零售总额的平均增速,网络零售与线下实体商业的增速差正在逐渐减少。另一方面,有店铺零售转型显著。实体零售依然是上海商业的主力,2019 年实现 1.11 万亿销售额,居于绝对的主导地位。专业专卖店、购物中心和便利店保持持续增长的势头,分别实现了 6.7%、5%和 4%的涨幅;百货店保持平稳,增长在 2%左右;而大卖场和标准超市仍处于下滑的趋势,分别下降了 9.2%和 1.5%。以下一一作具体分析。

(一)上海购物中心保持快速增长,中小型商业是主力

2019 年新开购物中心(含 3 万平方米以上改造升级的购物中心)共 42 家,其中存量改造升级 10 家,商业建筑面积 47.7 万平方米;新建新开 32 家,比 2018 年减少 6 家。新开购物中心的总商业建筑面积 287.56 万平方米,比 2018 年减少 78.78 万平方米,但新开面积 239.86 万平方米,与 2018 年持平。其中,新开商业建筑面积 20 万平方米以上有 1 家(青浦万达茂 24.7 万平方米),占新开商业建筑面积的 10.2%;10—20 万平方米的有7 家,占新开商业建筑面积的 33%;5—10 万平方米的有 17 家,占新开商业建筑面积的 45%;3—5 万平方米的有 7 家,占新开商业建筑面积的 11.8%。

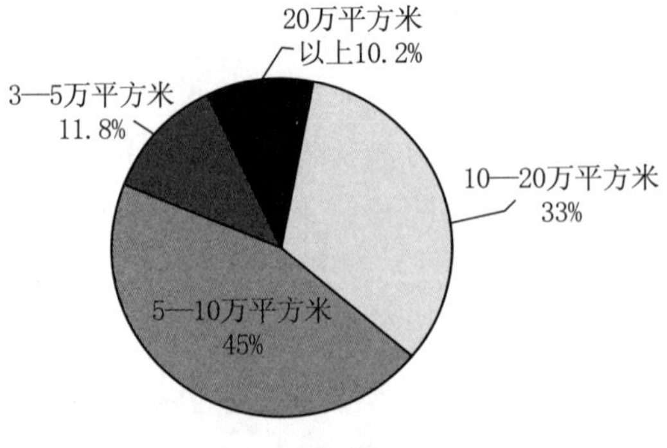

图 1-4　2019 上海新增购物中心规模比例

资料来源:联商网,《上海购物中心 2020 年度发展报告》。

2019年剔除存量改造项目，新增加32家，商业建筑面积239.86万平方米，截至2019年底，3万平方米以上的既存购物中心共290家，总商业建筑面积2 200.4万平方米。其中，中心城区共有143家，商业建筑面积1 073.66万平方米，占总面积的48.8%；城郊区40家，商业建筑面积375万平方米，占总面积的17.04%；远郊区107家，建筑面积为751.74万平方米，占总面积的34.16%。20万平方米以上的特大型购物中心有15家，包括陆家嘴上海中心、五角场万达广场、月星环球港、仲盛世界商城、百联中环购物中心、江桥万达广场、陆家嘴正大广场、闵行万象城购物中心、闵行爱琴海购物中心、长宁龙之梦购物中心、长宁龙湖虹桥天街、五角场合生汇、七宝万科广场、世界跨境城、青浦万达茂等。

郊区购物中心以存量改造为主，首店品牌持续火热。42个购物中心中，存量改造商业占据了10个，如绿地柒彩里、徐汇梅陇商业中心、百联南方购物中心2期、龙湖华泾天街等。浦东新区和闵行区继续处于购物中心开业量前列，分别有8家和6家购物中心亮相，宝山区次之，开业量为5个。随着上海国际消费中心城市的持续建设，首店经济越来越受到关注，新开购物中心也越来越重视首店品牌、旗舰店、概念店的引进。如百联南方购物中心2期引进了首店品牌EV-WORLD、采玥轩；虹桥丽宝乐园引进了JZ Live、周舍、潮点、过早等首进上海的品牌；BFC外滩金融中心引进了京都之家、纪娜梵和Miniversity Mercedes Me跨界体验店的上海首店，还有Galia Lahav中国首店、Cross内地首家旗舰店入驻。以各种不同的情景式、体验式为主的消费空间正在成为购物中心的新亮点，例如，虹桥丽宝乐园的上海首个全主题式商业乐园，宝山宝杨宝龙广场的以儿童为中心、驱动“1人带动全家”消费的儿童乐园等等。

（二）郊区商业发展迅速，新兴商圈快速崛起

上海商业已形成了由“市级商业中心、区级商业中心、社区级商业中心、特色商业街区”共同组成的多中心、多层级、网络化的商业网点层级体系。全市各区中销售排名前三的分别是浦东新区、嘉定区和闵行区，其中杨浦区、闵行区、金山区、嘉定区和宝山区的社会消费品零售总额增速最快，在8%以上，远高于全市平均水平。位于市中心的黄浦区、徐汇区和长宁区等增速均在5%以下，低于社消总额的增速。郊区商业的迅速发展和繁荣的原因，一方面是人口的大量导入导致需求的增加；另一方面也是特大型城市城市空心化后期，郊区商业逐步导入的结果。

城市商圈的发展有力推动了实体零售业的发展。2019年，全市商圈销售平均增速6.5%，其中市级商圈平均增速7.2%，极大地改变了市中心商业低迷的状态。近些

年的新兴商圈如国际旅游度假区商圈增长了58.2%，在全市所有商圈中增速居于榜首；闵行区的虹桥商务圈也达到了39.1%，位居第三。区级商圈平均增长8.9%，快于市级商圈和郊区商圈，其中尤以长风商圈和长寿商圈发展最快，分别为50.2%和21.7%，有力促进了区级商业的繁荣。郊区商圈增速最慢，只有2.8%。虽然10个郊区商圈中有一半实现增长，但大多数增长较慢，长期来看，郊区商业的繁荣还需要一个过程。

（三）上海的便利店是成长最快的超商业态，转型创新依然是核心主题

2019年，上海的便利店依然是发展最快的超商业态，销售增长4%，标准超市和大型综合超市都出现不同程度的下滑，同比分别下降1.5%和9.2%。上海是全国便利店发展最早的地区，在20多年中作为最接近老百姓生活的业态而快速发展并逐渐趋于饱和，上海已成为全国便利店竞争最激烈的地区之一。2019年全国便利店销售增幅为16.5%，远高于上海的发展速度。上海的便利店在扩充网点的同时，还在单店业绩、坪效和单店的盈利能力上挖掘更大的潜力，通过进一步完善信息化智能化基础，构建大数据算法下的全业务链的互联网信息决策系统，线上线下齐发力，打造新零售时代下的智慧便利店。

上海便利店的发展未来仍将面临诸多挑战，不断转型创新将是很长一段时间内的核心主题。通过提升信息化水平，用数据驱动决策，在精准营销的基础上通过打造网红产品引爆门店，提升“人货场”的运营效率，积极进行多业态合作，完善社区商业，以最大化便利消费者的生活。2019年，新零售代表企业——盒马向全渠道发力，不断拓展目标客群，满足不同人群的需求，与大润发合作联手推出的“盒小马”实质是一种“小型便利店+缩小版的盒马鲜生”模式，对传统便利店是一种挑战。“盒马”的快速布局能力，以及重点布局生鲜品类的定位，加上资本加持，对传统零售的未来将产生重大影响。

（四）上海专业专卖店销售增长迅速，首店经济发展势头良好

2019年上海专业专卖店销售较上年增长6.7%，仅次于无店铺销售，在实体零售业中居于首位。零售业态首店中，美妆、饰品、运动、街头潮牌、动漫周边堪称去年最为热门的细分业种。从商品类别看，化妆品类零售额增长24.6%，通信器材类零售额增长18.1%，服装类零售额增长8.1%。根据中国连锁经营协会发布的《2019中国时尚零售百强名单》，百强企业中有20家企业总部在上海，其中服装服饰鞋履家纺15家，金银珠宝首饰2家，护肤美妆3家，总部数量仅次于广东，与浙江一起处于百强总部第一梯队的前三名。上海在时尚产品的生产上相对广东和浙江不具有优势，能处

于第一梯队的原因更多地与上海市政府对时尚零售产业发展的引导有关，与产业集群、品牌战略、人才结构等也密切相关。随着我国文化自信的不断提高，国货品牌专卖将加速创新，更多的高性价比、本土化的品牌将加速涌现，中国品牌将加速并购国际品牌，扩大品牌矩阵。

2019 年上海共计开出首店 986 家（不含快闪店），各类首店中，中国本土新创业品牌，原有品牌的新概念店、跨界店或旗舰店，海外新进品牌，既有品牌创建的全新副牌或子品牌，4 类占比分别为 45%、21%、18%、12%；全球首店及亚洲首店，全国首店及大陆首店，华东区域首店，全市首店 4 类占比分别为 2%、22%、13%、63%。就首店选址物业类型来看，购物中心、百货商场、街铺分别占 78%、7%、15%。根据“2019 上海优质首店 333 指数名单”，老牌商业区黄浦、静安与浦东新区蝉联全市前三，西南商业龙头徐汇夺得殿军，闵行与长宁并列第五。热点商圈中，南京西路/静安寺、淮海中路、陆家嘴再夺全市前三甲，徐家汇、南京东路、新天地以细微的差距分居第四至第六，五角场、中山公园、南外滩[凭借外滩金融中心（BFC）开业效应异军突起]分列第七至第九，苏河湾、虹桥枢纽、天山虹桥并列第十，世纪大道、环球港、大宁、吴中路、外滩、莘庄、南方莲花路、七宝、北外滩、四川北路等区域商圈也各有亮点。

表 1-1　2019 上海 333 指数优质首店最偏爱的商场

项　　　　目	首店数量
新天地街区及新天地时尚	15
港汇恒隆广场、上海 K11、BFC 外滩金融中心	12
上海来福士、新天地广场	10
兴业太古汇、静安大悦城、美罗城、静安嘉里中心、长宁来福士、上海合生汇、新世界城、IFC 国金中心	8
上海环球港、华润时代广场、世纪汇、久光百货、TX 淮海年轻力中心	6
正大广场、LuOne 凯德晶萃上海恒隆广场、香港广场陆家嘴中心 L+MALL、芮欧百货、中海环宇荟	5

资料来源：中商数据，上海 2019 年 986 家首店最全解读。

（五）网商企业竞争激烈，跨境电商需求量大

2019 年，上海无店铺零售额 2 403.2 亿元，较 2018 年实现 13%的增长，其中，网上商店零售额完成 1 896.5 亿元，增长 15.8%，占社会消费品零售总额的比重达 14.1%。2019 年的生鲜电商热闹非凡，其高频高复购的特点一直是行业和资本追捧

的目标，但不论是前几年的仓配模式，还是店配模式与前置仓模式都处于探索阶段。虽然解决了配送的时效性问题，能够满足顾客“所见即所得”的需求，但是企业的效率、成本控制依然没有得到很好的解决。2019 年盒马、超级物种等新零售选手展开了线上生鲜到家业务，美团、苏宁都纷纷开设了线上买菜业务，以上海叮咚买菜为代表的线上前置仓头部企业，均受到了行业和资本的追捧，成为 2019 年资本市场的宠儿。2019 年苏宁完成对家乐福中国的收购，宣布其全场景零售布局基本完成，但能否对其进行充分整合，发挥“1＋1 大于 2”的效应还有待观察。不过苏宁作为中国零售业的代表，其创新能力，战略布局能力依然值得行业借鉴。

随着消费者购物习惯的改变及购物场景的不断丰富，零售市场发生了巨大变化，传统的零售技术已经无法满足顾客的基本需求，以数字化为手段的新型技术变成行业共识，是企业精细化运营的重要助力。2019 年上海拥有跨境电子商务平台 3 个，实现交易额 374 亿元，同比增长 2.2%，占上海市平台交易总额的 1.4%。随着这两年跨境电子商务手续的日益便捷，“全球购”“海外仓”等高品质国际商品持续受到热捧，还有越来越多的消费者将目光投向了“黑色星期五”“圣诞打折季”等国外促销活动。2019 年“双十一”当天，松江综合保税区天猫跨境网购就产生订单超 260 万单，同比增长1.96%，交易额 3.7 亿元，同比增长 2.78%。同时，通过跨境电商促进商品出口也快速增长，2019 年前 10 个月，上海市以跨境电商方式出口机电产品 1.6 亿元，增长 13.8%。家用空气净化器、电扇、电视、医疗器械、玩具等“中国制造”的小商品正插上跨境电商的翅膀迅速飞向全球。上海作为跨境电商购买人群最集中的地区之一，对新商品的接受力位居全国首位。

（六）上海餐饮门店数量全国首位，品牌打造力强

上海拥有全国最成熟的餐饮市场。2019 年上海市住宿和餐饮业零售额 1 190.2 亿元，增长 4.3%。截至 2019 年底，上海已拥有 10 万家以上餐厅，数量和密度均居全国各大城市第一。购物中心中餐饮门店的占比已达 30%以上——同样全国最高。上海市民在外就餐的比例已经达到 61%，远远高于全国城市平均 42%的水平。[1]上海在线餐饮总店铺数量居于全国四大一线城市之首，餐饮业态呈现“三高”情况——高人均、高格调和高增速。其中，上海餐饮市场中的日本菜、自助餐、江河湖海鲜、西餐、火锅、烧烤等品类的人均消费金额均为全国最高。

[1] 王翔.上海 2019 年新开首店达千家，其中餐饮业门店占据半壁江山[EB].(2019-12-31)[2020-01-28].http://sh.eastday.com/m/20191231/u1ai20268663.html.

上海 2019 年新开首店达千家，其中餐饮业门店占据半壁江山。快餐、甜品、饮品店历来是“首店经济”中的常客。2019 年的加拿大“国民咖啡”蒂姆·霍顿(Tim Hortons)、意式爆款冰淇淋 GROM、火遍东京的冰淇淋蛋糕 GLACIEL 登陆，不断在上海掀起热潮；上海首家喜茶 LAB 旗舰店、SuperEmoji 超级喵の茶、《名侦探柯南》主题咖啡馆等高频刷新上海对饮品的消费体验。从广式茶楼餐饮品牌数量来看，上海居全国第二，仅次于广东。从门店数和品牌数目衡量，上海地区拥有较高的品牌打造能力和影响能力。具有 139 年历史的中华老字号陶陶居 2019 年首度进驻华东，首店选址上海新天地，第二家餐厅选择新世界城，开张以来，吸引了众多消费者，从排队取号到进店就餐大约需 3 个小时。松鹤楼苏式汤面馆 2019 年老店新张，“首店”面馆入驻上海豫园商圈。此外，新雅粤菜馆在丰盛里恢复了 92 年历史的广式茶馆——新雅茶室；王家沙在虹桥机场开出 2.0 版时尚分店；徐汇乔家栅食府老店新开，一派市井弄堂风；大富贵开发了轻食、传统等几种不同形态的门店，2019 年新开“丹凤楼”(雅宴)，重新定义海派徽菜等，上海本地老字号的新传奇也正在快速演绎。

第三节　上海商业企业微观运行分析

2019 年，上海商业企业在经济下行压力加大的同时变着花样地创新，它们推动着上海商业变革创新，冲出低谷，同时也在努力打响“上海购物”品牌，加快国际消费中心城市建设。上海是我国的经济中心和金融中心，也处于近代以来中国经济最活跃的地区。众所周知，长江三角洲或者说江浙沪地区的商业经济的发达程度位居国内前列。上海作为长江的龙头，其商业企业在国民经济发展方面也占据着重要的地位。

一、上海最高双子塔购物中心——环球港

位于中山北路的环球港是上海最大的商场，总建筑面积达 48 万平方米，商业面积近 32 万平方米，高级办公楼 12 万平方米，五星级酒店面积约 4 万平方米。并拥有上海最大的屋顶花园(3 万平方米)，同时也是配置停车位最多的购物中心(2 200 个)。

根据中国购物中心等级评价标准，2019 年上海环球港被评定为国家五星购物中心。上海环球港是月星集团打造的从家居产业向大型城市商业综合体转型的首个作品，该项目作为集“商业、旅游、文化”三大中心功能于一体的全球中心城区最大的购物中心之一，以特大型综合购物中心为主体，辅以甲级办公、展览、娱乐、餐饮、休闲与健身等配套功能，立足上海，辐射长三角区域，面向全球市场。

上海环球港定位大商业，也因此成为上海业态极为丰富、品牌极为丰满、组合极为多元、消费体验极具个性化的城市综合体，云集了400多家品牌店，100多家餐饮酒吧，有影院、剧院、溜冰场，有健身房、SPA、书店、儿童游乐场，还有3万平方米的文化区和屋顶花园广场构成的众多秀场，涵盖时尚百货、餐饮小食、文化休闲、娱乐健身、甲级办公、五星酒店、展览演出等，共同构成了完整的购物体验消费链，将商旅文有机结合，形成联动发展的大平台。

2019年9月，上海环球港迎来六周年庆生仪式。回顾2019年，虽说电商来势汹汹，实体商业面临着严峻的挑战，但上海环球港客流量屡创新高，常年位于上海商业综合体第一。其原因不仅在于上海环球港的巨大体量为各种业态功能提供了足够的空间，让顾客感受到了足够的舒适感，还在于上海环球港在创立之初就明确了追求差异化经营的目标，以及不断创新调整的运营主题。这一年，上海环球港一直在努力为广大消费者带来全新的业态体验，不断引入世界知名产品，一路相伴的品牌商户也在进行升级调整，以求更贴合顾客实际需求，提升广大消费者的生活品质，为普陀区乃至上海商业繁荣贡献力量。环球港也成为普陀区首家入选“5G＋五星购物中心”的购物中心。

二、 新零售典型企业——盒马鲜生

盒马鲜生是阿里巴巴对线下超市完全重构的新零售业态。消费者可到店购买，也可以在盒马APP下单。而盒马最大的特点就是快速配送，门店附近3千米范围内，30分钟送货上门。盒马鲜生多开在居民聚集区，下单购物需要下载盒马APP，只支持支付宝付款，不接受现金或银行卡等任何其他支付方式。阿里巴巴为盒马鲜生的消费者提供会员服务，用户可以使用淘宝或支付宝账户注册，以便消费者从最近的商店查看和购买商品。盒马未来可以跟踪消费者购买行为，借助大数据做出个性化的建议。

2020年4月17日上午，盒马产业基地在浦东新区航头镇正式动工，盒马总部落户上海浦东。2020年5月5日，盒马上海单日销售额创造了新的峰值，达到此前最高值的1.25倍。用了不到四年的时间，盒马从一个“四不像”，一跃成为上海影响力最大的商超品牌。盒马在上海已经开出了50多家门店，单日销售额保守估计在5 000万以上，成为上海商超行业最大的单一品牌。

2020年的疫情给零售业带来了巨大冲击，但是盒马借由数字化手段，多场景、多元化地满足消费需求。4月22日，盒马联合商米共同发布了首款专为中小型门店打造的自助收银设备 K2 MINI(ReX 飞鼠)。除了 K2 MINI,盒马还不间断供货、无接触配送、店内自助化的服务背后都有商米的智能设备发挥作用,为消费者带来更好的消费体验。盒马 mini 是盒马去年推出的一种新的小业态,采用店仓一体、线上与线下一体化模式,与盒马鲜生店相比主要覆盖规模更小、消费能力偏低的商圈,更聚焦于社区买菜场景。2020 年疫情期间,盒马还推出了无接触自提服务,背后也是商米的智能设备在发挥作用。

物联网技术兴起,新零售成为许多国家的新兴业态,而此次疫情也加速逼迫企业进行创新。正如侯毅所言:"只有持续为消费者创造价值,才是盒马真正的价值。"

三、 网商新模式企业——异军突起的拼多多

拼购类社交电商在产品设计上以"多实惠、多乐趣"为导向,在用户购物过程中加入众多社交和娱乐环节,用户需要深度参与才能获得最大优惠力度。用户为了获得更多奖励与优惠频繁参与各类活动并乐于分享给他人,用户对平台的依赖及用户周围人群的参与度进一步提升。丰富的玩法设置加大了平台的用户黏性与转化效率,降低获客成本。

拼多多是新电商开创者,是拼购类社交电商的典型代表,主要特点是用户拼团砍价,借助社交力量把用户下沉,并通过低门槛促销活动来迎合用户炫耀、兴奋等心理,帮助产品锁定用户,卖一些普适性、高性价比的产品,以此达成销售裂变的目标。电商零售经过十多年的快速发展,阿里、京东、唯品会等主流电商平台的总活跃买家数已经超过网购用户总数;2017 年拼多多强势入局后,电商平台用户总数与网民总数的差值持续扩大,各个电商平台对线上存量用户的争夺更加白热化。拼多多是一个专注于消费者到企业(C2B)拼团的第三方社交电商平台,它借助"拼团+低价+社交"的组合,通过发起和亲朋好友的拼团,以更低的价格购买优质商品。截至目前,拼多多在"团购"这条路上深耕,已经成为最大的电商平台之一,虽然饱受争议,但也扩展出了一种"获客—留存—变现—自传播"的用户自增长模式。

根据 Trustdata 的数据,2018 年上半年社交 APP 日均启动次数为 19.1 次,日均使用时长为 34 分钟,相比于电商 APP(日均启动次数 4.0 次,日均使用时长 6 分钟)用户黏性优势更为显著。2018 年即时通信用户占全体网民比重达 96%,同期网购用户渗透率为 74%,社交流量池仍存在较大的红利空间。另一方面,微信月活跃账户数与阿里系电商平台月活跃用户数差值高达 4 亿,而腾讯和阿里两大互联网阵营对峙,使得来自淘宝和天猫的商品链接无法在微信中直接打开和购买。拼多多在竞争相对

宽松的环境中对微信社交流量进行商品变现,实现了快速崛起。

在消费端,拼多多极力简化烦琐的购物流程,提升客户网购体验和效率。2018年拼多多整体平台平均客单价仅42.5元,远低于传统电商平台。拼购类社交电商以生活用品、服饰等消费频次高、受众广的大众流通性商品为主,大部分商品价格不过百元。通过拼团的形式,在不耗费大量营销成本的情况下,将大量的用户和订单聚集到有限的精选爆款商品上,丰厚的订单使其能吸引众多供货厂商的加入,省掉层层中间成本同时以规模化带动生产侧成本的降低,价格优势由此体现。而产品的低价同时又成为吸引用户拼团的关键,形成正向循环。

通过微信小程序等多类社交平台工具,拼购类社交电商拉近了与消费者之间的距离,消费者无须下载APP即可进行购物,同时在产品设计上通过多种举措降低消费者在购物流程、心理上的障碍,快速达成订单,锁定消费者。微信用户与淘宝用户之间存在5亿用户的差额,这些用户集中于低线城市的大龄用户。这些用户可以直接通过好友分享的链接,在微信内进行参团和购物,无须下载APP,可以通过微信红包零钱付款,甚至不用绑定银行卡,非常便利。拼购类社交电商平台多在首页开始直接进行商品推荐,不需要点击多次才能到达产品页面。从首页—产品页面—选择规格并发起拼单—支付,整个购物流程仅需4步。如通过好友分享的拼团链接下单,流程则更为简便。拼购类社交电商平台大多没有明显的“购物车”功能设置,直接促成商品页一键下单,减少了消费者犹豫的时间。同时把拼团环节放在支付之后,提前让消费者用团购价完成支付,拼单失败退款。将支付环节提前,快速锁定消费者。拼多多要求平台商家提供的所有商品都不向用户收取运费,进一步降低消费者在购买商品时的心理门槛,看到喜欢的单件商品就可以立即下单购买。[1]

在供应端,拼多多主推用户直连制造(C2M)模式,直接对接长尾供应商和工厂,压缩供应链中间环节,实现低价。传统电商平台巨头品牌化升级,被“选择性挤出主流电商市场”的商家开始寻找新的出路,拼购类社交电商平台对中小商家的吸引力主要体现在以下几个方面:(1)借助拼购的方式从社交平台获得了大量流量,且商家数量较少,竞争相对没那么激烈;(2)在流量分配上以低价导向为主,商户只要能提供有足够价格竞争力的商品,就能获得一些低价甚至免费的流量入口;(3)开店门槛低,以拼多多为例,拼多多不设置佣金,仅收取0.6%的支付费用,远低于其他传统电商平台5%的佣金率;(4)平台运营以商品而非店铺为基准,对于商家来说运营相对

[1] 上海艾瑞市场咨询有限公司.中国社交电商行业研究　2019年[R]//上海艾瑞市场咨询有限公司.艾瑞咨询系列研究报告(2019年第7期).上海艾瑞市场咨询有限公司,2019:68.

简单。各类广告的价格相比各大传统电商平台更便宜，商家可获得更高的广告投资回报率(ROI)。[1]

2017第一季度，拼多多通过自营商城“拼好货”积累了水果等生鲜农产品电商销售的经验，拼团下单模式为农户打开了批量直销的电商渠道，也成功建立起拼多多农产品品类的竞争优势。2018年拼多多平台农产品和农副产品订单总额达653亿元，同比增长233%，其中注册地址为国家级贫困县的平台商户超过14万家，年订单总额达162亿元，预计带动当地物流、运营、农产品加工等新增就业岗位超过30万个。这些让拼多多在农产品电商上积累了大量优势。

2019年，拼多多开始把平台流量碎片化，加大了推荐流量，重视店铺，做全店产品动销，推翻了之前的单品爆款模式。通过全店动销，尽可能地避免同行恶意竞争导致的流量被抢走的风险，与之前店铺有一个爆款就能获得上万甚至十万百万的流量相比，现在消费者进入一家店铺的某个商品后有可能顺着店铺进去同时看到几十个款，在店铺下单概率也会增加。这种模式也减轻了商家的负担，店铺不需要刻意推爆某个款，每个商品都可以适当地平销推广，也无须担心同行恶性价格竞争。其次，拼多多开始要求店铺风格统一，从而增加店铺收藏量，扩增隐藏客户群体。目前，拼多多的商家越来越多，平台越来越完善，平台开始变现，所以未来拼多多平台流量有可能越来越值钱，对于中小买家而言这就意味着机会。

四、 社区生鲜电商——专注前置仓的叮咚买菜

中国生鲜电商市场的产品结构为“刚需”加“高频”，“买菜”成互联网新入口。因水果更容易运输和存储，所以多数生鲜电商以水果为切入口，在生鲜电商市场中把水果作为主要品类，蔬菜、水产品等品类占比相对较少。[2]近几年，消费者通过电商购物的习惯已经逐渐养成，而蔬菜生鲜是居民的日常刚需和高频需求，并且蔬菜生鲜的毛利较高，故成为生鲜电商的新入口。当下，阿里、京东、美团等互联网巨头纷纷布局“买菜业务”，同时每日优鲜、叮咚买菜等平台也蓬勃发展。[3]

叮咚买菜是上海生鲜电商零售的一支新军，它深耕上海市场，专注社区，全品类

---

[1] 上海艾瑞市场咨询有限公司.中国社交电商行业研究 2019年[R]//上海艾瑞市场咨询有限公司.艾瑞咨询系列研究报告(2019年第7期).上海艾瑞市场咨询有限公司，2019：68.

[2] 上海艾瑞市场咨询有限公司.中国生鲜电商行业研究报告2019年[R/OL].(2019-07-01)[2020-02-01]. http://report.iresearch.cn/wx/report.aspx?id=3400.

[3] 同上。

生鲜高效配送到家。叮咚买菜成立于2017年5月，是专注于前置仓模式的社区生鲜电商。叮咚买菜定位家庭买菜业务，以上海为核心城市，围绕居民一日三餐生活场景，以刚需和高频的生鲜产品为主要商品，利用前置仓为消费者提供便捷、新鲜的生鲜到家服务。叮咚买菜产品品类丰富，单仓库存保有单元(SKU)约1 700个，以蔬菜为主，涵盖水果、海鲜水产等生鲜全品类；叮咚买菜将前置仓建在社区周围1千米内，采用“0元起送+0元配送”模式，配送效率较高；叮咚买菜在全链路进行产品品控，力争保障产品品质，提高用户体验。[1]

2019年，是前置仓元年，“前置仓+生鲜电商”进入了硝烟弥漫的强竞争业态，这不仅是一场“机遇之战”，也是一场“生死之战”。叮咚买菜利用“移动端下单+前置仓配货+即时配送到家”模式，一方面提升配送时效，直击用户买菜抽不开身的痛点；另一方面还缩短配送半径、减少损耗，减少运营成本，而一日三餐的高频，又提升了用户黏性。叮咚买菜2019年全年成交总额(GMV)超过50亿元。在上海、杭州、宁波、苏州、无锡、深圳等6个城市开设近550个前置仓，其中大本营上海的前置仓数量在2019年就达254个，日均订单量超过50万单，截至2019年12月，叮咚买菜单月营收达到7亿元。

五、 多元文化社区——二次元的哔哩哔哩

哔哩哔哩(英文名称：bilibili，简称B站)现为中国年轻世代高度聚集的文化社区和视频平台，该网站于2009年6月26日创建，被粉丝们亲切地称为“B站”。2018年3月，哔哩哔哩在美国纳斯达克上市。B站早期是一个动画、漫画、游戏(ACG)内容创作与分享的视频网站。经过十年多的发展，围绕用户、创作者和内容，构建了一个源源不断产生优质内容的生态系统，B站已经涵盖7 000多个兴趣圈层的多元文化社区，曾获得QuestMobile研究院评选的“Z世代偏爱APP”和“Z世代偏爱泛娱乐APP”两项榜单第一名，并入选BrandZ报告2019最具价值中国品牌100强。生活、娱乐、游戏、动漫、科技是B站主要的内容品类，此外还开设直播、游戏中心、周边等业务板块。

B站已成为中国最大的游戏视频平台之一。截至2019年6月，B站游戏区有超过180万游戏UP主，发布了2 100万游戏类视频，游戏视频累计播放量达601亿次。[2]通

[1] 上海艾瑞市场咨询有限公司.中国生鲜电商行业研究报告2019年[R/OL].(2019-07-01)[2020-02-01].http://report.iresearch.cn/wx/report.aspx?id=3400.

[2] 陈希，王雨思.转型中“非主流”青少年社交视频网站哔哩哔哩的媒介内容生产与消费生态[J].艺术评论，2020(08)：58—70.

过评测视频和实况视频，B站UP主们改变了中国的游戏行业。

B站也是国内最大的原创音乐社区之一，聚集着大量音乐创作者，尤其是热衷二次创作的音乐爱好者。他们的碰撞与互动，激发了音乐爱好者的创作热情，越来越多的优质音乐作品在此诞生。B站音乐创作者规模已超过50万人，每月诞生的原创及自制音乐作品在1 000首以上。2019年11月，B站又上线了“音乐星计划”和“音乐UP主培养计划”，以六大资源体系发展音乐内容，扶持优秀音乐内容创作者。[1]

生活类内容在B站快速崛起。数据显示，2019年，生活区不仅是百大UP主人数分布最多的分区，也成为B站全年播放量增长最快的内容分区。

B站正成为年轻人学习的首要阵地。B站数据显示，被用户称为“study with me”的学习直播，已晋升为B站直播时长最长的品类。2019年，用户在B站直播学习时长突破200万小时。2019年，泛知识学习类内容的观看用户数突破5 000万，相当于2019年高考人数的5倍。

为了更好地鼓励创新，B站已逐步建立起日益完善的扶持体系及上升通道。2019年，B站国创区共上线104部国产动画作品，首次追平了日本动画番剧的供应量；B站国创区月活跃用户数量也第一次超过了番剧区，总播放时长破3亿小时。2019年，B站参与投资和出品的日本番剧动画共45部，占日本出品动画总数的15%。2019年，B站就主导出品了16部优质的头部纪录片，包括纪录片《人生一串2》等。B站已切入小而美的综艺节目，如国内首档宠物医疗观察类真人秀《宠物医院》、讲故事竞技类综艺《故事王》、民警观察类真人秀《守护解放西》等。其中《守护解放西》于2019年12月获得“TV地标”和(2019)中国电视媒体“年度优秀网络视听节目”荣誉。

2019年第三季度，B站正式会员数量达到6 200万，截至2019年9月底，付费会员数量同比增长129%，达610万。

六、 社交电商——内容为王的小红书

小红书是一个生活方式平台和消费决策入口，是内容型社交电商的典型代表。截至2019年1月，小红书用户数已超过2亿，其中70%的用户是90后。在小红书社区，用户通过文字、图片、视频笔记的分享，记录了这个时代年轻人的正能量和美好生活，小红书通过机器学习对海量信息和人进行精准、高效匹配。小红书旗下设有电商业务，2017年12月24日，小红书电商被《人民日报》评为代表中国消费科技产业的

[1] 吴倩，焦曦.互联网对于古风音乐的传承与弘扬——以《青花瓷》为例[J].大观论坛，2020,(07):26—27.

"中国品牌奖"。

2014 年 10 月小红书福利社上线，旨在解决海外购物的另一个难题：买不到。小红书通过已累积的海外购物数据，分析出最受欢迎的商品及全球购物趋势，并在此基础上把它们以最短的路径、最简洁的方式提供给用户。[1]

内容型社交电商以消费者对商品的口碑和内容驱动成交，受众立足于共同的兴趣爱好聚合在一起形成社群，通过自己或者他人发表高质量的内容吸引海量用户访问，积累粉丝的同时，增加客户信任度和黏性，从而产生购买，成为某一品牌、某一平台的忠实消费者。内容型社交电商的用户群体有着明显的共同标签，会因为共同的兴趣爱好或者需求痛点集结在一块，通常价值观相近，可以进行有针对性的营销，针对共同的痛点和生活场景输出容易激发大家互动传播的内容，转化和复购的能力也较强。内容型社交电商对内容的运营要求很高，需要有持续不断的高水平的内容输出能力，这就需要搭建自己专业的内容团队，做好个人定位、经营策略、营销推广。这是内容电商的壁垒。[2]

从 2013 年到现在，从冷启动时只服务计划去中国香港地区购物的女性用户，到对海外购买感兴趣的女性用户，再到足不出户买跨境商品的网购用户，再到今天的生活方式分享平台，小红书的目标用户规模一直在扩大，所以内容方向也越来越广、越来越多。根据艾瑞 APP 指数提供的数据，小红书的主要用户是来自一二线发达城市，爱美、追求精致生活的 90 后年轻女孩。针对这样的用户群体，小红书的内容定位是为爱美的年轻女孩提供时尚、护肤、生活方式上的相关指南。与年轻女孩的生活相关的内容，就是小红书的内容话题范畴。这一点，从小红书的口号"标记我的生活"就可以看出。目前小红书的内容覆盖时尚穿搭、护肤彩妆、明星等 18 个话题。这样的话题分类也不是一蹴而就的。一开始为了吸引喜欢购物的女性，平台只是做美妆、护肤、时尚穿搭这些话题。后来，小红书根据平台的用户、内容数据分析，进行话题的增加和调整。小红书的内容选题主要来自两个方面，一是围绕话题，用相关的关键词裂变选题；二是追热点。不同的话题之下，选题划分的维度也不同，有根据用户成长路径分的、有根据用户生活场景分的、有根据品类分的。以"时尚穿搭"话题为例，它下面的选题就是根据品类分的。例如，值得买的包包、一周穿搭分享、冬天最美貌的裸靴、牛仔裙的夏日搭配公式、韩国最火的设计师品牌等。[3]

---

[1] 三种典型社交电商模式浅析[J].中国合作经济，2019,(03):50—51.

[2] 同上。

[3] KIKI.小红书爆红背后，有可复制的内容运营策略[Z/OL]·(2018-06-25)[2020-02-03].https://www.36kr.com/p/1722617446401.

内容单元指的是一款产品中对用户产生价值的最小有用内容，可以是图文、视频，甚至是某种特定结构的内容。小红书的内容单元就是“笔记”和“视频”。一款优质的互联网产品，一定是有着自己优质的内容单元，小红书也不例外。小红书的内容单元首先符合以下两个特点：小红书的笔记和视频有十分清楚的结构，一方面便于用户阅读，另一方面也降低了用户的生产成本。新用户在发布笔记时，不需要思考放哪些内容，怎么放，因为小红书已经提供好模板了。以笔记为例，笔记的内容结构包括：用户信息、图片、标签、标题、正文、赞、评论、收藏、相关笔记，部分笔记还包括可购买商品和类似商品推荐。[1]

作为一个用户生成内容（UGC）分享平台，随着规模扩大，现在小红书的内容单元大部分都是由用户创建。而小红书上面的优质笔记和视频，通常符合以下 3 个特点：[2]

第一，优质笔记和视频能够独立对用户产生价值。一份优质笔记，能保证用户看完就有所收获。第二，优质笔记是可以被收录到对应的品类中的。如果是不符合小红书定位的内容，就很难进行品类划分。例如“段子”虽然很多人喜欢看，但是在小红书，它无法被收到任何一个品类之下，也就不能得到曝光和推荐。第三，优质笔记都能够以任何形式进行组织整合。用户看到优质笔记，会收藏到自己的专辑；而编辑也会把优质笔记收录到对应话题之下，或者由官方账号收录，推荐给更多用户。[3]

社交电商的爆红是传统电商发展遭遇瓶颈的必然，社交电商会逐渐成为一种普遍的宣传渠道，而以微信为首的社交平台或许有望成为未来最大的交易场所。而社交电商的归宿还是电商，可持续发展的标准也依然未变，商品品质、用户服务、供应链控制、消费体验仍旧是永恒的话题，也是竞争胜出的关键。内容型社交电商的导流者面临着门槛低易复制同质化严重等问题，自营者要考虑降低从内容到消费的跳单情况，以及当扩张时资金运转问题。而平台型社交电商的互动类产品要不断地创新玩法，抓住用户的新鲜感，提供用户的留存率；社交属性较弱的优惠激励类平台要从低价低质的底层消费中跳脱，处理好供货的中小商家与购物的消费者之间的平衡关系。[4]

2019 年，小红书首先做的不是产品形态调整，而是组织架构调整。因为原有的商业生态结构已经不能很好地支撑小红书新的战略要求。小红书走进了和更多利益共同体共生的新时代。这是小红书作为一个商业组织从来没有过的经历，也是其核心创始人从来没有完整经历过的事情，这最终是考验其如何在复杂环境下创新、发展的战

---

[1] KIKI.小红书爆红背后，有可复制的内容运营策略[Z/OL]·(2018-06-25)[2020-02-03].https://www.36kr.com/p/1722617446401.

[2] 同上。

[3] 同上。

[4] 三种典型社交电商模式浅析[J].中国合作经济，2019,(03):50—51.

略能力。2019 年是小红书用户增长和商业化的关键年,《快公司》(*Fast Company*)"2019 世界最具创新精神"榜单中,小红书也紧随美团和阿里巴巴之后,在中国区域排名第三。

七、 老字号的创新——上海老牌杏花楼

杏花楼,创建于清朝咸丰年间,是家以餐饮起家,以月饼发家的百年名店。1998 年杏花楼改制,组建了上海杏花楼企业股份有限公司。2002 年,更名为"杏花楼食品餐饮股份有限公司"。[1]

据上海市图书馆保存照片资料查实杏花楼确于 1851 年创办,最初是一个叫"胜仔"的广东人,开的一开间的门面夜宵店,历经变革发展,成为原上海虹口老大桥的"生昌号番菜馆"(又名:探花楼);到了 1883 年,番菜馆迁址到今天的福州路,更名"杏花楼";民国初期,杏花楼扩建成一座老式楼房,生意兴旺;1927 年,成立了"杏花楼昇记股份有限公司",又在原址建成七开间门面、四层楼大饭店,专营正宗粤菜,兼营欧美大菜,杏花楼名声大振;1956 年,经历公私合营;1983 年,杏花楼改造,加至五层;1995 年,杏花楼扩建成七开间门面、七层楼的豪华酒家,成为标志性建筑;2007 年杏花楼完成全方位装修改造,酒楼将现代豪华与传承经典巧妙融合。[2]

杏花楼发展经历了 20 世纪 20 年代、80 年代、90 年代以及 2000 年后的四次大的战略转型,历经漫长的 160 多年发展,从早期的一家一开间广东甜品店,发展到今天拥有三家酒家、一家食品厂、一家物流配送中心、两家食品营销公司、120 多家食品连锁专卖、总面积 4.8 万平方米的大型食品餐饮企业。[3]

杏花楼在地道粤菜、中西糕点、粽子、腊味界素有声名,尤以精制月饼著称。近百年来,杏花楼月饼以独特的配方,精湛的工艺,长久软糯的特质享誉海内外。月饼成为杏花楼得以长足发展的支柱产品,连续五年被评为"上海名牌产品 100 强",成为唯一入围"国饼十佳"的上海月饼。[4]

杏花楼生产的广式腌腊制品,以原料上乘、手工精制闻名,具有口味纯正、香气扑鼻、色泽鲜艳、肉身干爽结实、富有弹性的特点,堪称人间美味。其品牌声誉和经营状况

[1] 上海笑寒实业有限公司.杏花楼历史简介[EB/OL].(2015-07-29)[2020-8-10].http://www.sh-xinghualou.cn/newszx/2015/07/29/xinghualoulishijianjie/.

[2] 同上。

[3] 同上。

[4] 同上。

更是青云直上，成为食品与餐饮业的又一块金字招牌。2003 年，杏花楼月饼、糕点、腊味被评为上海商业“领头羊”品牌，腊味被评为杏花楼又一个“上海市名牌产品”。[1]

长久以来，杏花楼店名、品牌、商标相得益彰，积淀着丰厚的品牌文化内涵，百年来声名远扬，历久弥新。1997 年，杏花楼商标被评为“上海市著名商标”；2005 年“杏花楼”商标成为上海最具影响力的老商标之一；2006 年杏花楼商标被认定为“中国驰名商标”。[2]

杏花楼拥有雄厚的技术力量，现在有技师 8 名，中级以上厨点师、服务师 155 名。在菜点方面，杏花楼挖掘创新了一批传统特色菜、招牌菜，一百余款特色菜点执行了标准化管理，制定了明确的质量标准、配料标准、操作程序，菜点品种在坚持广帮特色的基础上，博采众长、兼收并蓄、创新求变，杏花楼酒家也被世界中国烹饪联合会认定为“世界中餐名店”。[3]

杏花楼自 1927 年创立品牌以来，1980 年注册了企业商标，杏花楼的品牌、商标史又是杏花楼坚持传承优秀，不断为品牌注入内涵，凝聚着传统文化和时代新意的企业发展的写照。[4]

对于上海老字号杏花楼而言，每一次创新都将引领一次购买浪潮。2019 年，杏花楼一如既往地加强产品的创新，之前很有名的咸蛋黄肉松青团现在已经是老“网红”了，每年一开卖就有人来排队购买。2019 年，考虑到市面上现有的网红青团还是在中餐的基础上有所变化，杏花楼想到了“西餐中做”，目标放在了“世界三大名汤”上，在试验了罗宋汤、冬阴功汤后，发现最适合发挥的还是奶油蘑菇汤。为此研发团队试验了 20 多次，最终确定蘑菇切片加笋丝的配方，轻芝士的口感是用了几种芝士以一定比例混合而达成的，成功实现了有奶香而没有芝士气味的味道。

2020 年爆发的新冠疫情极大地影响着餐饮业的发展，杏花楼集团也采用线上渠道进行业务拓展。这里的线上渠道已经不单单指传统的电商平台，而是互动性更强、人设背书更鲜明的直播销售。直播只是手段，带货才是目的，当直播带货成为各方追逐的变现模式，交易在哪一体系促成就显得尤为重要。以“人货场”而论，短视频平台聚集了“人”，电商平台长于“货”且有更完善的交易机制。

疫情的黑天鹅导致线下消费缩紧，激起商家对线上流量的迫切渴望，即便主阵地为淘宝，商家也对抖音卖货有了更多兴趣，短视频平台正顺势试图增补“货”的能力。

---

[1] 上海笑寒实业有限公司.杏花楼历史简介[EB/OL].(2015-07-29)[2020-8-10].http://www.sh-xinghualou.cn/newszx/2015/07/29/xinghualoulishijianjie/.

[2] 同上。

[3] 同上。

[4] 同上。

2020年3月以来，通过直播带货，上海老字号杏花楼在天猫成交额同比大涨341%。百年老字号杏花楼的王牌单品"咸蛋黄肉松青团"，以往一直是线下首发，甚至要排队8小时才能买到。2020年第一次在天猫线上首发，最火爆的一场直播仅用10秒售罄13万盒。在疫情危机下，永远是危机和机遇并存，上海杏花楼通过观念的改变和思维的拓新，在业务上找到了新的增长点！

第四节　上海商业政策环境分析

一、聚焦"消费提质"，打造国际消费城市

为贯彻落实《全力打响"上海购物"品牌　加快国际消费城市建设三年行动计划》和《进一步优化供给促进消费增长的实施方案》(简称"促消费29条")，开展国家级国际消费中心城市培育建设试点工作，上海市把加快发展"五个经济"作为对冲疫情影响的重要着力点，制定出台更大力度的促进消费政策，充分释放被疫情抑制的消费潜力。

(一) 做强夜间经济

2019年4月，中共上海市委、市政府出台《进一步优化供给促进消费增长的实施方案》，为打造消费增长新引擎，市商务委会同九部门出台发展夜间经济"10条措施"，在全国首创"夜间区长"和"夜生活首席执行官"制度，任命15位夜间区长，85位夜生活首席执行官。丰富夜间业态，推动打造全国首个夜间野生动物园，推出夜间博物馆、深夜书店、周末活力街区等49个各区"夜上海"特色消费示范项目，发布9个地标性夜生活集聚区。完善配套保障，推动城管、公安、交通等部门出台创新举措。市城管局出台《本市城管执法系统推进夜市经济发展的指导意见》，支持企业推出外摆位，对各区夜间经济重点区域内的企业不按照跨门经营和占道经营进行处罚；市公安局出台《上海公安机关服务和促进本市夜间经济发展八条举措》，聚焦简化活动审批、扩容停车资源、推行智慧安保、强化夜间治安等，推出"一次性许可""一次性报备""双减半"等措施；市交通委、申通集团积极推动地铁13号线于9月20日起常态化在周五及周六实施区段延时运营；市文化和旅游局集中发布百余家夜间开放的文化旅游场所；市绿化市容局举办夏季露天电影进公园活动，累计放映200余场次。[1]丰富业

---

[1] 吴卫群.上海打造"四店经济"，让首店多起来，老店活起来，小店美起来，夜间店铺亮起来[OL].(2019-12-5)[2020-03-15].http://www.recitymedia.com/33218.html.

态，促进夜购、夜娱、夜健、夜读、夜展、夜游等消费场景集聚；完善配套，更大力度推动实施夜间交通、市容环境、安全等保障措施，探索试点 24 小时营业区政策；提升能级，塑造大型夜间消费活动 IP；打造地标，推出一批品牌化、标志性商旅文体一体化项目，进一步拓展夜经济集聚区功能。[1]

（二）做大免退税经济

"免退税经济"作为拉动消费、促进旅游、打响"上海购物"品牌的重要举措，有利于提升上海城市能级和竞争力。"促消费 29 条"对"免退税经济"提出发展规划。未来还将争取更大力度的免退税政策先行先试，全力支持中免集团、中服免税等国内主要免税品企业在沪选址或开展调整转型；积极争取进一步放开国内居民在市内免税店的消费、扩大免税销售额度、平等竞标经营权等政策的落地，[2]鼓励自主品牌进入免税店。"退税经济"方面，将继续争取离境退税政策放开，扩大境外旅客购物离境退税网点覆盖面，提升退税便利度，推动退税代理服务市场化。

（三）创新发展平台经济

国内首发《平台型供应链示范企业评价标准指标体系》，认定并发布一批平台型供应链示范企业认定。支持平台企业不断丰富线上消费场景和内容，打造"小而美"的网络新品牌，精准匹配网络消费新需求。鼓励采取不接触投放、智能柜投放等配送方式，推动无人便利店、智能售货机等创新业态加快发展。在养老、家政、教育、回收等领域建设一批电子商务服务生态圈。深化供应链创新与应用试点，打造一批平台经济龙头企业。提升钻交所、宝玉石交易中心等国家级要素平台能级，加快建设宝山钢铁领域平台经济示范区，支持浦东打造"期现联动"产业园。[3]

（四）壮大品牌经济

开通"上海购物"APP，继续提升上海购物节影响力。加快推进南京路步行街、陆家嘴商圈、豫园商城改造提升，推动 20 条特色商业街区建设。鼓励传统商贸企业继续加快创新转型，持续推进老字号重振和"一品一策一方案"，完善《重振老字号打响上海购物品牌"一品一策一方案"调研报告》，制定发布《推进本市国有企业重振老字

---

[1] 陆燕婷."消费提质"做强夜经济首发经济[N/OL].劳动报，2020-3-20[2020-03-25].http://www.sh.chinanews.com.cn/jinrong/2020-03-02/72181.shtml

[2] 吴卫群.市内免税店消费有望进一步放开[N].解放日报，2019-12-31(002).

[3] 顾春娟.上海奋力夺取抗疫和发展双胜利[N].国际商报，2020-03-03(008).

号品牌的若干措施》,实施老字号品牌保护工程、传人培养工程、数字焕新工程和国潮出海工程。[1]

(五)加快发展首发经济

为巩固国内“首店经济”绝对优势地位,凸显上海国际消费城市集聚和辐射功能,2019年,上海市商务委修订完善了支持打造全球新品首发地的政策措施,完善商标保护、新品入境、财政扶持等方面的支持政策。深化黄浦、静安、浦东、徐汇全球新品首发地示范区建设,举办高水平全球新品发布活动。支持各大电商平台打造全球新品网络首发中心。[2]

(六)优化消费环境

制定促进平台经济规范健康发展的实施意见。根据国内首部地方立法《上海市单用途预付消费卡管理规定》,起草《上海市单用途预付消费卡管理实施办法》和《2019年度上海市单用途预付消费卡管理工作要点》,紧密围绕信息对接、风险警示、信用治理三项核心制度,明确2019年预付卡管理12个方面、45项具体工作措施,出台《上海市体育健身行业单用途预付消费卡存量预收资金余额管理实施办法》,细化体育健身行业单用途预付消费卡的监管工作。开展静安、黄浦、杨浦、嘉定等区重点商圈信用示范区建设,做好宝山、闵行等区单用途预付卡监管试点和执法试点。制订发布《上海市线下零售企业开展“七日无理由退货”服务承诺工作指引(试行)》17条措施,规范企业内部管理制度,明确退货流程等事项,并鼓励企业提供高于、优于指引的服务,并扩大“七日无理由退货”服务承诺的行业企业覆盖面。[3]

二、聚焦内贸流通创新发展,现代市场体系建设进一步完善

(一)供应链创新与应用试点全面启动

成立供应链体系建设创新联盟,20家企业入选全国试点,居各省市前列。快消品领域供应链效率提升35%,农产品领域降低蔬菜损耗率超过30%,汽车、钢铁、医药等重点行业供应链发展达到国际先进水平。[4]

[1] 顾春娟.上海奋力夺取抗疫和发展双胜利[N].国际商报,2020-03-03(008).
[2] 同上。
[3] 同上。
[4] 率先再出发　勇当排头兵[N].解放日报,2019-01-22(004).

（二）大市场、大平台建设持续深化

加快传统市场向集约化专业化、新型市场向平台化生态化、大宗商品市场向服务化国际化转型发展，全年商品销售总额 12 万亿元，平台经济交易额突破 2 万亿元，其中千亿级平台 6 家、百亿级平台 19 家。开展期现联动、产能预售、提单交易等试点，上海期货交易所标准仓单交易平台上线仅 7 个月交易额突破 800 亿元，上海宝玉石交易中心正式升级为国家级交易平台。[1]

（三）城市配送物流服务体系不断完善

出台《快递末端综合服务站通用规范》等行业标准，全市建成快递物流转运中心 31 家，自动化分拣线 20 条，布局超过 2.5 万组智能快递柜，全年业务量近 30 亿件，全国城市排名第一，国内 7 家快递物流上市公司中 5 家在沪设立总部。[2]

（四）区域市场一体化走深走实

成立长三角电商发展联盟、时尚产业联盟、重要产品追溯联盟，推广“带托（筐）运输”等物流标准化模式，举办长三角名品展、老字号长三角行等活动。青浦区会同昆山、吴江、嘉善携手打造环淀山湖战略协同区。上海口岸与张家港口岸联手开发“通关＋物流”信息数据交换传输通道，与安徽开展单一窗口数据查询和统计对接，推进更大范围信息共享。[3]

三、 聚焦创造高品质生活，商务服务保障民生能力进一步提高

各方深入落实市委、市政府和商务部关于强化生活必需品市场供应保障工作要求，进一步落实“菜篮子”责任制，切实保障主副食品供应量足价稳、优质安全、便利惠民。

（一）生活服务重点行业提质发展

《本市生活性服务业重点领域服务质量提升三年行动计划（2017—2019 年）》，在市场需求大、民众关注度高的商贸、餐饮、家政、家电维修、美容美发等重点领域，率先

[1] 率先再出发　勇当排头兵[N].解放日报，2019-01-22(004).
[2] 同上。
[3] 同上。

启动服务质量提升行动,提出工作目标,确定主要任务,明确保障措施,力争通过三年努力,实现生活性服务业重点领域在服务质量标准体系、从业人员综合素质、服务品牌示范引领、重点行业诚信建设等方面的进一步提升。贯彻落实国务院办公厅《关于促进家政服务业提质扩容的意见》,引导家政行业"四化"发展,推进家政服务业高质量发展,根据《关于开展家政服务业提质扩容"领跑者"行动试点工作的通知》要求,配合开展相关工作,制定出台《家政服务机构管理要求》《家政服务从业人员基本要求》《家政服务溯源管理规范》地方标准,开展家政持证上门服务工程建设,探索建立家政服务查询追溯机制,培训家政持证上门服务人员 4 万名,累计 8.5 万名。新建早餐示范门店 41 家,2 400 家早餐门店开展跨企业跨品种的"共享早餐"服务。规范家电维修,持证上门服务覆盖率超过85%。[1]

(二) 加强市场监测

坚持市场运行日报制度,强化信息收集研判,做好主副食品、生活必需品保供调度,防止物价过快上涨。[2]

(三) 加强产销对接

充分发挥 77 个市外主供应基地和 50 个域外蔬菜基地作用,加快推进 6 个紧密型生猪外延基地建设,新增 30 个域外蔬菜基地,落实与山东等地产销协议,确保猪肉、蔬菜货源充足。加大方便食品、消毒液、洗手液等生活必需品组织调运,努力保障市场供应。[3]

(四) 加强批零对接

推动叮咚买菜、大润发、麦德龙、家乐福等生鲜电商,商超卖场与蔬菜集团,上农批等批发市场建立对接机制,确保疫情期间蔬菜、肉蛋奶、米面油等生活必需品供应稳定。[4]

[1] 率先再出发　勇当排头兵[N].解放日报,2019-01-22(004).
[2] 同上。
[3] 同上。
[4] 同上。

第二章　上海商业网点研究

第一节　上海商业网点发展概况

一、上海商业网点发展概况

（一）商业发展规模稳定增长

上海正在着力建设全球消费中心城市。近年来，上海市商业迅速发展，商业发展规模稳步增大，表现为批发和零售业增加值及社会消费品总额持续增长。根据上海市统计局发布的上海市国民经济与社会发展统计公报，全市批发和零售业增加值从 2018 年的4 581.49亿元增加到 2019 年的 5 023.23 亿元，增长了 2.4%；全市社会消费品零售总额从 2018 年的 12 668.69 亿元增长到 2019 年的 13 497.21 亿元，增长了 6.5%，近 5 年来呈稳步增长的态势（见图 2-1 和图 2-2）。其中，无店铺零售额 2 403.19 亿元，增长 13%。网上商店零售额 1 896.51 亿元，增长 15.8%，占社会消费品零售总额的比重为 14.1 %。[1]

（二）商业发展就业贡献率稳步发展

从就业贡献率来看，上海商业就业人数的贡献率持续保持领先和稳定的态势。从统计数据来看，截至 2018 年，上海商业（批发和零售业、住宿和餐饮业）就业人数达 304.81 万人[2]，分别占全市各行业就业人数总和与第三产业从业人数的 22.16%和 33.42%，近几年商业就业人数稳步增加，就业贡献率维持在稳定的水平。

---

[1] 数据来源：上海市统计局，http://tjj.sh.gov.cn/tjgb/index.html。
[2] 同上。

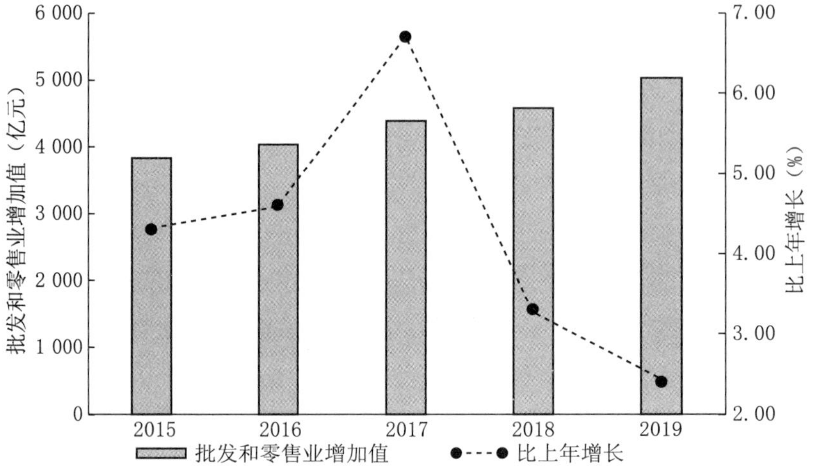

图 2-1　2015—2019 年上海市社会消费品零售总额

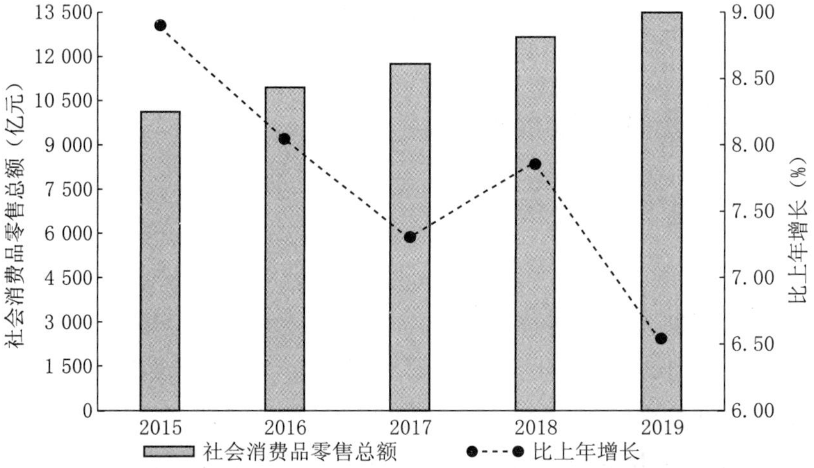

图 2-2　2015—2019 年上海市批发和零售业增加值

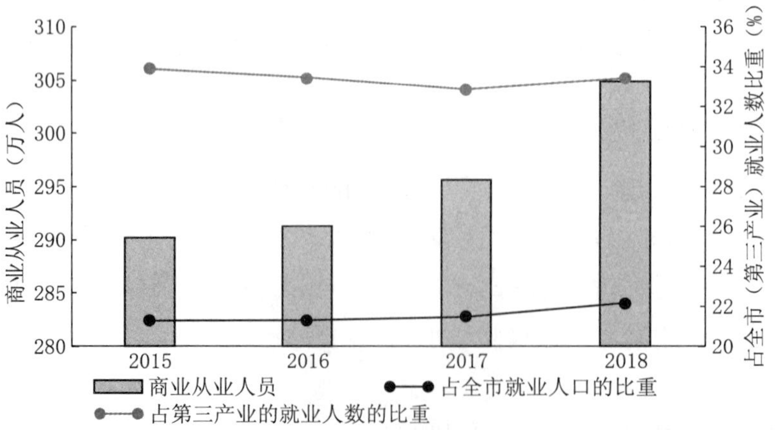

图 2-3　2015—2018 年上海商业就业人数和占比

（三）商业综合体快速增加

根据上海市国民经济与社会发展统计公报的数据，截至2019年上海已开业的城市商业综合体[1]达277家，相比2018年增加了21家。其中，商场商业建筑面积10万平方米以上的有69家。全年全市城市商业综合体[2]实现营业额1 972亿元，比上年增长14.6%。全年全市新集聚商业零售品牌首店986家，其中全球首店及亚洲首店、全国首店及大陆首店、华东区域首店、全市首店占比分别为2%、22%、13%和63%，表现出快速的增长态势。[3]

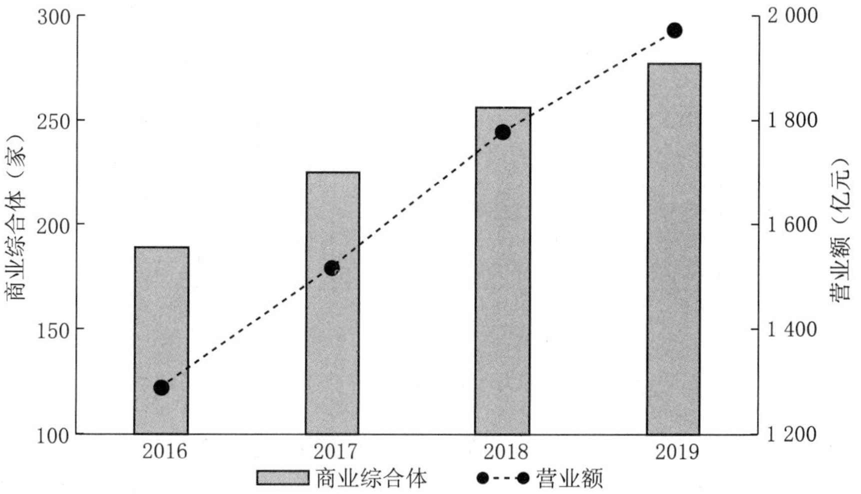

图2-4　2015—2019年上海商业综合体数量与增长情况

二、上海商业网点发展分区分析

本节以银联的交易额数据[4]为样本，接下来对上海2019年的商业网点发展情

[1] 城市商业综合体是指以区域为中心、以购物中心为主导，融合了商业零售、餐饮、休闲养生、娱乐、文化、教育等多项城市主要功能活动，面向各类消费人群，提供综合性服务的大型建筑综合体。

[2] 城市商业综合体（购物中心）需同时满足以下条件：(1)由企业有计划地管理运营，有统一的名称，如XX中心、XX广场、XX城等；(2)涵盖超市、百货店、专业店、专卖店等商品零售业态，以及餐饮、文化、娱乐、健身、游艺、培训等两项及以上主要服务业态；(3)营业面积一般不少于1万平方米、独立开展经营活动的商户一般不少于50个。

[3] 数据来源：2019年上海市国民经济和社会发展统计公报。

[4] 中国银联是中国银行卡联合组织，通过银联跨行交易清算系统，实现商业银行系统间的互联互通和资源共享，保证银行卡跨行、跨地区和跨境的使用。银联的数据包含了全部银联卡的跨行交易流水，即全部银联底层交易数据，主要以线下刷卡为主，但也包含一部分线上的交易数据。除了支付宝、微信的部分交易不走银联通道外，还有其他网上跨行交易流水通过银联转接清算。本部分的数据主要来源于银联交易数据。

况进行分析。根据银联交易数据,2019 年上海全市 16 个区的 206 个商业网点(商圈)实现消费总额 13 040 亿元,共刷卡 29 696.72 万笔。从时间维度来看,各月份各商圈的交易金额和交易笔数存在较大差异(如图 2-5 所示)。由于 2 月份为中国传统春节,各商圈的消费金额与消费频率均为全年最低;1 月份和 3 月份的消费金额与消费频率为全年最高的月份,其余月份保持在较稳定的状态。

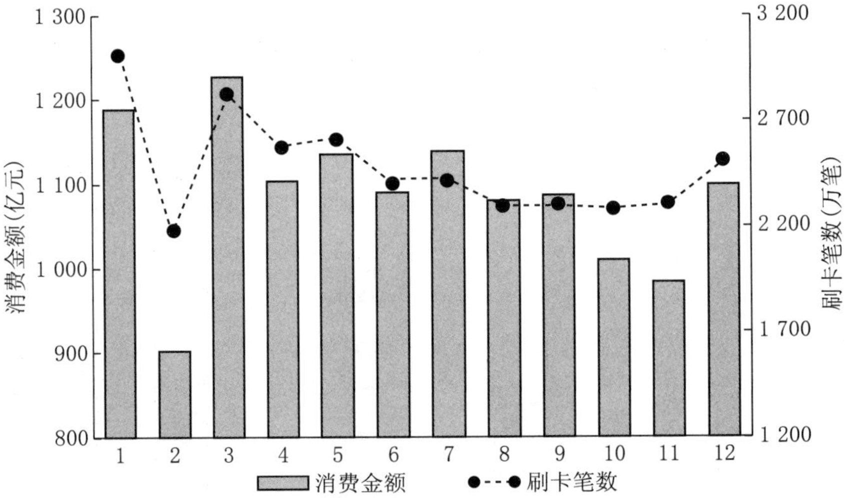

图 2-5　2019 年上海各商圈 1—12 月交易金额和交易笔数

从空间分布来看(如图 2-6 所示),各个行政区商业网点的消费金额与消费频率也表现出较大的差异性。其中,静安区和黄浦区的消费金额与消费频率为最高,其次为浦东新区、闵行区和徐汇区等。崇明区和金山区的消费金额与消费频率为各区中最低。

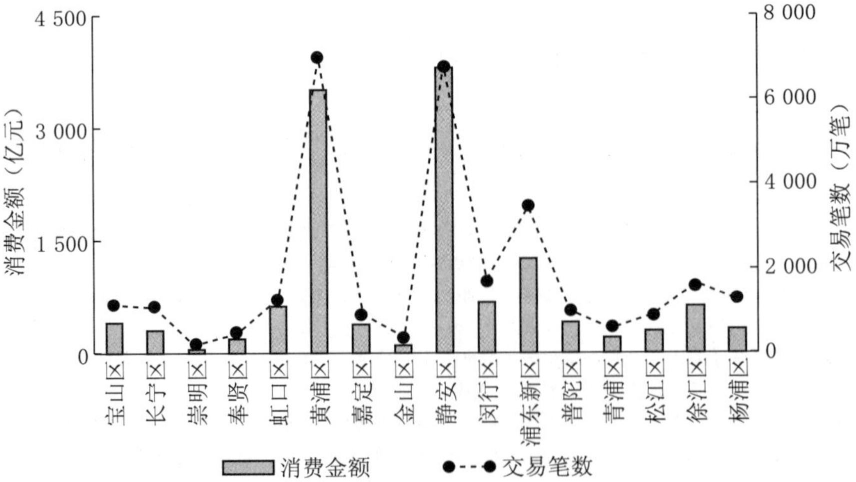

图 2-6　2019 年上海各区消费金额与笔数的比较

依据各商圈来看(如图 2-7 所示),交易金额最大的五个商圈为海宁路/七浦路、南京东路、南京西路、人民广场以及淮海路等商圈;而刷卡频率最高的、表现得最为活跃的前五大商圈依次为海宁路/七浦路、南京东路、人民广场、南京西路、人民广场以及淮海路。

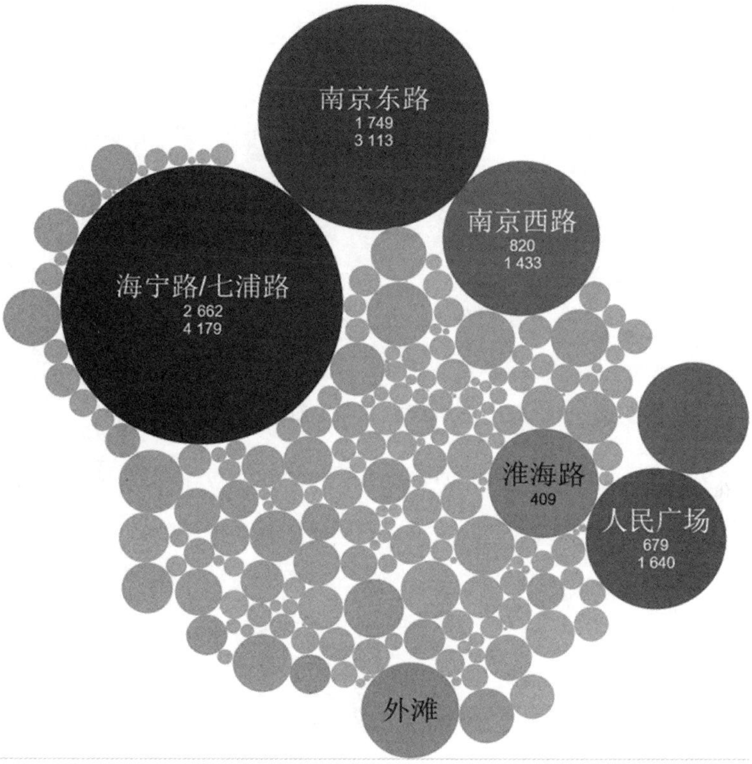

图 2-7　2019 年上海各商圈交易金额与交易笔数的比较

分行业来看(如图 2-8 所示),仓储式超级市场的消费金额和消费频率是最高的,其次为储蓄相关的交易,其他表现活跃的行业还包括医疗卫生、餐饮业、纺织及服装专门零售店以及百货商店等。值得注意的是,房地产服务的交易频率虽然不高,但由于每一笔交易的金额较大,因而最终显示为交易金额较大的行业。

接下来,本报告分行政区对各商业网点的情况进行分析。

(一)徐汇区

根据银联交易数据,位于徐汇区内的商圈 2019 年共实现消费交易金额 623 亿元,刷卡频率达 1 580 万笔。其中,肇嘉浜路沿线和音乐学院商圈表现得最为活跃,刷卡频率为区内最高,交易频率最高的五个商圈依次为音乐学院、肇嘉浜路沿线、漕河

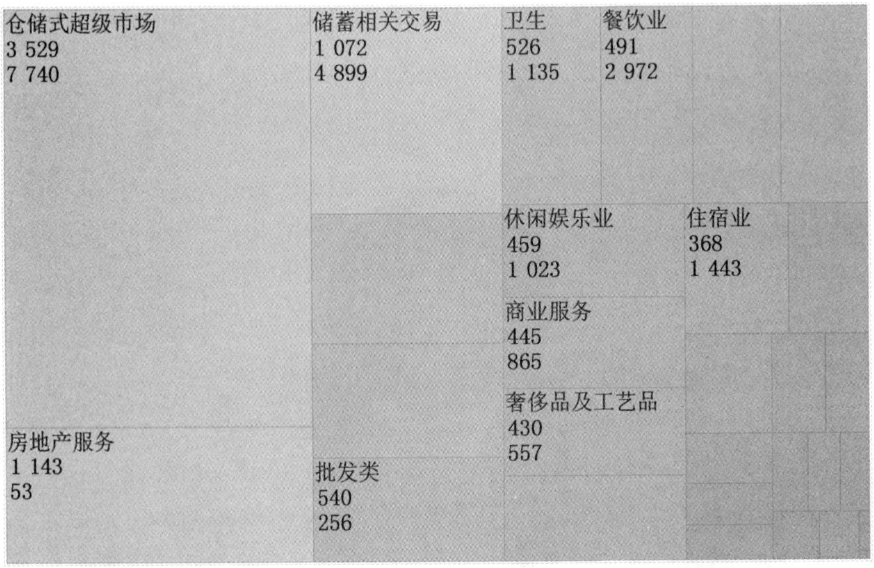

图 2-8　2019 年上海各行业交易金额与交易笔数的比较

泾/田林、徐家汇、上海南站等商圈。从交易金额来看,位于前五大商圈的分别为肇嘉浜路沿线、上海南站、音乐学院、上海大舞台以及漕河泾/田林。

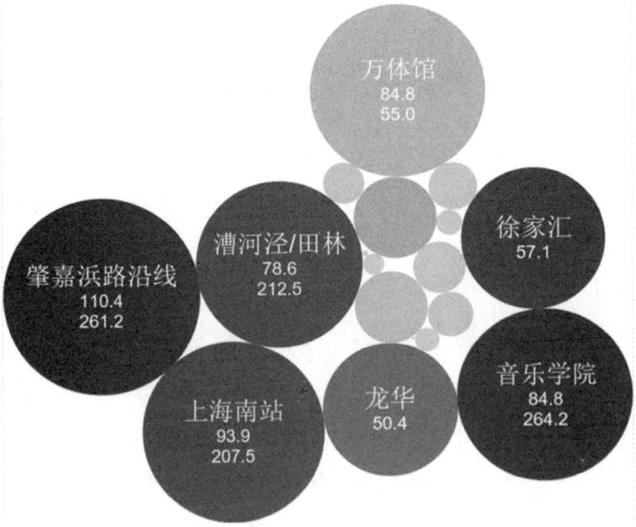

图 2-9　徐汇区各商圈的交易金额与交易笔数

分行业来看,生活服务类的刷卡金额和刷卡频率为各行业中最高,其次交易频率较高、较活跃的行业为零售业、餐饮业和住宿业等,交易金额较高的五大行业依次为生活服务业、零售业、批发业、房地产服务和餐饮业。

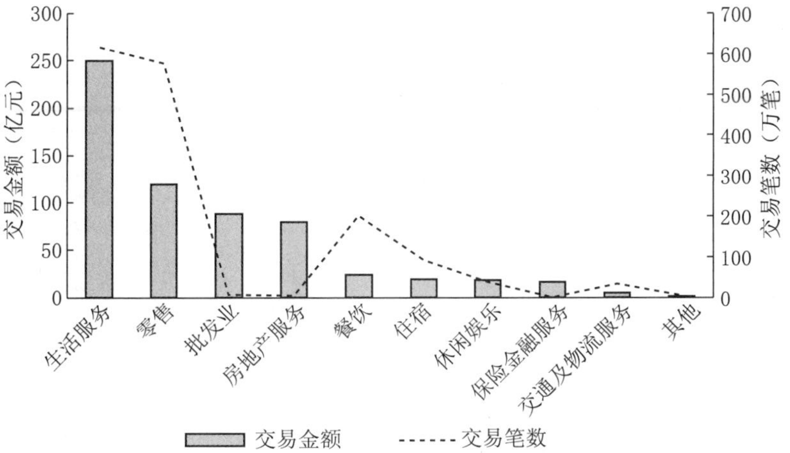

图 2-10　徐汇区各行业的交易金额与交易笔数

（二）静安区

根据银联交易数据，位于静安区的商圈 2019 年共实现消费金额 3 784 亿元，刷卡频率达 6 763 万笔。其中，海宁路/七浦路商圈无论是交易金额还是刷卡频率均为区内最高，表现得最为活跃；辖区内的南京西路商圈为市级商业中心，在交易金额和刷卡频率上排名第二，也表现得较为活跃。

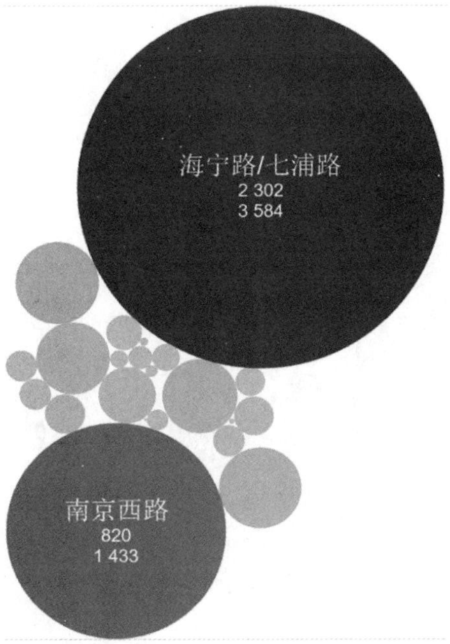

图 2-11　静安区各商圈的交易金额与交易笔数

分行业来看,零售业无论是刷卡金额还是刷卡频率均为各行业中最高,其次交易频率较高、较为活跃的行业依次为生活服务业、餐饮业、住宿业和休闲娱乐业;交易金额较高的行业依次为生活服务、休闲娱乐、餐饮和批发业等。

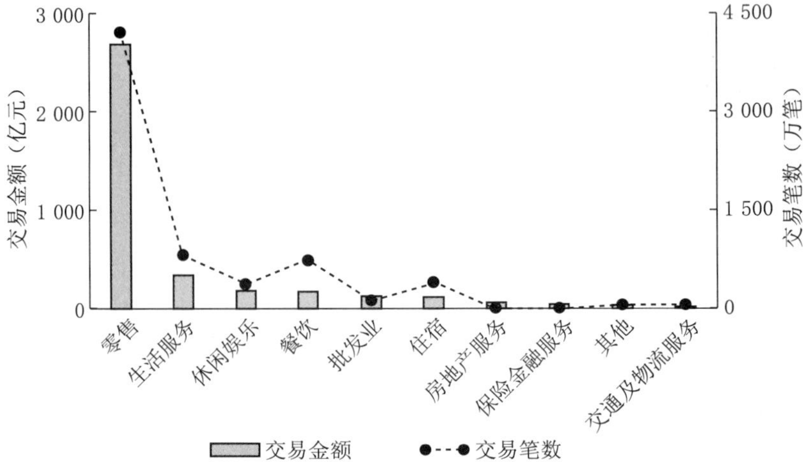

图 2-12　静安区各行业的交易金额和交易笔数

(三) 浦东新区

根据银联交易数据,位于浦东新区的商圈 2019 年共实现消费金额 1 252 亿元,刷

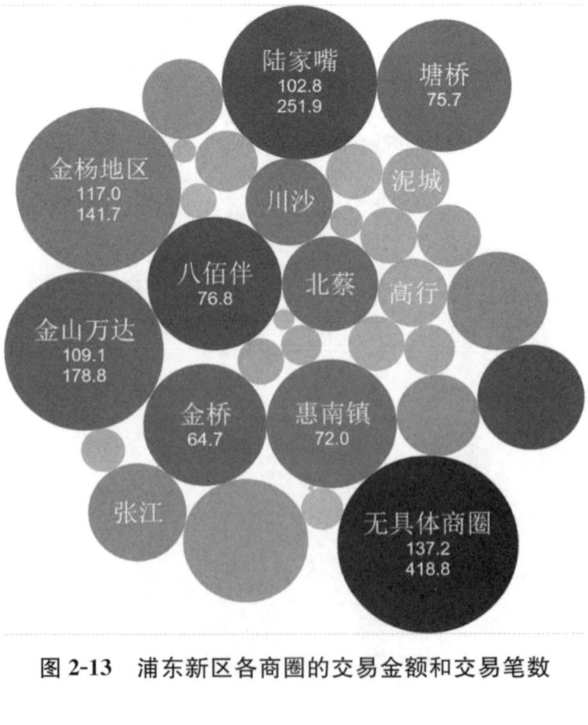

图 2-13　浦东新区各商圈的交易金额和交易笔数

卡频率达 3 476 万笔。其中，交易金额最高的五大商圈分别为金杨地区、金山万达、陆家嘴、八佰伴和塘桥。交易频率最高的五大商圈为陆家嘴、八佰伴、金山万达、金桥和北蔡。在这些商圈的拉动下，浦东新区的商业发展日渐繁荣。

分行业来看，生活服务业和零售业的交易金额和交易频率为各行业内最高，其他行业按交易金额由高到低排列，依次为房产地服务业、批发业和保险金融服务业；按交易频率依次为餐饮业、住宿业和休闲娱乐业等。

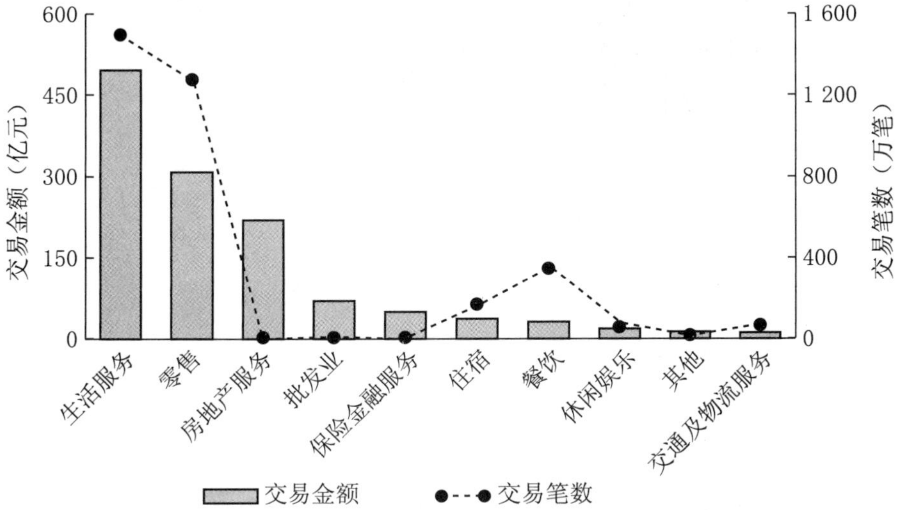

图 2-14　浦东新区各行业的交易金额和交易笔数

（四）杨浦区

根据银联交易数据，位于杨浦区的商圈 2019 年共实现消费金额 316 亿元，刷卡频率达 1 289 万笔。其中，作为上海城市整体规划的四大副中心之一、十大商业中心之一的五角场/大学区商圈是辖区内交易频率最高、最为活跃的商圈，在杨浦区的商业发展中发挥着举足轻重的作用。辖区内交易金额和交易频率较高的商圈还包括中原地区、平凉路、黄兴公园、控江地区以及鞍山新村等。

分行业来看，生活服务类在各行业中交易金额和交易频率最高，其他行业按交易金额高低排布依次为零售业、房地产服务业、批发业以及保险金融服务业；按交易频率排布依次为零售业、餐饮业、住宿业和交通及物流服务业等。

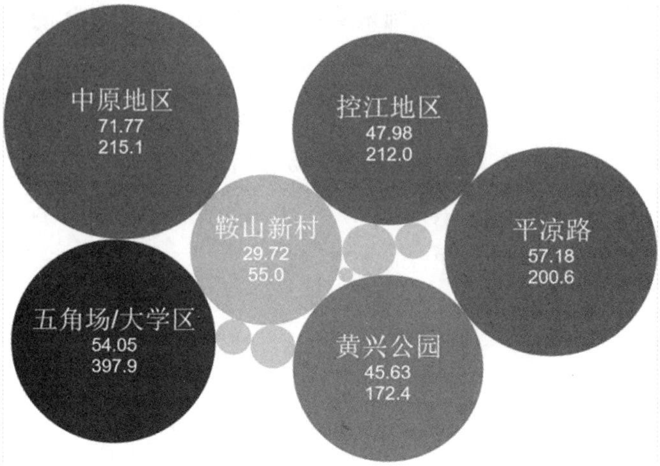

图 2-15 杨浦区各商圈的交易金额和交易笔数

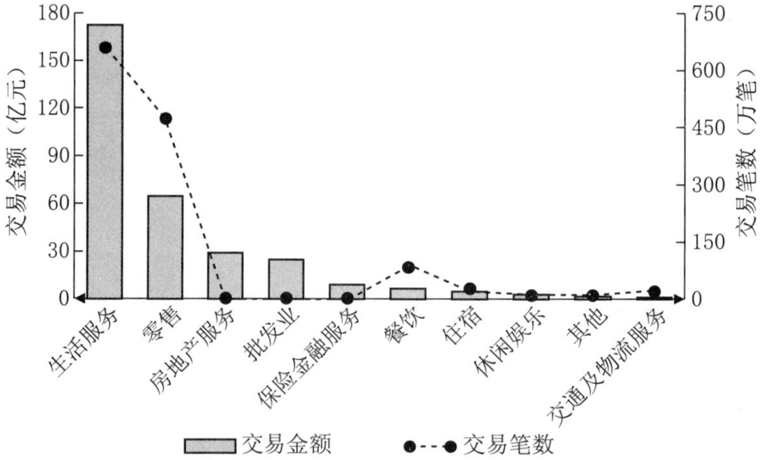

图 2-16 杨浦区各行业的交易金额与交易笔数

（五）虹口区

根据银联交易数据，位于虹口区的商圈 2019 年共实现消费金额 614 亿元，刷卡频率达 1 259 万笔。辖区内，海宁路/七浦路商圈的交易金额和交易频率均最高。其他活跃度和交易额较大的商圈还包括临平路/和平公园、虹口足球场、凉城/江湾镇、曲阳地区、赤峰路、四川北路以及北外滩等。

分行业来看，零售业的交易金额和交易频率为辖区内行业内最高，其次为生活服务业，其余按交易金额高低依次为房地产服务业、保险金融服务业和餐饮业；按交易频率则为餐饮业、住宿业和休闲娱乐业等。

图 2-17　虹口区各商圈的交易金额和交易笔数

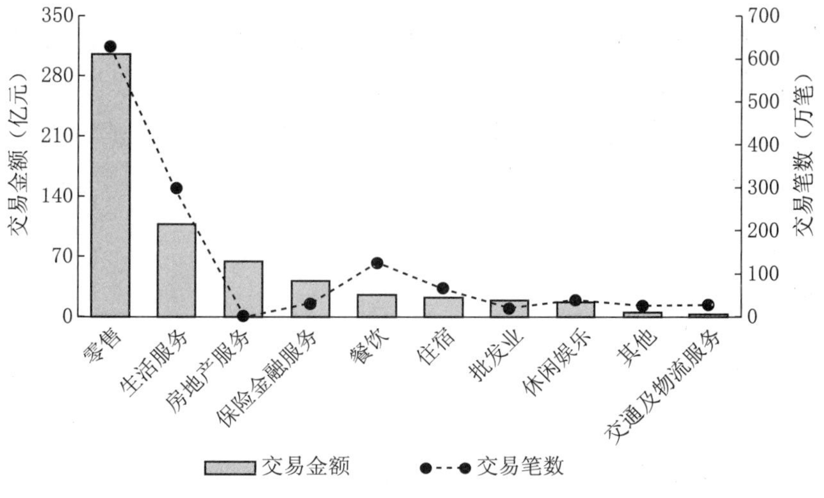

图 2-18　虹口区各行业的交易金额和交易笔数

（六）黄浦区

根据银联交易数据，位于黄浦区的商圈 2019 年共实现消费金额 3 497 亿元，刷卡频率达 6 985 万笔。其中，南京东路、人民广场、淮海路、外滩以及打浦桥等商圈表现得最为活跃，已基本形成外滩金融集聚带、南京东路—人民广场功能组团、淮海中路—新天地功能组团、南外滩—豫园功能组团、打浦桥—世博浦西园区的“一带四组团”格局。

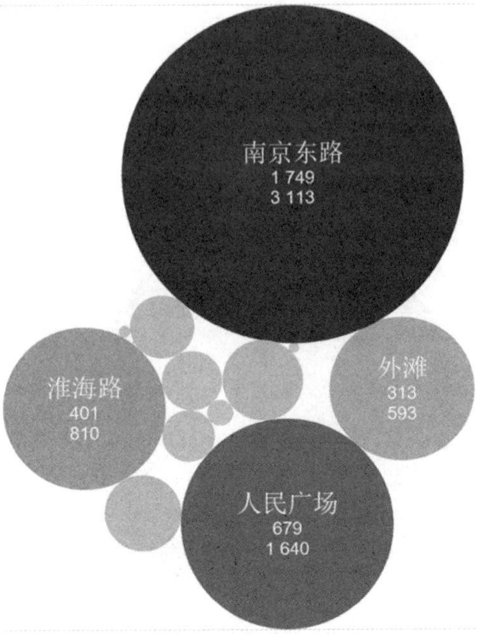

图 2-19　黄浦区各商圈的交易金额和交易笔数

分行业来看，零售业无论是交易金额还是交易频率均为行业内最高，交易金额次高的行业为生活服务业，其次休闲娱乐业接着是餐饮业和住宿业；交易频率次高的行业为生活服务业，餐饮业紧随其后，接着是休闲娱乐业以及交通及物流服务业等。

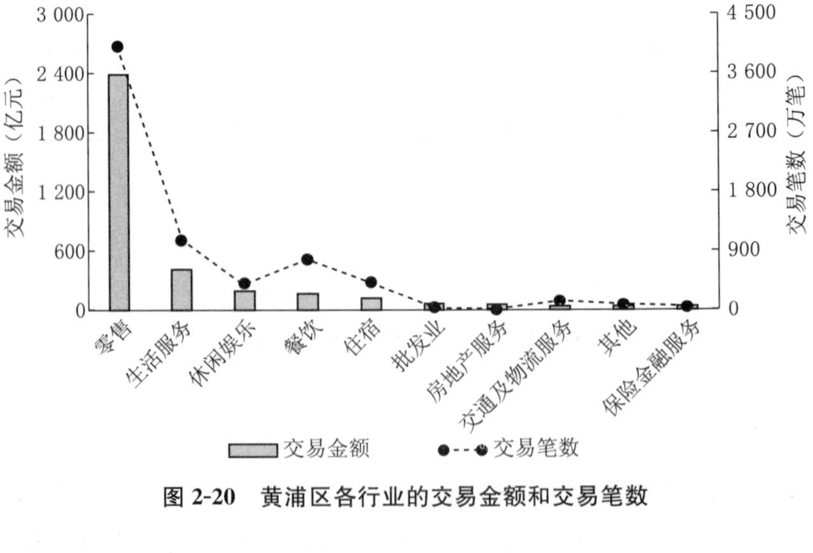

图 2-20　黄浦区各行业的交易金额和交易笔数

（七）嘉定区

根据银联交易数据，位于嘉定区的商圈 2019 年共实现消费金额 379 亿元，刷卡频率达 892 万笔。辖区内嘉定镇商圈的交易金额和交易频率最高，其次为南翔、安亭、江桥以及丰庄等。

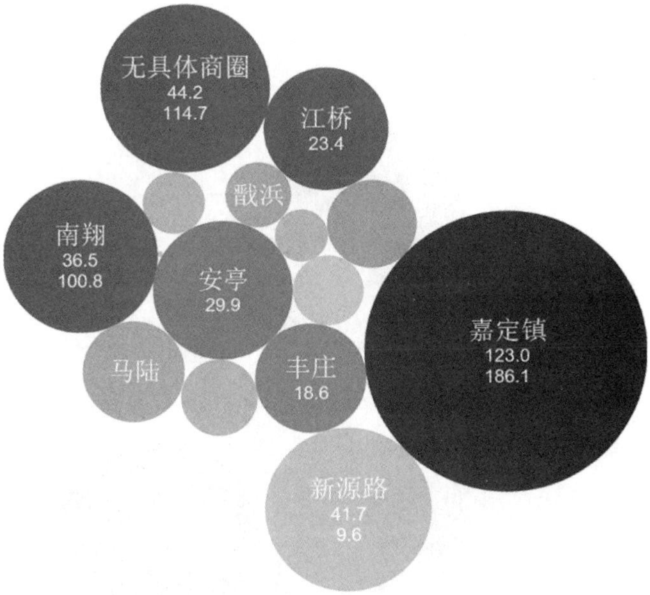

图 2-21　嘉定区各商圈的交易金额和交易笔数

分行业来看，生活服务业的交易金额和交易频率为辖区各行业的最高，其次较为活跃的行业有零售业、餐饮业和住宿业等，交易金额略低于生活服务业的是房地产服务业，接着是零售业、批发业和保险金融服务业等。

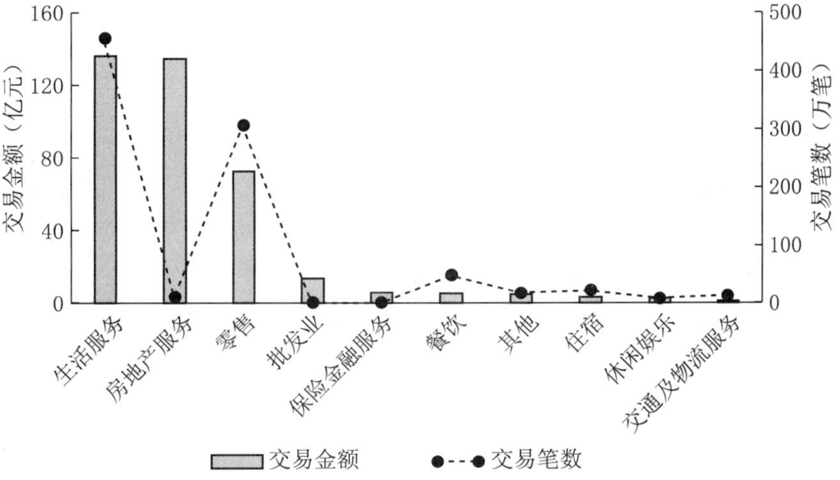

图 2-22　嘉定区各行业的交易金额和交易笔数

(八)奉贤区

根据银联交易数据,位于奉贤区的商圈 2019 年共实现消费金额 182 亿元,刷卡频率达 483 万笔。辖区内南桥商圈的活跃度最高,其次为百联南桥购物中心、新都汇、南桥新城区以及奉城镇等。

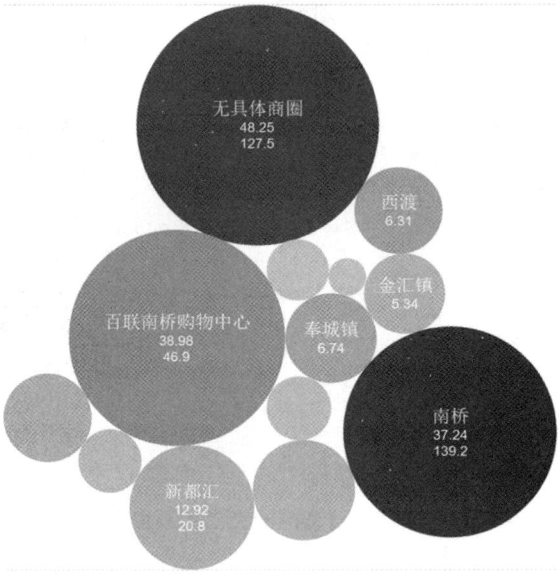

图 2-23　奉贤区各商圈的交易金额和交易笔数

分行业来看,生活服务业的交易金额和交易频率为辖区各行业中的最高,其次为零售业,房地产服务业的交易频率虽不及零售、餐饮、住宿等行业,但交易金额仅次于生活服务业。

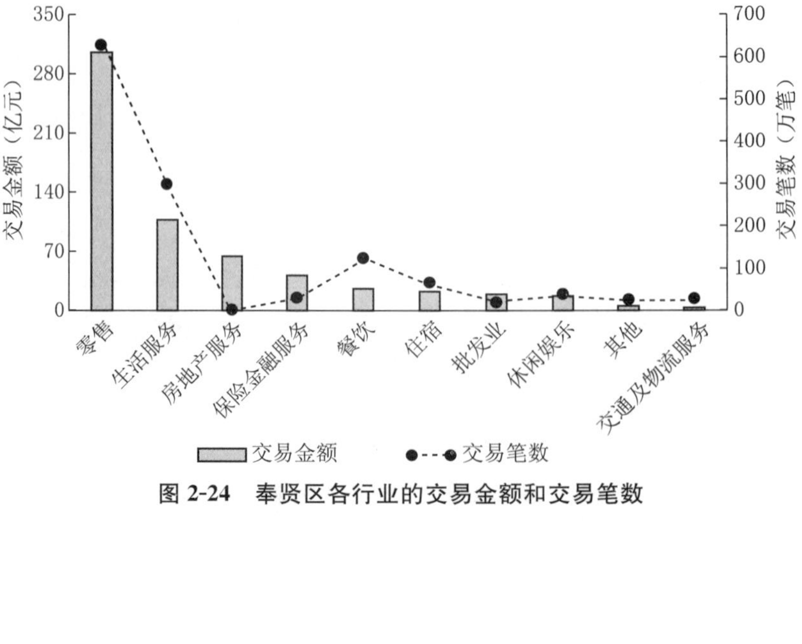

图 2-24　奉贤区各行业的交易金额和交易笔数

（九）宝山区

根据银联交易数据，位于宝山区的商圈 2019 年共实现消费金额 397 亿元，刷卡频率达 1 147 万笔。

图 2-25　宝山区各商圈的交易金额和交易笔数

其中，通河/泗塘、宝山城区、顾村公园为辖区内最为活跃的三个商圈。交易金额排名前五的商圈分别为大华地区、杨行、通河/泗塘、宝山城区、顾村公园等。

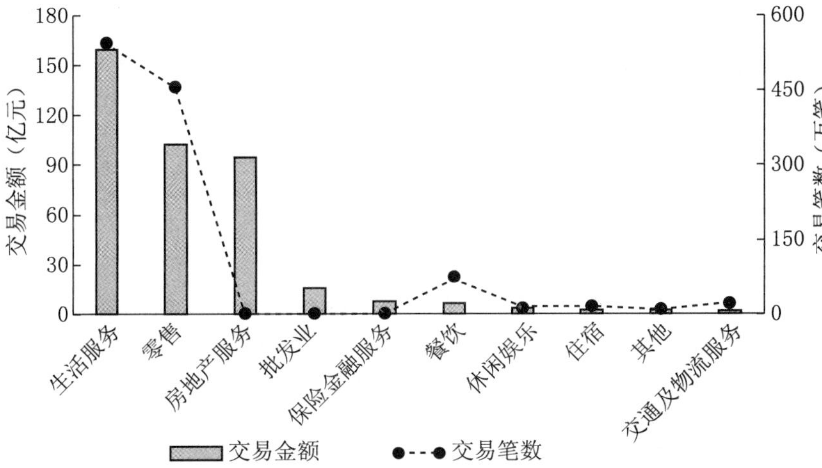

图 2-26　宝山区各行业的交易金额和交易笔数

分行业来看,生活服务业的交易金额和交易频率为辖区各行业中的最高,其次为零售业,房地产服务业的交易频率虽不及零售、餐饮、住宿等行业,但交易金额列前三。

(十)崇明区

根据银联交易数据,位于崇明区的商圈2019年共实现消费金额48亿元,刷卡频率达112万笔。辖区内,城桥镇商圈的交易金额和交易频率均最高,交易金融和活跃度其次大的商圈还包括长兴镇、陈家镇、堡镇以及新河镇等。分行业来看,生活服务业是辖区行业内最为活跃且交易金额最大的行业,交易金额较大的还有零售业、房地产服务业、餐饮业和住宿业;交易频率次高的行业为零售业。

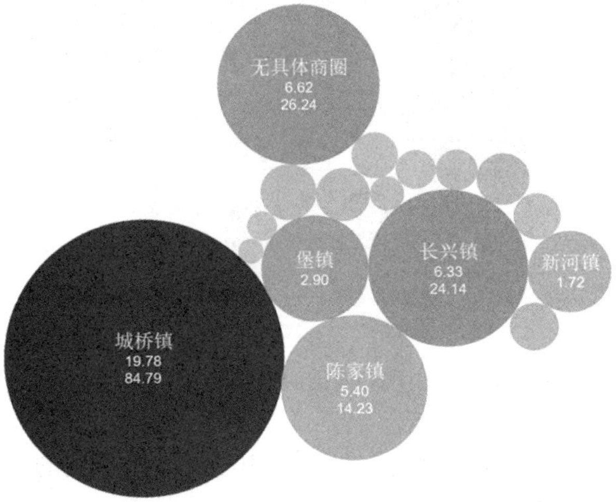

图 2-27　崇明区各商圈的交易金额和交易笔数

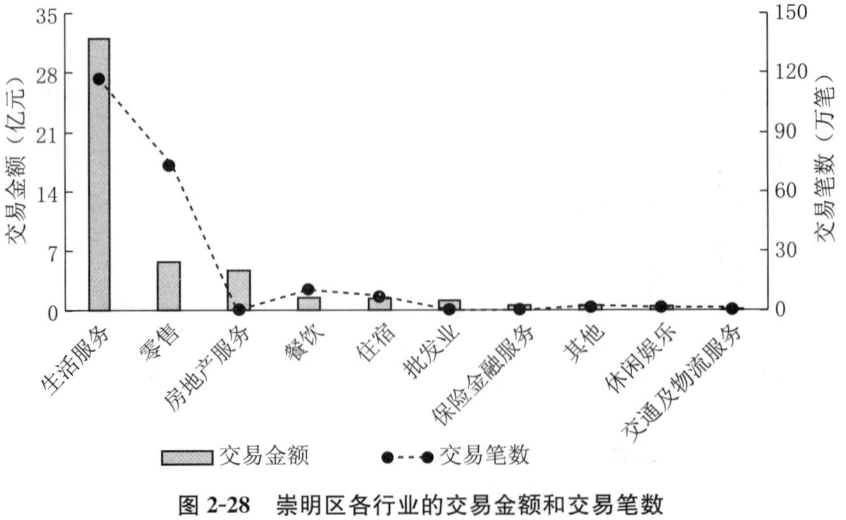

图 2-28　崇明区各行业的交易金额和交易笔数

（十一）普陀区

根据银联交易数据，位于普陀区的商圈 2019 年共实现消费金额 403 亿元，刷卡频率达 996 万笔。辖区内中山北路/甘泉地区、梅川路以及长寿路为活跃度最高的三个商圈，除此之外交易金额较大的商圈还有曹杨地区和桃浦等。

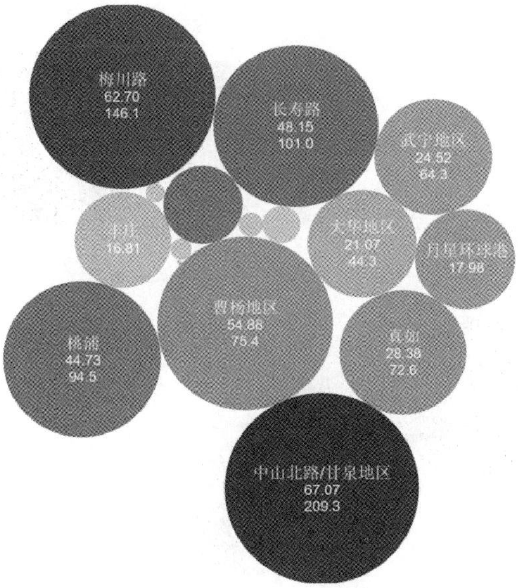

图 2-29　普陀区各商圈的交易金额和交易笔数

分行业来看，零售业的活跃度最高，生活服务业的交易金额最大，交易金额较大的行业还有房地产服务业和批发业等。

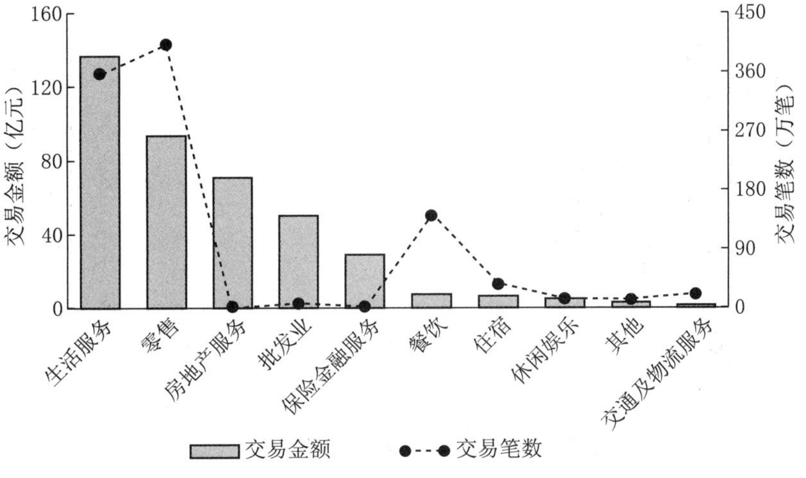

图 2-30　普陀区各行业的交易金额和交易笔数

(十二)松江区

根据银联交易数据,位于松江区的商圈 2019 年共实现消费金额 283 亿元,刷卡频率达 869 万笔。其中,松江镇、九亭、新桥以及泗泾等商圈的活跃度在辖区内最高的。除此以外,交易金融较大的商圈还包括泰晤士小镇、松东路、新松江路以及松江大学城等。

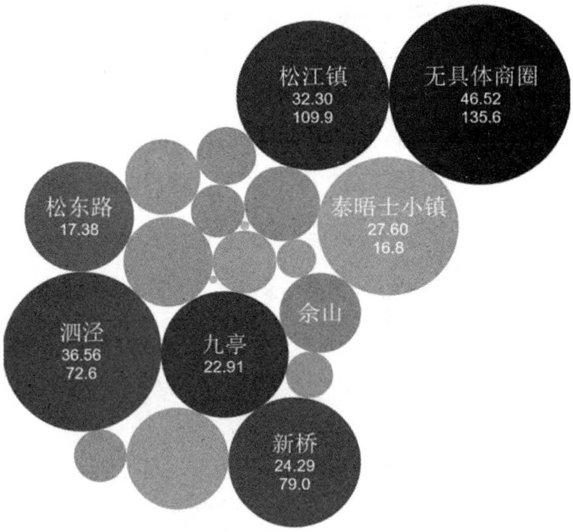

图 2-31 松江区各商圈的交易金额和交易笔数

分行业来看,生活服务业和零售业的活跃度最高,其次为餐饮业、住宿业等。交易金额较大的行业还包括房地产服务业和批发业等。

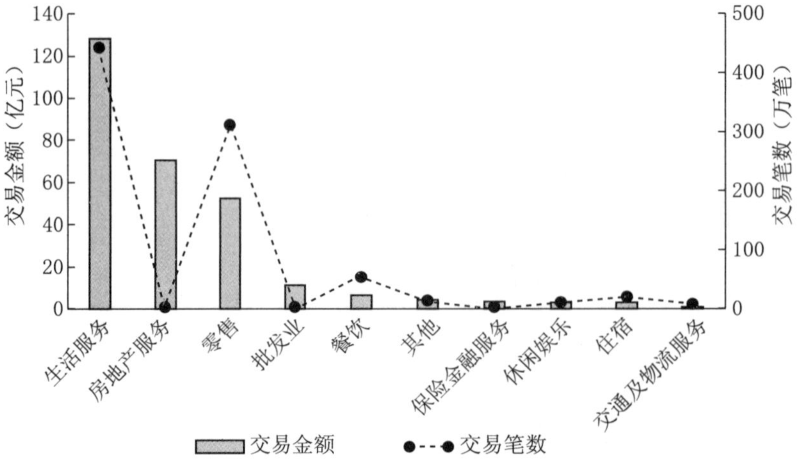

图 2-32 松江区各行业的交易金额和交易笔数

（十三）金山区

根据银联交易数据，位于金山区的商圈 2019 年共实现消费金额 93 亿元，刷卡频率达 363 万笔。辖区内金山万达、金山卫、朱泾等商圈的活跃度最高，交易金额较大的商圈还包括卫零路、枫泾、蒙山路、石化以及亭林等。

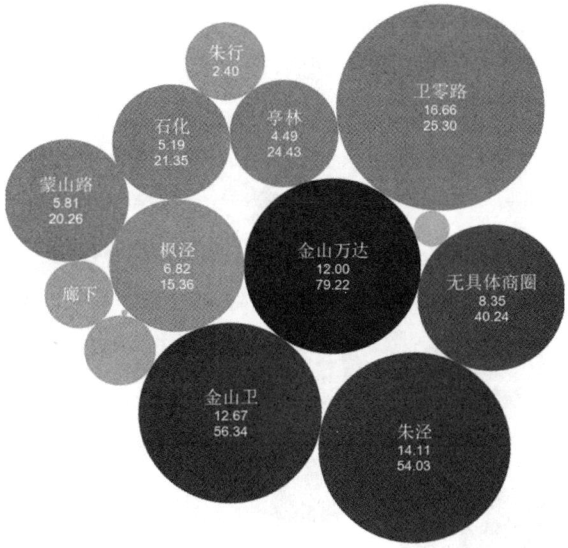

图 2-33　金山区各商圈的交易金额和交易笔数

分行业来看，生活服务业和零售业的活跃度最高，其次为餐饮业，交易金额较大的行业还包括房地产服务业和批发业等。

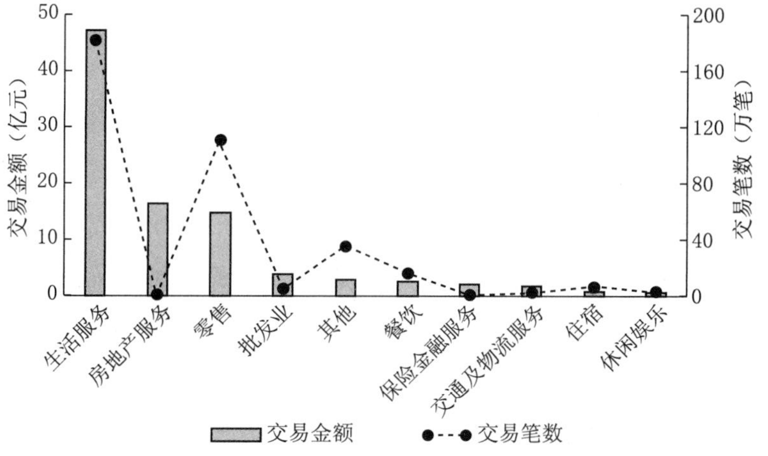

图 2-34　金山区各行业的交易金额和交易笔数

(十四)长宁区

根据银联交易数据,位于长宁区的商圈2019年共实现消费金额296亿元,刷卡频率达1 091万笔。其中,动物园/虹桥机场、中山公园、虹桥等商圈的活跃度为辖区内最高,与此同时,其他交易金额较大的商圈还包括上海影城/新华路、北新泾、天山以及复兴西路/丁香花园等商圈。

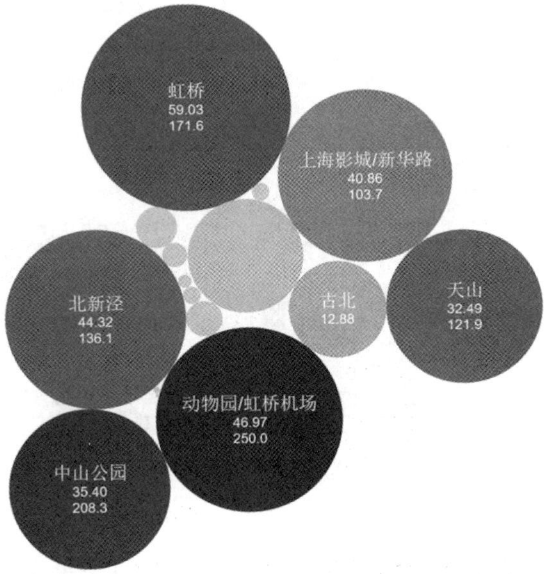

图2-35　长宁区各商圈的交易金额和交易笔数

分行业来看,零售业的活跃度最高,生活服务业的交易金额最高。其他较为活跃的还包括餐饮业、住宿业以及交通及物流业等。

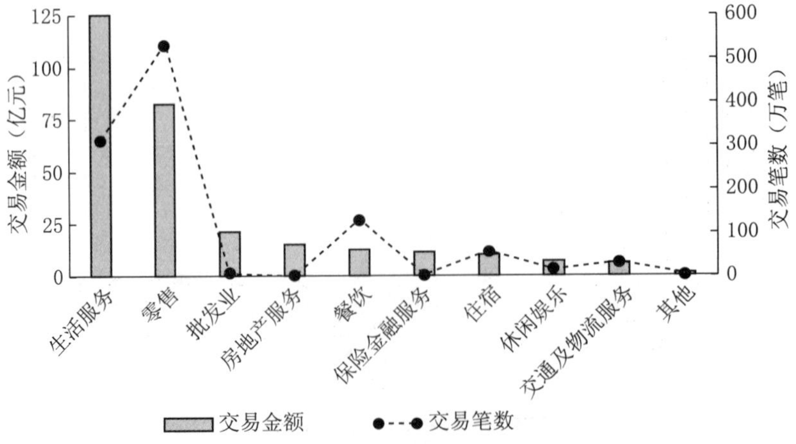

图2-36　长宁区各行业的交易金额和交易笔数

（十五）闵行区

根据银联交易数据，位于闵行区的商圈 2019 年共实现消费金额 673 亿元，刷卡频率达 1 692 万笔。辖区内七宝、莘庄、浦江镇、虹桥枢纽、南方商城、万源城/东兰路以及老闵行等商圈表现得最为活跃，辖区内交易金额较大的商圈还包括龙柏、吴泾、虹桥镇以及春申等地区商圈。

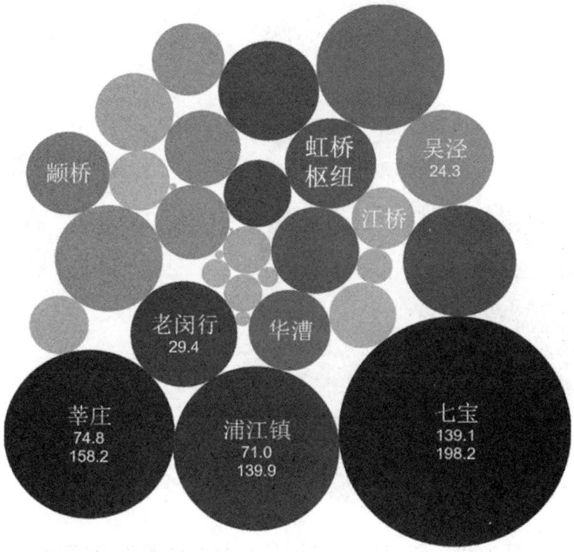

图 2-37　闵行区各商圈的消费金额与刷卡笔数

分行业来看，生活服务业、零售业表现得最为活跃，且交易金额也为辖区内最高，其他交易金融较高的还包括房地产服务和保险金融服务等。

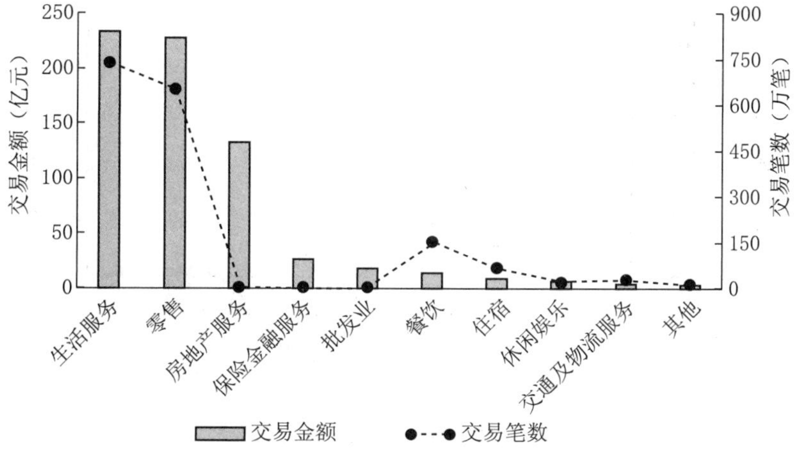

图 2-38　闵行区各行业的交易金额与交易笔数

(十六)青浦区

根据银联交易数据,位于青浦区的商圈2019年上海市青浦区共实现消费金额204亿元,刷卡频率达600万笔。辖区内青浦城区商圈的交易频率、活跃度和交易金额均为最高。其他活跃度和交易金额较高的商圈还包括赵巷、华漕、徐泾、朱家角等。

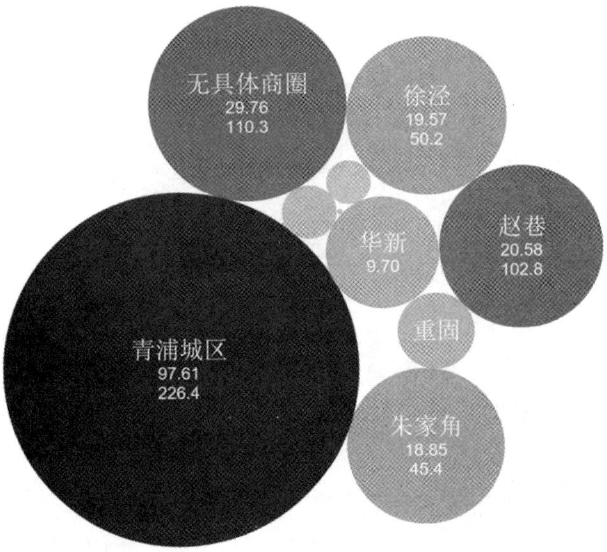

图2-39 青浦区各商圈的交易金额和交易笔数

分行业来看,生活服务业和零售业的交易金额和活跃度最高;其次为餐饮业和住宿业;交易金额较大的还包括房地产服务业和批发业等。

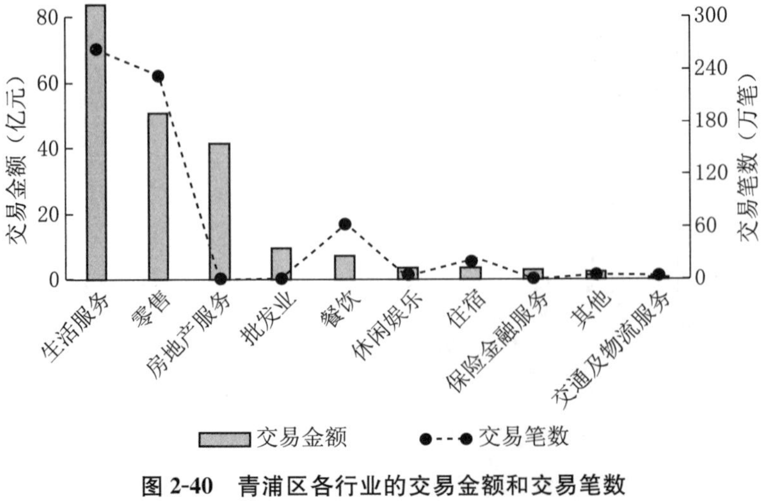

图2-40 青浦区各行业的交易金额和交易笔数

三、 国外商业网点发展优秀案例借鉴

上海商业网点经过前一轮快速发展，面临着土地供应紧张、网点结构亟须调整优化、消费结构和消费方式发生新变化等新形势，上海商业网点规划建设将从总量增加转向品质提高和特色经营为主。本部分积极借鉴国际商业网点发展与管理的成功经验及相关启示，力求为上海商业网点发展与管理提供相关参考依据和借鉴意义。

（一）商业网点发展的优秀案例

1. 东京丸之内："旧区活化"的 CBD 商圈

背景介绍：

丸之内，东京最贵 CBD 商圈。西为千代田区皇居外苑，北邻同区大手町，南接同区有乐町、日比谷，东临中央区银座、八重洲。三菱地所这个日本最大商业地产开发商，兼日本第二大房地产玩家，自 1890 年以高出当时地价 3 倍价格将丸之内地块纳入囊中后，已在此苦心经营近 130 年。

丸之内有丸大厦、新丸大厦、三菱东京 UFJ 银行本部大厦、邮船大厦等构筑的玻璃钢铁大厦群。早期丸之内白天有超过 20 万雇员出入上班，下班后则离开，造成丸之内昼夜人口差异极大。三菱地所意识到丸之内地区不能只是办公的场所，要加入商业元素，随后引入了咖啡馆、精品店以及美术馆等各类商业设施。改造前，三菱地所麾下的丸之内一派 office 风，缺失灵动的商业元素。2000 年至今，丸之内"再造"工程起步，"旧区活化"是关键词之一。

2002 年，丸大厦于原址重建，仅 4 个月便完工启用，入场人数破 200 万，摇身一变为东京热门打卡地。2004 年，利用日本国有铁道本社、JTB 本社、东京中央大厦等旧建筑重建的丸之内 OAZO 正式对外开放。与丸之内 OAZO 同期开门纳客的还有再生的明治生命馆——明治安田生命大厦。

2007—2009 年，与丸大楼对街而立的第二代新丸大厦出街，而仿造丸之内最早办公大楼"三菱一号馆"而造的三菱一号馆美术馆亦竣工。

"再造"丸之内是个重新发现存量物业价值的项目，重建后丸之内受地产投资市场波动影响变小，而增加的办公、商场租赁空间，可为其带来源源不断的稳定租金收入。截至 2019 年 3 月末，丸之内的租赁面积（三菱地所单独）与 2000 年 3 月末相比增长至 1.7 倍，在租户构成方面，专业公司的比例也在不断扩大。此外，据公开数据显示，丸之内地区的店铺数量从改造前的 280 家激增到 860 家，营业面积从 4 万平方米

拓展到近 12 万平方米，而人流量亦增长到从前的 3 倍。其中，三菱地所运营的商业设施年客流量约 1.7 亿人。

改造经验：

以“再造”丸之内为轴点，三菱地所发散式地在日本各地开发运营商务办公区，且主打三类盈利模式：开发办公楼并从中获得租金收入的持有型业务；出售所开发的物业并获得资本收益的周转型业务；以办公楼的运营和管理为中心的非资产业务。

支持以上旧区活化的关键是一系列金融融资活动和产业链的协作。

发力金融，借轻资产以新生。2001 年 9 月，以三井不动产和三菱地所作为发起人的两支房地产信托投资基金(REITs)产品上市，标志着日本 REITs 正式落地。浪潮之下，三井、住友、三菱才能在 21 世纪初期借由轻资产以获新生。REITs 的设立不但缓解了房企融资难题，同时也为物业持有者和开发商提供了退出渠道，为投资者提供了以房地产为基础的金融工具。发行首支 REITs 后，三菱地所在 2002 年提出中期发展计划，注重引入第三方资金，以加强非资产业务，并于 2005 年确定将“房地产管理和服务业务”列为公司支柱。但是，相对三井不动产、住友不动产，三菱地所的资产轻化并不算突出，所以其净资产收益率(ROE)恢复程度不如前两者，但目前正在加速当中。产业链协作，强化巨头效应。三菱地所商业帝国由 9 大业务板块搭建而成，以商业设施、物流设施的开发与运营为核心，经营办公室、住宅、酒店以外的资产类型的业务(图 2-41)。商业设施以三种形式开展业务：“PREMIUM OUTLETS®”品牌的郊外型折扣店、以“MARK IS”为首的单馆型购物中心、包括丸之内地区在内的东京都中心区复合设施。

图 2-41　三菱地所业务[1]

资料来源：三菱地所公司公告。

[1] 2017 年 9 月，由三菱地所投资顾问进行资产运用的“三菱地所物流 REITs 投资法人”在东京证券交易所房地产投资信托证券市场上市。

由三种不同业态构成的资产组合，共计 3 800 家店(截至 2019 年 3 月末)，除东京都中心区外还覆盖北海道到九州的业务区域。

2018 年 11 月，“MARK IS”品牌最大门店——“MARK IS 福冈 MOMOCHI”开张，包含新业态和县内首家分店在内的共 163 家店铺入驻，这也是三菱地所首次尝试商住一体复合项目开发。同时，三菱地所还在拓展和加强物业管理、转租非资产业务，以及经年旧办公楼的翻新等运用现有存量的业务。从 2005 年起，通过并购设计住宅销售业务，目前收入占比在 1/3 左右。

2. 洛杉矶 Century City Mall：活力商业中心改造

背景介绍：

随着线上购物和消费升级的不断推进，世界范围内的商业项目也引来了一次改造升级的浪潮。美国的实体商业也在遭受不同程度的关店潮和整体下滑，但是位于西海岸的洛杉矶的几个开放式大型商业综合体却逆势而上呈现出一片生机勃勃的景象，其中代表有 Westfield Century City，Grove，Americana，Pacific City，Run way，The Camps 等。

这些繁荣的商业项目一方面得益于洛杉矶得天独厚四季如春的气候条件，另一方面也可以看到这些项目在品牌调性主题和室外环境营造上都下了很大功夫，摆脱了有很多店铺和影院的消费场所这一局限，更加注重场所的本身的品牌和社会性。下面选择 Century City Mall 作为案例，分析这一商业背景下商业综合体的改造升级。

不同于一般商业项目在整体业界下滑、人流锐减的情况下不得不对项目进行整体升级改造，Century City Mall 在启动改造之前，一直是一个西洛杉矶地区经营非常成功的商业综合体。Westfield Century City 购物中心开业于 1964 年，并于 2005 年进行过重新装修。购物中心每月会有 109 万人次的访客。4.8 万平方米的营业面积开着 148 间世界级零售商，包括路易威登(LV)，蒂芙尼(Tiffany & Co)，苹果，微软等众多的奢侈品旗舰店和丰富的中高端品牌零售店，也包含眉州东坡美国首店在内的多家人气餐饮店，以及梅西百货(Macy)、布鲁明戴尔百货(Bloomingdale)双百货主力和 AMC 高配电影院。消费者平均每个月访问 2.6 次购物中心，平均每次花费 121.51 美元，可以说这是一个受到西洛杉矶中产阶层乃至名流富豪认可的目的地型商业项目。

而在这样的背景下，Westfield 集团依然充满了实体商业发展的危机感。首先，所谓实体商业没落甚至即将死亡的呼声不仅在中国很高，在美国亦然。就在本项目即将完工的 2017 年，全美有 8 600 多家商业场所关闭。同时，消费升级，新年龄阶层消费观念变化，以亚马逊为代表的互联网势力在线上线下两端的双重冲击使得大量购物中心业绩不断下滑，各路商业操盘运营方均在重新寻找新的商业定位以及升级改造的出路。

因此,虽然 Century City Mall 凭借得天独厚的区位条件和威斯特菲尔德(Westfiled)深厚的商业运营底蕴似乎还没受到很大冲击,但公司管理层未雨绸缪洞见趋势,以近 10 亿美金的天价预算在 2015 年开始了大刀阔斧的项目升级改造行动。项目的策划和设计在 2014 年正式启动,并与 2015 年开始施工(施工期间 AMC 影院和小部分店铺仍然正常营业)。2017 年 10 月 3 日,这个耗资 9.5 亿美金扩建的 Westfield Century City 正式全新开业。

改造经验:

设计改造:整个项目改造方案由美国建筑事务所 GENSLER 和洛杉矶室内设计师凯莉・韦斯特勒(Kelly Wearstler)合作重新设计。改造之前的 Century City Mall 是一个以一层为主,局部两层的户外内向型街巷式购物中心。改造后的购物中心则变成以二层为主局部三层,二层由户外步道和连桥连接一体,一共增加了约 3.7 万多平方米的商业面积,约 90%的店面是新设计的。与此同时,在购物中心的核心位置拆除了原有的商店,打造出一个可以容纳 1 000 人的"Atrium"演艺广场。这样的改变提供了更多户外休息、餐饮空间和绿化空间,同时围绕着这个核心空间有近 200 个品牌的商铺。

环境营造:原先的商场整体设计为室外连廊串联起各区块商业业态。室外连廊的设置以单纯解决效率化交通动线为主。除了简单穿插一些常见于西海岸商业的火炉,座椅等元素外,铺地基本为素混凝土地面,谈不上什么太讲究的设计。而改造后室内设计师凯莉的设计给这个以室外动线为主的购物中心注入了一种量身定做的"客厅"的舒适体验,注重环境营造和社会化属性。设计的灵感来自土耳其地毯(Turkish Carpet),凯莉将室外空间划分为交通空间和停留的场地。每一块停留的场地都有特殊的地砖花纹限定,区域里的家具和小景都由凯莉定制设计。

一个动线小品节点的设计,可以看到丰富的细节。复杂的铺地拼花,考究的家具以及精心布置的植物种植钵,消费者身处其中仿佛走进一幅中东风情画。整个项目动线中插入了大大小小这类节点小品,每个节点的设计在同一主题下却各有差异,串联起一个更加场景化的行走游玩体验。如果说"逛街"体验街道其实是背景,逛的主体是商店,那么在这里,行走游玩本身成为商业体验的核心,商店购物则是在这个核心下的附带行为。这应该就是商场升级的精髓所在。

此外,项目还在户外休闲设施和店面可视性上给人营造舒适的感觉和增强停留的欲望。如在铺地,花池,座椅,火炉,遮阳伞,喷泉等等方面按照公园的理念设计,再配合各式各样的贩卖亭(Pop-up store)等户外休闲设施。人们来到这里不再仅仅因为购物餐饮需要,而是出于对场所本身的喜欢和习惯。

店招设计:改造后店招设计(Store Front)采用了以黑白色为主色调,配上木材质带来一些温暖和柔软。这样的搭配是很符合现在的审美潮流,干净大气,与各色的绿化以及丰富的铺地图案搭配也不会显得凌乱。

同时,改造后的商业也一改之前商业沿街面各个店铺各自为政的形象。所有的店铺都大致统一在一个木质屋檐下,店招形象也规矩了许多。这也可以看出购物中心从以店铺为中心到以场所为中心的趋势。一些强势的商场(国内典型如太古汇),更加强调店铺的设计需要统一在商场营造的既定场景框架中去做文章,相对弱化商户品牌形象,突出商业场所本身的场所品牌,这应该是未来顶级购物中心发展的一个方向。

品牌思维:Century City Mall 的改造中,设计并没有过多的花哨,也并非完美。然而,这种平铺直叙的设计却举重若轻地为引领新的生活方式提供了发生的空间。而整个空间改造的重头戏,就是作为核心舞台以及事件活动核心的“Atrium”。Century City Mall 意图通过这个空间提升项目本身的多功能和包容度,激发项目持续的活力。之前提到的“Atrium”演艺广场成为购物中心的一个核心舞台,承办起各式的露天音乐会、露天电影,甚至为品牌提供走秀 T 台。这样一个活动事件发生器,再结合各式不同的由土耳其地毯打造出的“城市客厅”空间,除了为消费者提供一个歇脚的场所,更重要的是使得商业中心不仅仅是一个餐饮购物的场所,而且演变成人们社交的场地。在此,购物中心将不会仅被零售品牌的兴衰而影响,相反的,它自身会承担起一个独立的功能,成为城市不可或缺的社区空间,跟随城市的发展一起成长。

业态注入:通过业态优化和选择,为 Century City Mall 注入新内容。首先,对于盈利稳定的老业态,Centruy City Mall 保持常态。不变的是改造前几大主力店和旗舰店,如 Bloomingdale, LV,劳力士,Macy 等业态作为商业体的利润支撑,都被完整保留了下来。其次,对于新业态的选取和引入则遵循:(1)新业态类型的选择上,大力提高食品、健康、娱乐以及生活方式在项目中的比重。改造后的商场并没有过多引入新的商业零售品牌,却将大量的空间慷慨地留给新派餐饮、健身健康等板块内容,可以看到其所谓引领新式生活方式的决心。如大名鼎鼎的食在意大利(Eataly)在这里开出面积高达 6 700 平方米的三层旗舰店,包括了 4 个餐厅,9 个小食摊位,2 个咖啡吧,2 个酒吧,1 个集市(包括葡萄酒)和 1 个餐饮学校。在这里不仅能品尝到正宗的意大利美食,可以购买制作所需的所有原材料(专业的导购会教你怎么选取不同材料),还可以学习如何品尝和烹饪意大利菜。对于不熟悉意大利美食的外国人来说,这里简直就是一个美食文化博物馆。(2)新业态的引入要考量新品牌的属性。新业态风格取向依然要维持 Century City Mall 作为西洛杉矶高端商业旗舰的品牌属性。如亚马逊线下实体书店也在 Century City Mall 开出全美第三家店(第一家在西雅图总部,第二家在芝加哥)。(3)Century City Mall 充分挖掘和利用项目周边场地的资源优势,特别是洛杉矶的影视和娱乐资源。不仅为众多影视公司和电视台提供拍摄基地、各种明星名人定制化服务,还引进了 Dreamscape Immersive 虚拟现实娱乐中心。Dreamscape 采用最新的虚拟现实设备,而且体验内容和场景全部是好莱坞最出名的制作和特效公司制作的原创内容,让想象力腾飞。同时,Century City Mall 设立了私人贵宾室和私人电梯,为遍布洛杉矶的明星名人提供 VIP 通道,打造私人服务的生活方式。更有野心的是,他们将目光锁定在了"设计",提出了"私人试衣间"的概念,吸引服装设计师和造型师。这一系列的设置可见运营商 Westfield 对于商业业态策划的重视,整个购物中心可以提供满足不同客户需要的服务,以此扩大客户群体,更能应对和引领不断变化的生活方式。

除了硬件和品牌上的更新,Century City Mall 也非常注重从购物消费场所到多维度文化体验地的转变,分别和洛杉矶当代艺术馆(LACMA)、洛杉矶文化局(Los Angeles Department of Cultural Affairs)、著名的安嫩伯格摄影艺术馆(Annenberg Space for Photography)合作,在项目的各个区域展示不同的艺术品和展览信息。

3. 巴黎 Les Docks:特色文化和建筑的商业更新

背景介绍:

Les Docks 位于巴黎奥茨特里茨码头,占地面积 2 万平方米,最初是巴黎港的工业仓库,建成于 1907 年,它也是巴黎第一座钢筋混凝土结构的建筑物。

改造经验:

2008 年,"雅克布+麦克法兰事务所"将这个旧的水上交通仓库改建为开放式文化中心。大楼的设计灵感来源于奔流不息的塞纳河和河畔上络绎不绝的游人,河畔的堤岸一直延伸至塞纳河左岸的各个新区。设计师决定保留建筑原有混凝土工业结构,在其表面覆盖一层由钢结构和彩色玻璃组成的新表皮,被称为"plug-over",远远望去,建筑就像一只巨大的绿色昆虫。

Les Docks 在 2012 年春对公众开放,改造后这里不仅汇集了展览空间和工作室,还有酒吧、舞厅和屋顶平台,充满"时尚、新潮和刺激",是喜爱大众文化的巴黎年轻人光顾的地方。诸多法国时尚学院的师生都是这里的常客,Les Docks 也因此成了现代创作的中心,供所有人参观和赏鉴。

Les Docks 时尚和设计之城有众多店面和独立空间专为时尚新锐的品牌而设,例如殷亦晴(Yiqing Yin)的"住宅+工作室"、Pigalle 的概念店,还有男装品牌 Bleu de Paname 的时尚潮店。在艺术方面,长廊 Magasin M1 和 M3 用来展示法国设计师的作品,以及作为各种主题展览使用。

时尚和设计之城 Les Docks 不仅汇集了各种充满创造性的灵感,还是会面和游览的好去处，如今它已是塞纳河畔不可错过的景观。

4. 伦敦 King's Cross：城市综合体更新后商业活力提升[1]

背景介绍：

伦敦市中心150年来规模最大的再开发项目——国王十字(King's Cross)，是目前伦敦最热的商业项目之一。然而在整个20世纪，历史遗留问题使国王十字成为伦敦的落后地区，聚集着大量贫困人口。在过去的20年中，国王十字是怎样获得新生的？它能给古老城市的新商业带来什么样的启示？

国王十字项目位于伦敦市中心偏北处，地铁线路发达，靠近伦敦金融城、金融中心金丝雀码头以及多个伦敦地标性建筑，如大英博物馆、白金汉宫等。良好的地理位置使得它从工业革命时期起便成为工业物流重地，又在战后英国去工业化浪潮中沦为废弃工业用地。20世纪70年代后，国王十字街区居民贫困，市面萧条，加之聚集低端夜店与俱乐部等，为区域的安全环境增添隐患。总体来说，改造前的国王十字街区面临着交通环境阻塞、经济增长乏力、区域形象不佳、废弃历史建筑留存、公共空间匮乏、产业发展缓慢等问题。1995年，由于需建设"欧洲之星"停靠站，国王十字街区才开始彻底改变。

改造经验：

多功能、多特质的城市规划：复杂的历史背景虽伴随着多种改造规划难题，但国王十字项目践行了"以打造高质量城市环境、保留特色历史建筑、保护城市公共景观为基础"的开发策略，高效利用地块，使得开发过程清晰明了，打造了一个错落有致的国王十字区域。

项目改造以摄政河为界，南、北两区分别以办公和居住功能为主，在建筑接地层均设置了大量的商业和服务业，具有良好可达性。目前该区域具备了办公、零售、住宅、教育、剧场、酒店、综合交通运输等功能，各个功能板块相互作用，相辅相成。

城市空间修补：国王十字街区采用修复和织补的方法更新区域内的物质空间，提升区域可达性。项目新增道路增强了场地内外车行联系，设计两条主要步道鼓励步行，利用半开放的室外空间增加行为活动的趣味性。此外，还构建了贯穿场地南北的线型公共空间体系，串联区域内主要节点，并在区域边缘设置对外服务公共设施，满足周边人群需求。

以人为本的公共空间打造：公共空间作为交流、融合、共通的所在，把人放在第一

---

[1] RET睿意德.伦敦最大城市综合体改造炼成记[EB/OL].(2018-09-12)[2018-09-14].https://www.ret.cn/insight/1958.html.

位，更好地为商业空间增添人文价值，建立舒适宜人的环境，增强人与人之间交流与连接的关键。整个项目大约有40%的区域是专门开放的空间，用来提供给每一个参与者，包括工人、学生、老人和年轻人等，并新增10片公共空间，20项新增路网、景观和公共艺术设计，提升了项目的整体形象。[1]

升级利用现有资源：国王十字街区改造前的交通枢纽与历史建筑虽然老旧，但保留了珍贵的历史实物资料。国王十字项目没有一味大刀阔斧地进行改造，而是合理留存了旧时痕迹，保护历史，也创造新鲜。(1)交通枢纽的升级利用。国王十字街区占据伦敦市中心重要位置，承担城市交通运输的重要功能，是人流的导入口，因此，对其进行升级改造有利于增强其作为交通枢纽的使用效率。圣潘克拉斯火车站与国王十字火车站在复修与新建的同时还增加了零售业态，别具一格的餐饮与零售功能的开发满足了旅客需求，同时引入特色项目刺激旅客消费，使得车站成为一个独特的商业空间。因其便利的交通让车站保持高度开放，也吸引了周边市民就餐与购物，弥补了伦敦北部高质量商业的空缺。(2)引入文化地标。除了改善业态之外，国王十字街区还引入了世界顶尖的设计学院——中央圣马丁艺术学院，不仅创造了新的文化地标，打造了艺术氛围，还吸引了博物馆、画廊、艺术空间等文化空间入驻国王十字，奠定了该区域创新、活力的基调。中央圣马丁艺术学院的入驻解决了一部分旧建筑的再利用问题，还新建了通往学院的步行道，不同文化创意形态的单间、工作室设在走道两旁，将中央圣马丁艺术学院“创意仓库”的能量辐射到整个街区。(3)修葺与改造历史建筑。维多利亚时期的历史建筑数目众多，多与铁路和工业发展史有关。历史建筑的留存让区域更有特色，与过去的文化建立连接，通过改造翻新发挥社会与经济功能。国王十字对历史建筑的保护分为三种方式：保留原有极具特色的建筑，基于原貌开发新功能；拆除主体，部分创新；新旧结合，相互呼应。在改造商铺、购物中心、写字楼外墙的组合采用了这些方式，展现了新旧结合的奇特街区风貌。例如，维多利亚时期的拱形廊桥就保持了原貌，加入商铺后成了购物街区。[2]

商业配套与运营：为了打造一个一改往日面貌的活力街区，在合理安排框架之后，商业配套内容几乎就是国王十字项目的灵魂，人们的体验与感知都将建立在这些内容的基础之上。(1)多元业态布局。国王十字街区的商业各有特色，为满足不同社群的消费兴趣，开发商采用了先建场所、再完善业态的手法，把国王十字项目的多元化体现得淋漓尽致。国王十字零售商业分为七个板块，每个板块针对不同客群，其定

[1] RET睿意德.伦敦最大城市综合体改造炼成记[EB/OL].(2018-09-12)[2018-09-14].https://www.ret.cn/insight/1958.html.

[2] 同上。

位也有所不同。[1]项目现有零售规划面积4.6万平方米，目前包含零售、餐饮、休闲娱乐、超市业态，其中休闲娱乐包含酒吧、剧场、画廊等。以中心商业Coal Drops Yard举例，它是国王十字街区内的一个购物中心。在这里，艺术、文化和娱乐的结合形成丰富多样的特色，时尚潮牌、轻食、连锁超市、咖啡厅、酒吧等业态丰富，Coal Drops Yard是满足不同背景人群需求的商业空间。(2)包容开放的公共空间。前文提到，公共空间占国王十字街区总面积的40%，项目对过往街区历史进行再创造，打造出了安全洁净的街区环境，以及伦敦最大的户外、免费的公共Wi-Fi体验区。为了营造独特的街区氛围，带动市场热度，全年化的街区活动安排使得该地区一直保持活力，造成人群集聚效应。这些街区活动包括户外运动、亲子活动、艺术活动、文化活动、音乐活动、舞台活动等，活动强化了整个街区的文化属性。这些活动多样且充满新奇感，更重要的是具有开放性，多民族的伦敦包容着来自不同文化背景的人群，这里成为国际都市人群的融合地。[2]

（二）商业网点发展的经验总结

1. 国际商业网点开发运营的经验总结

多方联合设立运营基金，建立房地产信托投资基金。如东京丸之内的更新和运营。商业网点所涉及的地产项目含有地产、资本和商业三大元素，其金融属性不容忽视。国外多以房地产信托投资为核心，主要是资本的力量在做商业地产，采取的是"资本+运营"的模式。同时，在商业地产发达的国家如美国和澳大利亚，商业地产公司只负责建造和之后的商业管理，物业并不自己持有，而是卖给房地产信托投资基金，以滚动资金扩大规模。房地产信托投资基金将物业资产证券化，可以上市，投资者通过分红的方式获取物业的收益和增值。商业地产产业链，包括投资、开发、管理在内的较为完整的一体化产业链和价值链，将商业地产产业链中市场定位、规划设计、融资、招商、运营管理等关键环节进行有效集成，使利益主体形成紧密结合的系统，实现统一的运营管理。整体产业链的操作，有利于商业网点开发与运营。

多方位加强商业综合体复合功能。如洛杉矶Century City Mall和伦敦国王十字街区的改造和升级。从国外商业网点开发商的发展历程来看，早期专注于狭义的商业网点开发建设，主要包括用于零售、餐饮、休闲等各类经营方式的商场、店铺、购物中心、步行街以及社区商业等；随着城市化建设及城市产业升级、城市政府规划职能的强化，融合泛商业地产概念的商业、办公、酒店、公寓等于一体的城市商业综合体项

[1] RET睿意德.伦敦最大城市综合体改造炼成记[EB/OL].(2018-09-12)[2018-09-14].https://www.ret.cn/in-sight/1958.html.

[2] 同上。

目越来越被广泛接纳,积极打造城市商业生态圈成为商业网点建设的重点。

2. 国际商业网点更新管理的经验总结

颁布专项法律规范商业网点建设。不少发达国家对商业网点建设进行了专门立法,比较典型的有日本和法国。日本现在的城市商业发展主要是基于"城市建设三法",即《大店立地法》《中心街区繁荣法》和《城市规划法》进行的。其中《中心街区繁荣法》意在重现城市中心街区的繁荣,《大店立地法》侧重大型店开张时对周边环境的保护,《城市规划法》希望通过城市规划合理配置大型零售店。法国于 1973 年颁布了《鲁瓦耶法》,主要是控制大型商业网点的过快建设;1996 年又颁布了《拉法兰法》,要求各省必须制定商业网络设施图(即规划),并对商业网点建设规定了详细的审批程序,制定相关规划引导商业网点健康发展。美英两国分别在宪法和法令文件中规定了以规划指导商业网点建设。美国在《宪法(修订案)》第 14 条和第 15 条赋予了州政府在区域规划和土地利用计划中规划使用土地的权利,其中包括商业规划,提出商业设施要对环境带来有益影响,提倡土地及相关资源的综合利用,增强流通及服务效能。英国在《城镇中心及零售业发展规划指导政策》和《城镇中心规划政策》中对零售、交通、旅游、休闲等土地使用做出相应规定,要求商业网点规划及设施建设过程中,要考虑商业网点对城镇中心活力的影响,对周边环境的影响以及交通承载能力。

政府利用各方力量有机组配,政策推动与产业自发双管齐下。日本对于以老旧工业厂房为代表的工业遗产的保护、开发、利用的探索在东亚地区起步较早。从 2007 年开始,经济产业省就组织"产业遗产活用委员会"进行了专门针对工业遗产的普查和认定。此外,政府对于老旧厂房改造的推动作用和对各方力量的有机组配,是以老旧厂房为代表的工业遗产转型升级的重要支撑。由于产业调整,制丝场于 1987 年停止运营,但保留了完整的工业建筑和设备。然而,每年 2 000 万日元的固定资产税和 1 亿日元的维护费用,成了片仓工业的沉重负担。从 1995 年开始,富冈市长开始与片仓工业进行交涉。2003 年,群马县知事建议制丝场申报世界遗产。2005 年,片仓工业将富冈制丝场捐赠给地方政府,此举既帮助企业卸下了重担,也给了政府重新利用和开发制丝场的机会。从此地方政府成为推动富冈制丝场再利用的主导力量。富冈市充分认识到制丝场的历史文化价值,希望可以发挥它的社会功能。为此,富冈市还引入了各类社会团体,如产业观光学习馆、富冈制丝场同好会、富冈制丝场世界遗产传道师协会等,组织举办了世界遗产讲演会、学习会、科普和体验等丰富多彩的活动,让富冈制丝场充分发挥其教育功能和观光功能。例如群马县富冈制丝场。群马县富冈制丝场原本是明治维新时期引进法国技术和培训人员后设立的一所示范性机器制丝工场,后属于片仓工业株式会社。在富冈市的努力下,富冈制丝场整合了周围的地域遗址，组成了近代绢丝产业遗迹群，完成了核心产业和地域及其周边的整体性保护。政府的加入，让原本苟延残喘的老工业区在新的社会背景下获得了新身份，实现了新价值。这种转变单靠企业的力量是无法实现的，从企业管理到政府主导，完成了资源的优化配置，使工业遗产能得到更高效率的利用和开发。[1]

（三）国际商业网点开发运营与更新启示

国际商业网点开发运营的经验借鉴和启示，一是建立房地产投资信托基金。可以借鉴国外成功经验，引入房地产信托投资开发模式，引导开发商将物业卖给房地产投资信托基金进行上市融资。二是打造商业网点产业链。积极借鉴国外成功经验，在商业网点开发过程中，将各个环节有效集成，使商业网点的开发、建设、运营形成有机的整体。三是多方位加强商业综合体复合功能。引导开发商积极开发泛商业网点概念的集商业、办公、酒店、公寓等于一体的城市商业综合体项目，打造城市生态商圈。

国际商业网点规划管理的经验借鉴和启示。一是加强政策规范引导。学习发达国家商业网点立法经验，进一步健全政策规范体系。贯彻实施《关于进一步优化本市土地和住房供应结构的实施意见》，由商务部门牵头建立商业、商务办公用地调控引导机制。二是制定完善相关规划。学习英国、美国商业网点规划相关经验，进一步制定完善本市商业发展规划，统筹安排商业网点的空间布局、规模结构，明确建筑品质、功能业态、运营管理等要求。三是推动与产业自发双管齐下。学习资源的优化配置，并充分挖掘和利用项目周边场地的资源优势，使商业与产业产生良好互动。

第二节　上海商业中心发展评估

伴随着城市经济高度发展和土地高度集约利用，商业活动在空间上高度集聚，商业网点在空间上集聚的表现即为商业中心。按不同标准可以把商业中心划分为不同的类型：按其规模大小可以划分为大型、中型、小型商业中心；按其市区内辐射的范围可以划分为市级、地区级、社区级商业中心；按其提供的消费类型可以划分为综合型和专门型。

上海市城市规划设计研究院及上海市商务发展研究中心颁布的《上海市商业网

---

[1] 睿途旅创.如何活化工业遗产？这些发达国家的做法值得学习！[EB/OL].（2019-12-30）[2020-03-28]. https://baijiahao.baidu.com/s?id=1654345454606197114&wfr=spider&for=pc.

点布局规划(2014—2020年)》指出，上海瞄准世界级商业城市发展目标，根据城市发展历史、商业建筑总量、服务覆盖范围、商业综合功能和未来发展趋势，以及各个特定区域的区位条件、资源基础与发展潜力，统筹考虑实体商业和网络商业布局，构建完善“市级商业中心、地区级商业中心、社区级商业中心、特色商业街”为核心的“3＋1”实体商业。此篇文章强调了三点：第一，本节基于2019年高德POI(point of interest，POI)数据，通过地理信息系统(GIS)密度场热点探测模型识别出商业中心的发展现状，并划分出一级商业中心，二级商业中心，三级商业中心，与《上海市商业网点布局规划(2014—2020年)》中的市级商业中心、地区级商业中心、社区级商业中心进行现实验证与评估；第二，立足商业中心的外部性，从交通便捷性、居民流动性、辐射广域性、区位中心性等四个维度评价商业中心的区位竞争力；第三，立足商业中心的内部性，从消费空间、消费时间、消费类型、消费人群等四个维度评价商业中心的消费竞争力。

本报告的目的是揭示上海市各商业中心的发展现状与差距，揭示商业中心在区域内的交通、客流、腹地上的客观区位竞争力，以及实际商业活动中不同商业中心在消费空间、时间、类型、人群上的优势和劣势，以期为上海市各个部门优化升级各级商业中心的空间布局、设施配套、时间配置、业态配比提供借鉴，为各级商业中心制定科学的发展策略提供现实参考和理论指导。

一、 商业中心评价技术路线

(一) 评价思路

本报告基于高德POI数据，借助ArcGIS10.7等软件工具，利用空间聚类、热点探测等方法，识别出上海的主要商业中心，并依据商业中心POI的密度和规模对其进行等级划分，得出一级、二级和三级商业中心。在遵循系统性、科学性、完整性、关键性、整体性、客观性等评价原则的基础上，从商业中心的内部性和外部性两个方面系统地构建了本报告的评价体系。外部性是商业中心的支撑条件，即区位竞争力，主要包括商业中心的交通便捷性、居民流动性、辐射广域性、区位中心性；内部性是商业中心的核心竞争力，即消费竞争力，主要包括商业中心的消费类型多样性、消费时间分散性、消费空间广域性和消费人群高端性。本报告的目的是对上海商业中心进行客观系统的评价，以期对商业中心的研判、布局、提升等提供现实依据和政策启示。商业中心评价技术路线如图2-42所示。

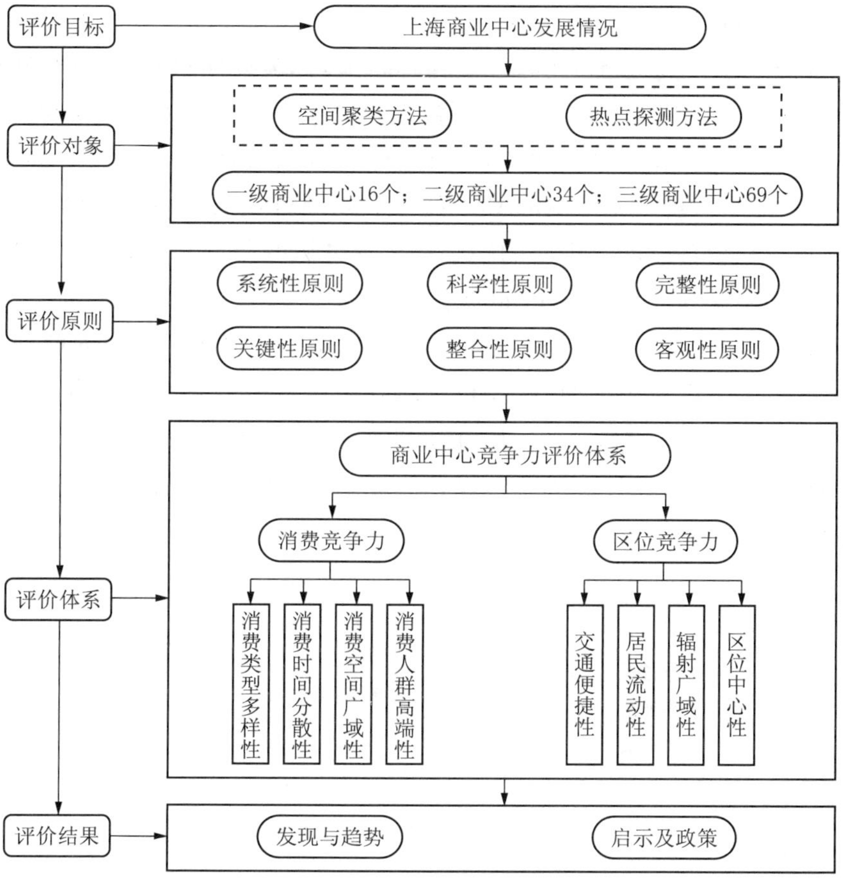

图 2-42 商业中心评价技术路线

（二）评价对象

近年来数据挖掘技术取得突破性进展，加速了开放大数据在城市地理、商业地理等领域中的应用，兴趣点数据、手机信令数据、车辆轨迹数据以及社交媒体数据等为各项科学研究提供了海量的信息，为传统城市地理、商业地理研究注入新的活力。本节以上海市 2019 年高德 POI 作为主要数据源，基于密度场热点探测模型，提取商业热点并按照密度值进行等级划分，最终划分出 16 个一级商业中心，34 个二级商业中心以及 69 个三级商业中心。

商业中心的划分主要依据三个方面的数据，对应于三个方面展开。所用数据分别是上海市商业规划数据、上海市银联商圈数据和上海市公共服务设施 POI 数据。三种数据依据规划与政策、商业、现状设施对商业中心进行划分。相比单方面的数据源，此种方式将更加接近实际情况。具体地，综合考虑规划、商业和 POI 分布密度的一致性,最终取三者交集,得到16个一级商业中心。二级和三级商业中心不再依据规划数据,而是综合考虑银联商圈数据和商圈POI的分布密度,最后通过银联商圈和商圈POI的协同过滤提取得到所有商圈数据,再依据商圈POI的密度和规模进行等级划分,得到所有二级和三级商业中心。在方法上,识别商圈中的POI采用机器学习中的空间聚类方法实现。基于商圈POI的热点则通过热点探测器得到。最终通过泰森多边形,基于三个等级商业中心的中心点实现区域的分割,并标识每个POI所属的商业中心,以便多样性等内部性指标的计算。

本节期望能对《上海市商业网点布局规划(2014—2020年)》中的商业中心进行现状检验与印证。《上海市商业网点布局规划(2014—2020年)》中具有市级商业中心15个,其中包括中近期规划形成的13个商业中心和远期规划的2个市级商业中心。地区级商业中心56个,在外环线以内规划形成19个地区级商业中心,外环线以外形成37个地区级商业中心。

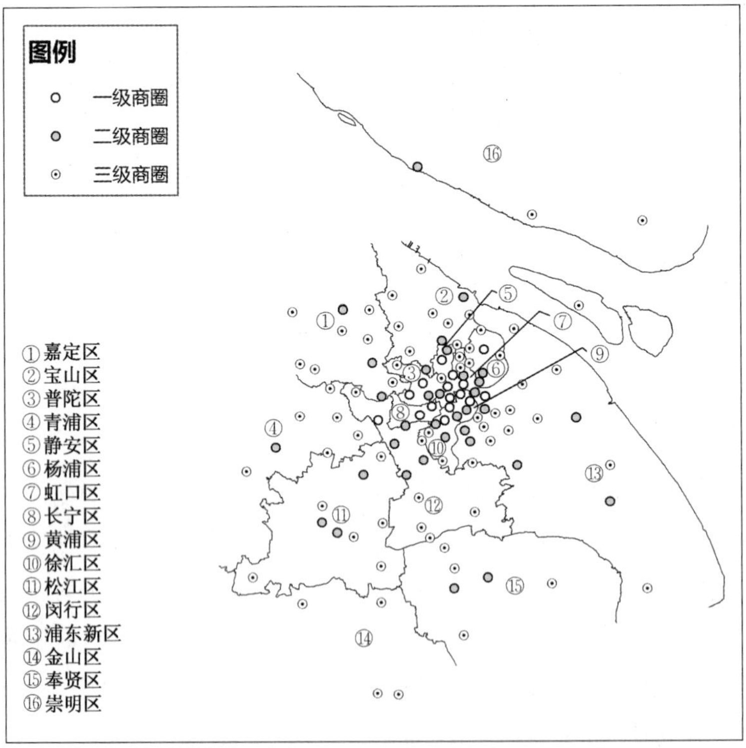

图 2-43 上海一、二、三级商业中心空间分布示意图

(三)评价原则

本节基于商业中心竞争力的内涵和相关理论,并立足上海各商业中心发展的实

际情况，建构商业中心竞争力评价体系。报告主要立足商业中心的外部性，即商业中心区位竞争力，包括交通便捷性、居民流动性、辐射广域性和区位中心性；商业中心的内部性，即商业中心消费竞争力，包括消费类型多样性、消费时间分散性、消费空间广域性和消费人群高端性。坚持以下原则：

系统性原则。本报告从外部性——区位竞争力和内部性——消费竞争力来系统评价商业中心的发展程度。只有这样，才能把握重点评价因子，较为全面地对不同商圈进行全方位的评价。

科学性原则。数据来源具有权威性，基本数据来源于中国银联 2019 年上海市乃至全国全时段的消费数据以及高德地图 2019 年上海市的全部 POI 数据。评价方法具有准确性，探究商业中心消费竞争力的指标，摆脱了传统意义上的只以消费强度作为核心指标的束缚，本节从商业消费的人群、空间、时间、类型等多个维度评价商业中心的消费竞争力。

完整性原则。本报告的目标是全面刻画上海各个商业中心的消费竞争力，因而评价指标体系需完整涵盖上海各个商业中心消费竞争力和区位竞争力的要素构成，从而建构一个多层次、多要素的评价体系。

关键性原则。本报告的宗旨是揭示上海商业中心在消费竞争发展上彼此的差距，评价上涉及不同的维度，在评价时尽可能地选取一些核心关键要素，以对目标层进行客观的评价。选取指标做到直接、有效，避免指标过多，影响关键因素的作用。

整合性原则。充分借鉴已有的、成熟的、具有影响力的商业中心评价指标体系，尤其是相关国际及中国商业中心评价报告的指标体系，整合已有商业中心评价指标体系的优点和数据资源。

客观性原则。本报告数据具有客观性，中国银联的消费数据以及上海商业网点的 POI 数据是现实存在的；在评价方法上具有客观性，空间热点探测法和熵权法采用客观评价法确定各个指标的权重，摆脱了专家打分法对指标的主观判断带来的误差。

二、 商业中心消费竞争力评价

（一）评价体系

充分借鉴已有的商业中心评价体系，遵循商业中心消费竞争力评价体系构建原则，本报告基于商业中心消费类型、消费时间、消费空间、消费主体的分析框架，力求多维度地评价商业中心的消费竞争力，经过多次专家征询意见反馈，从消费类型多样性、消费时间分散性、消费空间广域性、消费人群高端性等四个方面建构了商业中心消费竞争力评价体系,涉及18个具体评价指标,以期能够客观准确地评价上海商业中心的消费竞争力的强弱(表2-1)。

表2-1 商业中心消费竞争力评价指标体系

目标层	一级指标	二级指标	数据来源及说明
商业中心消费竞争力	消费类型多样性	店铺数量(个)	高德POI数据,位于商业中心范围内的POI的数量
		店铺种类数(类)	高德POI数据,位于商业中心范围内的POI的种类
		消费类型数(类)	中国银联数据,消费属于的业态类型
		最大消费金额类型之外的类型占比(%)	中国银联数据,除去最大消费金额类型,计算其他类型的消费金额的比例
		最多消费笔数类型之外的类型占比(%)	中国银联数据,除去最多消费笔数类型,计算其他类型的消费笔数的比例
	消费时间分散性	一天中除去最多时段消费金额占比(%)	中国银联数据,除去一天中最多时段消费金额,其他时段消费金额占比
		一天中除去最多时段消费笔数占比(%)	中国银联数据,除去一天中最多时段消费笔数,其他时段消费金额占比
		一年中除去最多月份消费金额占比(%)	中国银联数据,除去一年中最多月份消费金额,其他月份消费金额占比
		一年中除去最多月份消费笔数占比(%)	中国银联数据,除去一年中最多月份消费笔数,其他月份消费笔数占比
		一年中除去最多星期消费金额占比(%)	中国银联数据,除去一年中最多星期消费金额,其他星期消费金额占比
		一年中除去最多星期消费笔数占比(%)	中国银联数据,除去一年中最多星期消费笔数,其他星期消费笔数占比
	消费空间广域性	消费城市数量(个)	中国银联数据,在商业中心内消费的城市属地数量
		外地城市消费金额占比(%)	中国银联数据,除上海外其他城市消费金额占比
		外地城市交易笔数占比(%)	中国银联数据,除上海外其他城市交易笔数占比
		外地城市卡量占比(%)	中国银联数据,除上海外其他城市交易卡量占比
	消费人群高端性	高端人群占比(%)	中国银联数据,高端人群为最优质客群之一,贡献佣金收入高,奢侈品消费金额,卡均金额最大,跨境消费倾向强
		高额消费占比(%)	中国银联数据,本卡消费金额和社会平均水平的对比情况,消费额是平均水平的100倍
		高自由度占比(%)	中国银联数据,高自由度属于自主性消费,包含餐饮、百货商店、旅行服务、休闲娱乐、宾馆酒店、奢侈工艺品

（二）评价方法

在已确定商业中心消费竞争力评价指标体系要素组成基础上，本报告采用客观赋权法——熵值法来确定各评价指标的权重，以弱化主观赋权法的影响，然后利用熵权 TOPSIS 法(Technique for Order Preference by Similarity to an Ideal Solution，逼近于理想值的排序方法)对体系中各因子的影响进行赋权。

熵值法计算步骤为：

(1) 构建原始指标数据矩阵：有 m 个研究单元，n 项评价指标，形成原始指标数据矩阵 $X=\{x_{ij}\}_{m\times n}(0\leqslant i\leqslant m,0\leqslant j\leqslant n)$，$x_{ij}$ 为第 i 个地区第 j 个指标的指标值。

(2) 数据标准化处理：

正向指标：

$$X'_{ij}=\frac{X_{ij}-\min\{X_j\}}{\max\{X_j\}-\min\{X_j\}}$$

负向指标：

$$X'_{ij}=\frac{\max\{X_j\}-X_{ij}}{\max\{X_j\}-\min\{X_j\}}$$

(3) 计算第 j 项指标下第 i 个商业中心指标值的比重：

$$Y_{ij}=\frac{X'_{ij}}{\sum_{i=1}^{m}X'_{ij}}$$

(4) 计算第 j 项指标的信息熵值：$e_j=-k\sum_{i=1}^{m}(Y_{ij}\times\ln Y_{ij})$

(5) 计算评价指标 j 的信息熵冗余度，即差异性系数：$d_j=1-e_j$

(6) 计算评价指标 j 的权重：$\omega_i=d_j/\sum_{j=1}^{n}d_j$

(7) 计算单项指标得分：$S_{ij}=\omega_i\times X'_{ij}$

(8) 计算第 i 个商业中心得分值：$S_i=\sum S_{ij}$

熵权 TOPSIS 评价方法：

(1) 构建 m 个事物 n 个评价指标的判断矩阵，令 C_1，C_2，…，Cn 为 n 个指标，A_1，A_2，…，A_m 为 m 个方案。a_{ij} 为方案 A_i 在指标 C_j 下的指标量大小，$i=1$，2，…，m，$j=1$，2，…，n。首先进行归一化处理。将判断矩阵 $R=(x_{ij})_{n\times m}$ 进行归

一化处理,得到归一化判断矩阵 b_{ij}。

$$b_{ij}=\frac{x_{ij}-x_{\min}}{x_{\max}-x_{\min}} \tag{1}$$

公式(1)中,$x_{\max}$,$x_{\min}$分别为同指标下不同事物中最满意者或最不满意者。

(2) 确定评价指标的熵:

$$H_j=-\frac{1}{\ln m}\left(\sum_{j=1}^{m} f_{ij}\ln f_{ij}\right) \tag{2}$$

$$f_{ij}=\frac{b_{ij}}{\sum_{j=1}^{m} b_{ij}}(i=1,\ 2,\ \cdots,\ n;\ j=1,\ 2,\ \cdots,\ m) \tag{3}$$

(3) 计算熵权 ω:

$$\omega_j=\frac{1-H_j}{n-\sum_{j=1}^{n}H_j},\text{且满足}\sum_{j=1}^{n}\omega_j=1 \tag{4}$$

应用上述公式(1)—(4),即可得出评价指标体系中各指标的权重值。

对构建的原始矩阵各指标值分别与对应指标最大值作商,即标准化处理,建立标准化矩阵 $V=(v_{ij})_{m\times n}$。需要说明的是,对于反向指标的标准化方法,需要进行调整,可以先采用极大值减去所有值转换成正向指标,然后再做一次标准化。

(4) 确定理想解 S^+ 与负理想解 S^-:

$$S^+=\{S_j^+=\max_{1\leqslant i\leqslant m}(v_{ij})\},\ j=1,\ 2,\ \cdots,\ n$$
$$S^-=\{S_j^-=\min_{1\leqslant i\leqslant m}(v_{ij})\},\ j=1,\ 2,\ \cdots,\ n$$

(5) 计算各方案与理想解、负理想解的欧式距离:

$$sep_i^+=\sqrt{\sum_{j=1}^{n}[\omega_j^{\times}(S_j^+-r_{ij})]^2},\ i=1,\ 2,\ \cdots,\ m \tag{5}$$

$$sep_i^-=\sqrt{\sum_{j=1}^{n}[\omega_j^{\times}(S_j^--r_{ij})]^2},\ i=1,\ 2,\ \cdots,\ m \tag{6}$$

公式(6)和公式(7)中,ω_j 为采用熵权法得到的权重。

(6) 计算各方案与理想解的相对接近程度,即评价得分:

$$c_i=\frac{sep_i^-}{sep_i^++sep_i^-}\times 100\%,\ i=1,\ 2,\ \cdots,\ m \tag{7}$$

最后对评价结果得分进行标准化处理，熵权 TOPSIS 法采用客观评价法确定权重，评价重复性好，同时又保留了 TOPSIS 法的优点。

（三）评价结果

基于商业中心消费竞争力评价体系和熵权 TOPSIS 法，本报告从消费类型多样性、消费时间分散性、消费空间广域性和消费人群高端性等四个维度，计算了 2019 年上海商业中心的消费竞争力，并从消费竞争力综合得分直观了解上海各个商业中心的消费竞争力差异。商业中心消费竞争力评估暂只涉及一级商业中心。

1. 消费类型多样性

随着经济发展不断地发展，消费升级成为大势所趋。消费升级背后市场细分越来越明显，个性化、多样化消费会成为当前消费增长主流。商业中心提供的消费类型以及消费人群的实际消费类型可以反映出商业中心的消费类型多样性。南京路商业发展历史悠久，区位条件优越，店铺类型多样，客流量庞大，是上海重要的商业中心。消费多样性呈现出以南京路商业中心为核心的空间结构(见图 2-44)。由南京路形成的商业中心以 81.01 位列上海各大商业中心之首，紧随其后的两个商业中心是淮海中路商业中心(66.01)和静安寺商业中心(64.72)。其中，静安寺商业中心并未出现在历年上海商业发展规划中，通常将其并入其他商业中心中，本报告把静安寺作为独立的商业中心。由于静安寺地处上海市中心城区核心地段，拥有优越的地理区位和深厚的历史底蕴，深受企业和白领青睐，也是中产阶级人群喜爱的去处，因此，静安寺

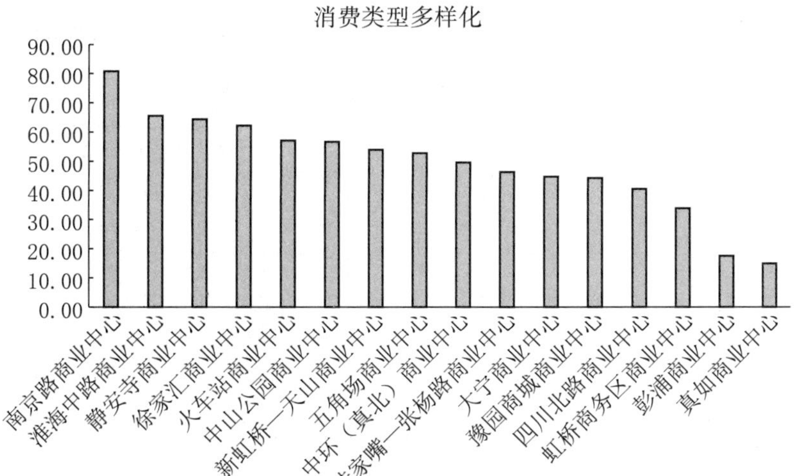

图 2-44　消费类型多样性综合得分

消费类型多样性逐步成型。而消费类型多样性排在最后三位的一级商业中心分别为虹桥商务区商业中心、彭浦商业中心、真如商业中心。虹桥商务商业中心是一个集休闲、购物、餐饮等多种业态为一体的崭新的商业中心,发展时间相对较短,消费类型的丰富度有待提升。彭浦商业中心以夜市闻名,业态主要以餐饮业为主,消费类型相对单一。真如商业中心被定位为远期规划的两个市级商业中心之一,具有较强的发展潜力。然而,目前真如商业中心业态类型较为单一,主要以购物服务和生活服务类为主。

本报告基于POI数据提取各大商业中心店铺数量、店铺类型数,结合银联的消费数据分析各个一级商业中心消费多样性的具体情况。南京路商业中心的消费多样性等各大指标均领先上海其他一级商业中心(见表2-2)。从店铺数量看,南京路商业中心以32 770个店铺数量遥遥领先于上海各大商业中心,位列第二、三位的静安寺商业中心和五角场商业中心的店铺数为18 053个和13 854个。从店铺类型数看,南京路商业中心的店铺类型数依然排名第一,为108类。中山公园商业中心以107个店铺类型数位列第二,这与中山公园商业中心的消费人群结构有关,这里同时存在精英消费和中产阶层的消费。从消费类型数看,各个商业中心的消费类型数都在28个以上,其中南京路商业中心、淮海中路商业中心、徐家汇商业中心、虹桥商务区商业中心的消费类型数都为31个。可见,上海一级商业中心的消费业态结构较为完备。从最大消费额类型占比看,火车站商业中心、五角场商业中心、新虹桥—天山商业中心以89.97%、81.47%和81.11%位列前三位,这说明这三个中心的消费类型高度集中在某类商品,进而导致这几个商业中心的店铺类型相对较少。从最多交易笔数类型占比看,位列前三位的依次为火车站商业中心、淮海中路商业中心、徐家汇商业中心,说明这三个商业中心的消费频次高度集中在个别商业业态上,其消费类型丰富度有待提高。

表2-2 消费类型多样性各大指标统计情况

名 称	店铺数量(个)	店铺类型数(个)	消费类型数(个)	最大消费额类型占比(%)	最多交易笔数类型占比(%)
真如商业中心	3 203	77	31	37.79	54.68
豫园商城商业中心	7 821	90	30	72.74	77.61
虹桥商务区商业中心	3 213	79	31	73.91	75.41
徐家汇商业中心	13 771	97	31	73.12	80.18
新虹桥—天山商业中心	13 647	100	29	81.11	72.29
中山公园商业中心	13 032	107	28	81.05	78.23
淮海中路商业中心	13 324	99	31	78.32	83.66
静安寺商业中心	18 053	102	30	73.35	74.57

续表

名　　称	店铺数量（个）	店铺类型数（个）	消费类型数（个）	最大消费额类型占比(%)	最多交易笔数类型占比(%)
小陆家嘴—张杨路商业中心	13 250	89	29	74.35	76.68
南京路商业中心	32 770	108	31	49.87	62.38
中环(真北)商业中心	11 222	95	30	70.90	73.17
四川北路商业中心	9 621	93	30	56.24	67.80
大宁商业中心	7 095	93	30	74.28	75.48
五角场商业中心	13 854	102	30	81.47	56.74
火车站商业中心	9 841	95	30	89.97	83.97
彭浦商业中心	3 527	79	30	70.65	49.17

2. 消费时间分散性

消费时间分散性呈现出多个商业中心“并驾齐驱”的态势(见图 2-45)，但在空间上仍较为集中。消费时间分散性综合得分 85 以上的三个商业中心分别为南京路商业中心(98.13)、徐家汇商业中心(89.03)、静安寺商业中心(88.75)。这三个地区为上海游客打卡的“网红圣地”，吸引了国内外一大批游客前来消费，受消费时段的影响较弱。排名后三位的为中环(真北)商业中心(58.88)、豫园商城商业中心(42.50)、虹桥商务区商业中心(20.32)。这三个商业中心消费囿于消费结构单一，消费受时段限制明显。例如，豫园商城商业中心虽然地处游客集中地的城隍庙地段，但是豫园商城商业中心的消费类型呈现以黄金珠宝饰品为主导的单一业态，因此消费高峰具有较强的季节性与时段性。

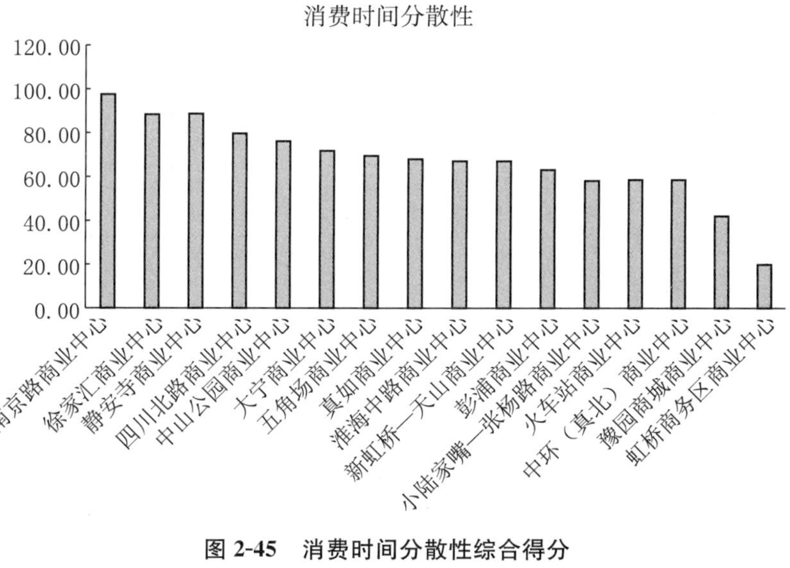

图 2-45　消费时间分散性综合得分

本报告基于银联消费数据，分析一天中不同时段、一年中不同季节的消费占比，测算不同商业中心消费时段的集中程度(见表 2-3)。从全天消费时段看，面向本地人群的商业中心呈现明显的消费集中性。一天中，中环(真北)商业中心、大宁商业中心、彭浦商业中心最多时段消费额占比排在前三位，依次为 91.83%、91.22%、89.53%；一天中，豫园商城商业中心、五角场商业中心、中环(真北)商业中心最多时段交易笔数占比排在前三位，依次为 84.36%、79.42%、79.02%；这些商业中心主要面向中产阶级和上海本地人群的消费，由于受工作日上班的限制，故而消费高峰时段主要集中在 18 时之后。从年季节消费看，上海旅游热点地区的商业中心并未出现明显的季节性。南京路商业中心一年中最多月消费额占比、一年中最多月交易笔数占比分别以 9.71%和 10.18%排在最后一位，这一结果说明南京路商业中心不仅是外来游客的“消费乐园”，对上海本地也极具消费吸引力。从年消费集中度看，新兴商业中

表 2-3　消费时间集中度的各大指标统计情况　(%)

名　称	一天中最多时段消费额占比	一天中最多时段交易笔数占比	一年中最多月消费额占比	一年中最多月交易笔数占比	一年中最多周消费额占比	一年中最多周交易笔数占比
火车站商业中心	73.99	69.27	15.25	14.85	3.89	3.81
真如商业中心	74.05	70.13	15.44	13.05	3.81	3.08
南京路商业中心	74.58	69.83	9.71	10.18	2.51	2.46
淮海中路商业中心	76.79	70.00	11.66	13.44	4.38	3.47
静安寺商业中心	76.81	71.33	10.37	10.26	3.56	2.49
四川北路商业中心	77.25	69.90	13.10	11.45	3.25	2.77
虹桥商务区商业中心	80.46	75.33	16.55	16.59	6.91	4.67
豫园商城商业中心	80.99	84.36	11.47	15.04	3.27	3.99
徐家汇商业中心	81.69	70.10	10.68	10.13	2.90	2.44
五角场商业中心	82.40	79.42	10.99	11.46	2.61	2.84
新虹桥—天山商业中心	82.91	73.79	14.00	11.39	3.59	2.78
中山公园商业中心	83.35	74.28	10.80	11.06	2.61	2.87
小陆家嘴—张杨路商业中心	88.21	77.34	13.98	11.10	4.29	2.58
彭浦商业中心	89.53	72.03	11.20	12.83	3.05	3.34
大宁商业中心	91.22	76.90	9.96	10.83	2.42	2.67
中环(真北)商业中心	91.83	79.02	11.89	11.30	3.33	2.88

心呈现出局部时间的爆发性消费。例如，一年中最多周消费额占比和一年中最多周交易笔数占比排在第一位的均为虹桥商务区商业中心，占比高达 6.91%和 4.67%。虹桥商务区被誉为“新陆家嘴”，自 2015 年首个商业广场全面开业，虹桥商务区商业中心逐渐进入消费者视野。虹桥商务区商业中心为更好地集聚人气，通过品牌营销、广告宣传、活动举办等方式造势，这就出现虹桥商务区商业中心在局部时间出现了爆发性消费，表现为年消费集中度较高。

3. 消费空间广域性

消费空间广域性呈现显著的空间集聚特征，高度集中在外滩附近，主要与外滩附近商业中心定位为面向全国消费有关。上海仅两个一级商业中心的空间广域性综合得分超过 50，南京路商业中心(95.63)，四川北路商业中心(74.47)。这两个商业中心主要以游客消费为主，消费空间基本上覆盖全球各个地级市。综合得分低于 10 的两个商业中心分别为：真如商业中心(7.45)和新虹桥—天山商业中心(4.97)，这两个中心的消费空间局限于上海本地。

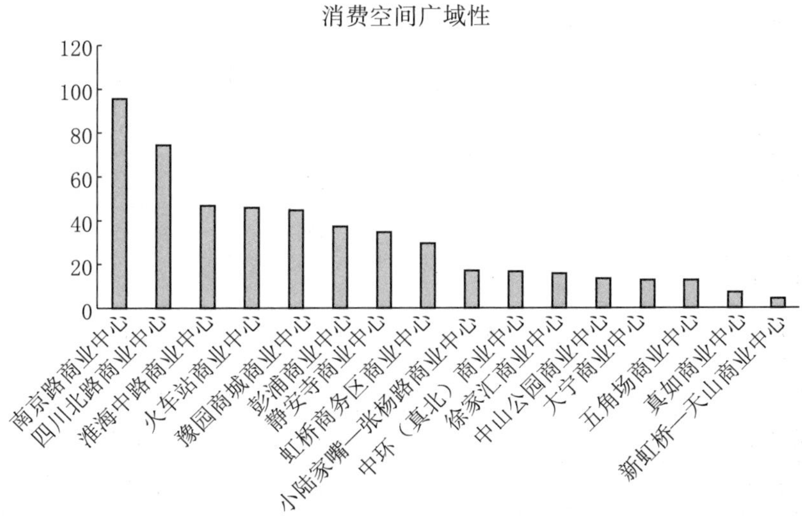

图 2-46 消费空间广域性综合得分

本报告基于消费卡所属城市，判断不同商业中心在全国的辐射功能。从消费卡所属的城市数量看，上海各个一级商业中心的消费空间基本覆盖全国。上海 16 个一级商业中心消费卡覆盖地级市的数量均超过 330 个，占比高达 97.92%。从外地消费卡消费额占比、外地消费卡交易笔数占比、外地城市卡量占比看，上海一级商业中心外地消费以北京、深圳、广州等一线城市，以及长三角城市为主。南京路商业中心(47.70%)、四川北路商业中心(41.20%)的这三项指标均领先上海其他商业中心。南京路商业中心、四川北路商业中心是配套外滩的商业中心,外滩作为外地游客的“打卡圣地”,推动着这些商业中心的发展。火车站商业中心外地消费卡消费额占比为31.94%,位居第三位。火车站商业中心拥有交通区位优势,成为外地游客刚抵达上海或离开上海的消费集中地。彭浦商业中心的外地消费卡交易笔数占比以35.63%占据第三位。彭浦夜市曾是上海最知名的夜排档,2004年由零散小商品摊头起家,2010年发展成上海北部最大地摊聚集区。随着名气在全国打响,彭浦商业中心也成为外地游客的消费地。由于彭浦商业中心主要以低端消费品为主导,因此外地消费卡消费额占比相对较低,但外地消费卡消费笔数较多。

表2-4 消费空间广域性各大指标统计情况

名称	消费城市数量	外地城市消费额占比(%)	外地城市交易笔数占比(%)	外地城市卡量占比(%)
中山公园商业中心	334	11.00	19.54	16.54
徐家汇商业中心	336	14.34	15.26	16.50
真如商业中心	330	10.10	18.54	15.82
五角场商业中心	336	16.82	9.36	14.95
新虹桥—天山商业中心	333	10.83	10.97	15.01
四川北路商业中心	336	41.20	38.38	29.62
彭浦商业中心	334	13.45	35.63	25.28
南京路商业中心	336	47.70	43.55	42.81
静安寺商业中心	336	24.96	23.44	18.52
火车站商业中心	335	31.94	30.76	18.80
淮海中路商业中心	336	29.57	27.04	22.96
虹桥商务区商业中心	336	19.19	16.73	23.08
大宁商业中心	336	11.39	13.84	17.30
豫园商城商业中心	336	22.09	26.99	27.49
中环(真北)商业中心	336	9.91	9.64	24.43
小陆家嘴—张杨路商业中心	334	12.31	17.34	19.85

4. 消费人群高端性

消费人群高端性的分布格局与其他三个维度的差异较大,上海高端消费主要集中在淮海中路商业中心、大宁商业中心、新虹桥—天山商业中心、虹桥商务区商业中心，以上海本地人消费群体为主。消费人群高端性综合得分超过50的有四个商业中心，分别为淮海中路商业中心(78.33)、大宁商业中心(69.13)、新虹桥—天山商业中心(63.98)、虹桥商务区商业中心(54.78)。淮海中路商业中心是上海最繁华的商业中心之一，与南京路商业中心并肩齐名。南京路商业中心是上海商业中心的先驱，而淮海中路商业中心的发展更加趋向奢侈与高端。不仅如此，淮海中路还有着深厚的历史底蕴，堪与巴黎香榭丽舍大道、纽约第五大道、东京银座、新加坡乌节路媲美，在淮海中路商业中心汇集了众多全国乃至全球最大的、上海首家奢侈品旗舰店，被人们奉为“雍容华贵的购物天堂”。

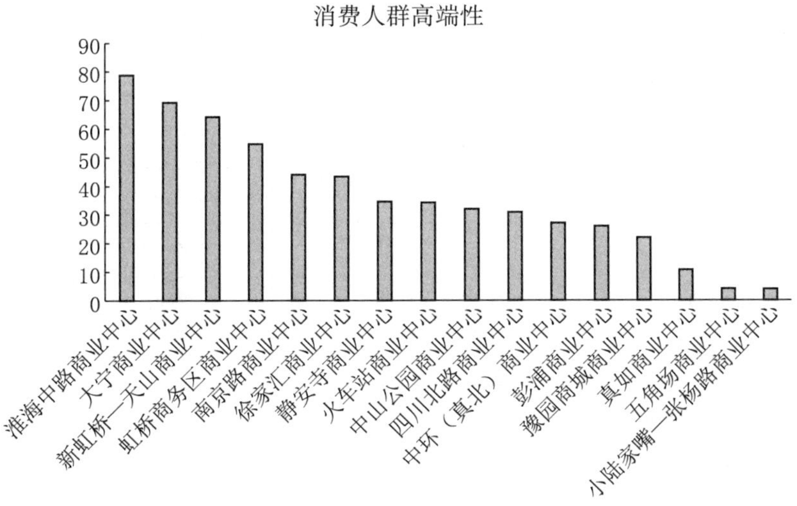

图 2-47　消费人群高端性综合得分

从消费卡高自由度占比看，新虹桥—天山商业中心以0.5%位居首位，紧随其后的是大宁商业中心(0.4%)和中山公园商业中心(0.38%)，表明这三个商业中心主要以购物服务消费为主，在以上商业中心消费的类型集中在餐饮、百货商店、旅行服务、休闲娱乐、宾馆酒店、奢侈工艺品等，消费者自由度较高。从高额消费度占比来看，大宁商业中心(4.50%)、淮海中路商业中心(3.59%)、虹桥商务区商业中心(3.36%)位列前三，这三个商业中心的大额消费突出。从高端人群占比看，排在前三位的商业中心依次为淮海中路商业中心(44.68%)、火车站商业中心(33.90%)、南京路商业中心(32.43%)。淮海中路商业中心、南京路商业中心作为闻名国际的商业中心，汇聚了海内外高端人群的消费。上海火车站作为上海的陆上大门，一直是上海交通的重要集散中心。而且，上海火车站地区也称“不夜城地区”，商务和商贸是其发展中非常倚重的两个产业。依靠火车站建成所带来的品牌效应和流量经济，上海火车站商业中心成为高端人群的重要消费地之一。

表 2-5　消费人群高端性各大指标统计情况　(%)

名　称	高自由度占比	高额消费度占比	高端人群占比
新虹桥—天山商业中心	0.50	2.37	17.83
大宁商业中心	0.40	4.50	17.60
中山公园商业中心	0.38	0.78	10.01
淮海中路商业中心	0.37	3.59	44.68
彭浦商业中心	0.35	0.67	7.50
虹桥商务区商业中心	0.33	3.36	20.64
中环(真北)商业中心	0.28	1.03	15.92
徐家汇商业中心	0.24	2.34	30.00
南京路商业中心	0.22	2.55	32.43
真如商业中心	0.21	0.60	7.93
五角场商业中心	0.18	0.48	5.68
四川北路商业中心	0.17	2.08	26.63
小陆家嘴—张杨路商业中心	0.15	0.66	7.10
豫园商城商业中心	0.14	1.68	22.42
静安寺商业中心	0.14	2.66	29.61
火车站商业中心	0.14	2.21	33.90

5. 消费竞争力综合评价

本报告基于以上四个维度的消费指标,借助熵权法综合评价上海一级商业中心的消费竞争力。从各个一级商业中心消费竞争力的综合得分可以看出,传统商业中心依然是上海商业版图中的主力。消费竞争力综合得分排在前三位的为:南京路商业中心(79.74)、淮海中路商业中心(64.84)、四川北路商业中心(56.48),这三个商业中心具有全国影响力,其消费类型多样性、消费时间分散性、消费空间广域性、消费人群高端性的得分均高于其他商业中心。新兴商业中心发展迅猛,成为上海商业版图的生力军。如排在第六位的大宁商业中心(49.87)和排在第八位的新虹桥—天山商业中心(47.75)成为上海高端人群的“消费圣地”。

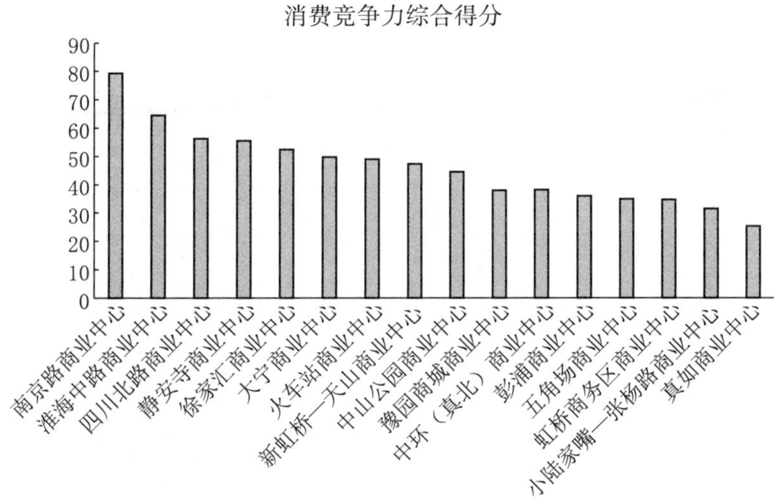

图 2-48　上海一级商业中心消费竞争力综合得分

三、 商业中心区位竞争力评价

商业中心区位竞争力评价主要从交通便捷性、居民流动性、辐射广域性和区位中心性等四个方面展开。其中，交通便捷性指数的构建主要从交通可达性出发，评估在特定时段内的服务范围，以此构建指数。居民流动性指数则根据商圈特定阈值的缓冲范围内人口流量的大小进行计算。辐射的广域性指数构建则通过统计分析在特定时段交通可达范围内，可覆盖的人口数量进行建模。区位中心性指数通过空间分析评估目标商圈周围是否具有更高等级的商圈、同等级的商圈、更小等级的商圈及其数量关系确定。商业区位竞争力评价主要从商圈外部性视角出发，依据其区位条件的不同侧面构建不同的指标。

（1）交通便捷性指数构建原理与方法

交通可达性是反映特定区位交通便捷性的常用方法。在对上海不同等级商圈交通便捷性的分析情景中，以特定商圈的中心位置为目标点，然后分析其在 10 分钟、20 分钟和 30 分钟的可达距离，并分别生成这些时段在空间上的可达范围。值得注意的是，这里的可达性采用的是上海的实际路网，而不是无差别的规则圈层，因为这样更加符合现实情景。其可达性是以驾车作为通行工具，这实际上涵盖了出租车和个人私家车。对于另外一种重要的交通方式地铁，则直接通过分析特定商圈附近是否有地铁站以及最近的地铁站与该商圈之间的距离进行计算。通过加权，然后对结果进行标准化处理的方式计算得到交通便捷性指数。如图 2-49 所示为可达性分析的示意图。总之,交通便捷性指数所关注的是商圈附近的交通区位特征。

图 2-49 可达性计算示意图

(2) 居民流动性指数构建原理与方法

居民流动性指数揭示了商圈的潜在客源数量特征。如果某个商圈附近客流量越大,则进入商圈的居民数量可能就越多。其计算过程为:首先以商圈为核心,然后通过缓冲区分析,计算得到每个商圈的邻近范围,这里取值为 500 米,接着采用人流量数据,统计一天当中在该范围内的所有居民数量。其中,人流的计算以小时为单位,统计得到每个小时该缓冲区范围内的人流量总和。最后通过标准化得到居民流动性指数。其人口资料来源于手机信令数据。手机信令数据可以通过手机基站定位用户,并通过算法模型估算出每个城市网格中每个时段的人口总数。居民流动性指数反映了商圈附近的人口活力,并进一步揭示了商圈中可能进去的潜在客流量。

(3) 辐射广域性指标构建原理与方法

辐射广域性指数能够量化商圈的服务规模,或者可以称之为服务能力。服务能力越强,则说明所覆盖的居民数量越多。因为辐射广域性指数的确定不仅需要上海市每个格网中的人口数量,而且还需要确定服务范围,所以该指标的计算需要同时用到可达性覆盖范围和人口流量数据。实际上人口密度在不同区域各有差异,并且不同商圈在特定时段内的覆盖范围因交通可达性的差异也有所不同,因此,最终得到的每个商圈的服务人口差异会很大。对此结果进行标准化,就可以得到辐射广域性指数。

（4）区位中心性指标构建原理与方法

区位中心性指数本质上反映了特定商圈在其所在区域的竞争力。例如，一个第二等级的商圈附近，如果有第一等级的商圈，则该商圈的竞争力就会减弱。如果该商圈附近有一个同等级的商圈，也会减弱其竞争力。但如果其周围有一个或多个更小等级的商圈，尽管也会减弱竞争力，但其影响度非常小。基于以上原则，根据特定商圈附近其他商圈的等级、数量，可以通过加权的方式，分析得到该商圈的区域竞争力，在此基础上对其结果进行标准化，便可以得到区域竞争力指数。

（一）交通便捷性

商业中心交通可达性指数是指在以某个商业中心为起点，特定时段内可到达区域的范围大小。范围越大则说明可达性越好。本质上，可达性指数高的商业中心，说明在同样的时段内，有更大的区域可以到达该商业中心。如图 2-50(a)所示为上海市三个等级的商业中心的可达性指数空间分布图。从图中可以看出，可达性较好的区域主要分布在中心城区。相反，可达性弱的区域主要分布于外围区域。综合分析五个等级的可达性空间格局，不难发现可达性从城市中心向外围呈现逐步减弱的趋势。

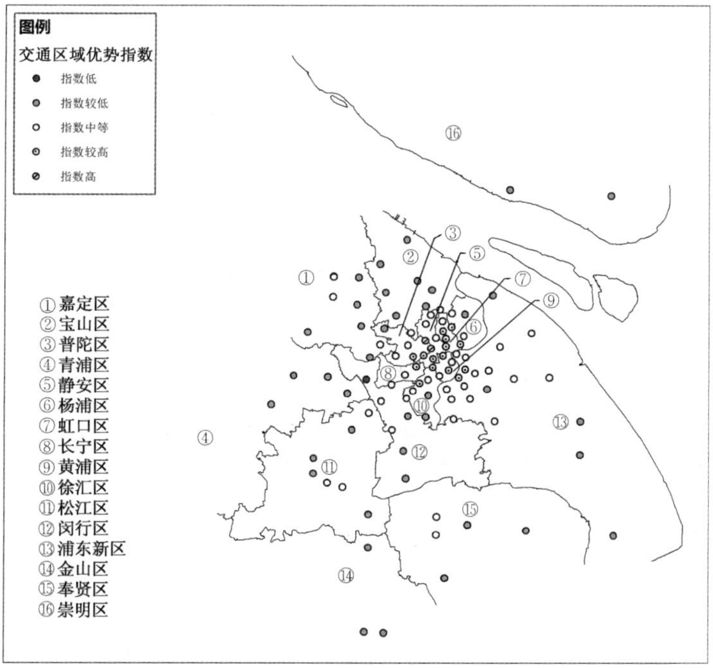

(a) 所有级别商圈

图 2-50 上海商业中心交通便捷性空间分布

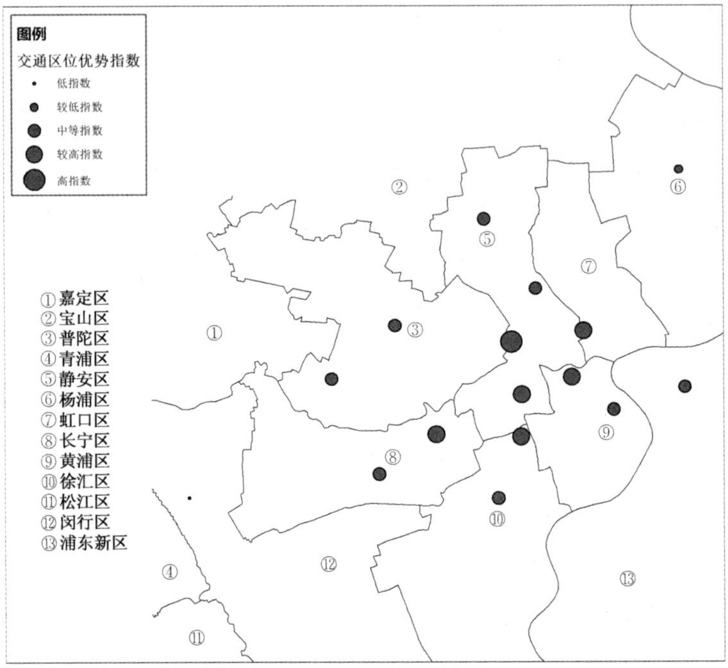

(b) 一级商业中心

图 2-50　上海商业中心交通便捷性空间分布(续)

如图 2-50(b)所示为 16 个一级商业中心的可达性指数空间分布图。显然,即使是市级商业中心,其可达性也存在较大的差异。结合表 2-6 可以发现,火车站商业中心的可达性最佳,其次是静安寺商业中心、南京路商业中心、淮海中路商业中心和四川北路商业中心。可达性较弱的几个商业中心为虹桥商务区商业中心、五角场商业中心。以上两个商业中心的交通便捷性指数相比其他市级商业中心要小很多。由于交通便捷性指数不仅考虑了路网本身,还考虑了交通拥堵状况,因此以上分析能够较为准确地反映交通通行效率及其便捷性。

表 2-6　上海一级商业中心交通便捷性指数

编　号	商业中心名称	交通便捷性指数
1	火车站商业中心	2.00
2	静安寺商业中心	1.40
3	南京路商业中心	1.38
4	淮海中路商业中心	1.38
5	四川北路商业中心	1.38

续表

编　号	商业中心名称	交通便捷性指数
6	中山公园商业中心	1.34
7	大宁商业中心	1.32
8	小陆家嘴—张杨路商业中心	1.31
9	徐家汇商业中心	1.30
10	新虹桥—天山商业中心	1.29
11	真如商业中心	1.29
12	彭浦商业中心	1.28
13	豫园商城商业中心	1.27
14	中环(真北)商业中心	1.25
15	五角场商业中心	1.17
16	虹桥商务区商业中心	1.00

如图 2-51 所示为所有二级商业中心[2-51(a)]和三级商业中心[2-51(b)]的空间分布格局。从图中可以看出，二级商业中心的交通便捷性指数差异性较小，并且大多数商业中心的便捷性指数都处于较高值。相比而言，图 2-51(b)所示的三级商业中心

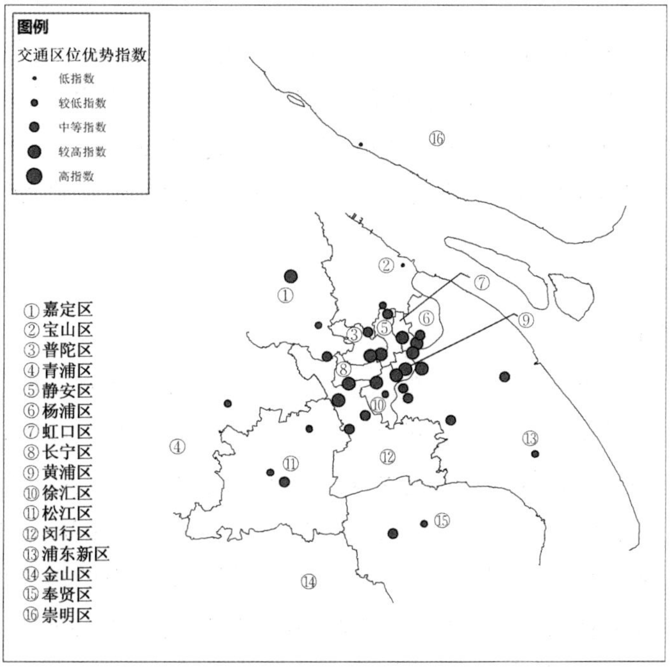

(a) 二级商业中心

图 2-51　上海二、三级商业中心交通便捷性空间分布

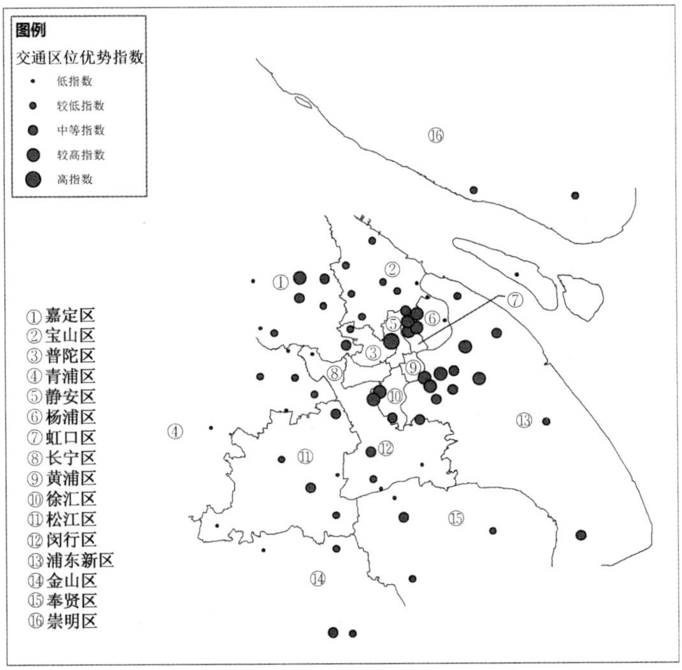

(b) 三级商业中心

图 2-51　上海二、三级商业中心交通便捷性空间分布(续)

其交通便捷性指数的值差异性较大,较大值的商业中心主要分布在城市中心,而较小值的商业中心则主要位于中心城区外侧。从图中可以明显看出,总体趋势上,从中心城区到外围区域,三级商业中心的交通便捷性指数逐步减小。通过对三种不同等级商业中心交通便捷性指数分别进行剖析,可以看出,不同等级的商业中心其交通便捷性的空间分布模式的差异性较大。

(二)居民流动性

居民流动性是指商业中心周围的人流量,这里采用居民流动性指数表征其人流量大小。商业中心周围居民流动量的大小,一定程度上反映了该商业中心的发展潜力。从图 2-52(a)中可以看出,整体趋势上,三个等级的所有商业中心周围,居民流动性大小也存在从核心城区向外围区域的衰减。但从局部区域看,也有外围区域具有高流动性的商业中心存在。图 2-52(b)所示为一级商业中心的居民流动性强弱空间分布图。从图中可以看出,除了极个别商业中心,多数商业中心的居民流动性指数差异不大。其中,流动性指数较弱的两个商业中心位于边缘区域。

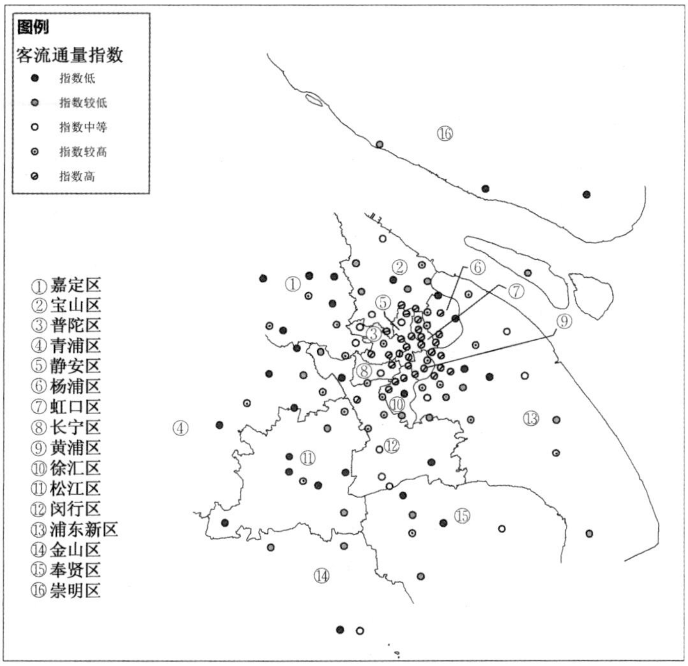

（a）所有级别商圈

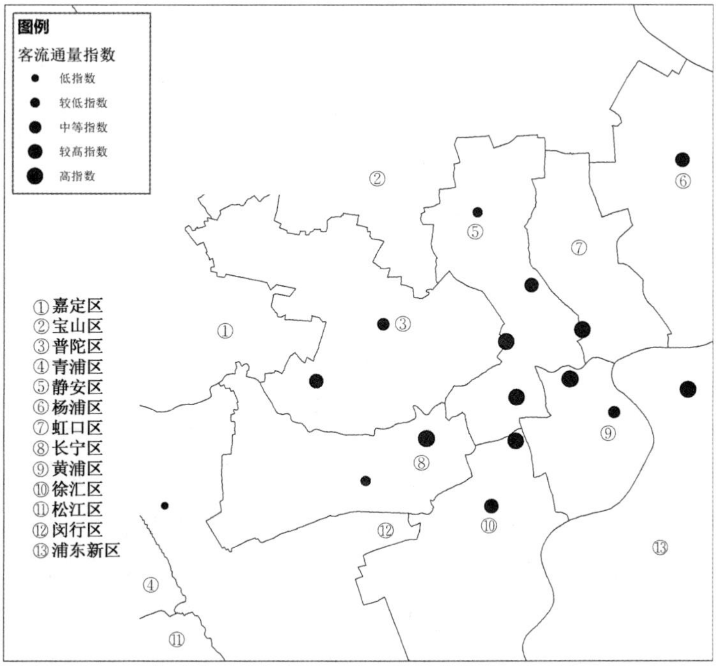

（b）一级商业中心

图 2-52　上海商业中心居民流动性强弱空间分布

从表 2-7 可以看出，居民流动性指数最大的一级商业中心是静安寺商业中心。属于第二梯队的分别为火车站商业中心、南京路商业中心和小陆家嘴—张杨路商业中心、中山公园商业中心。居民流动性指数较小的一级商业中心是新虹桥—天山商业中心、彭浦商业中心和虹桥商务区商业中心。由于 16 个一级商业中心中，大多数都在居民流动性指数上差异性不大，因此，在一定程度上可以忽略以居民流动性指数为量化指标的分析。

表 2-7　上海一级商业中心居民流动性指数

编　号	商业中心名称	居民流动性指数
1	静安寺商业中心	1.51
2	火车站商业中心	1.27
3	南京路商业中心	1.24
4	小陆家嘴—张杨路商业中心	1.23
5	中山公园商业中心	1.22
6	四川北路商业中心	1.16
7	淮海中路商业中心	1.11
8	徐家汇商业中心	0.98
9	五角场商业中心	0.93
10	中环(真北)商业中心	0.91
11	大宁商业中心	0.89
12	豫园商城商业中心	0.85
13	真如商业中心	0.81
14	新虹桥—天山商业中心	0.71
15	彭浦商业中心	0.64
16	虹桥商务区商业中心	0.56

二级和三级商业中心的居民流动性指数空间分布格局分别如图 2-53(a)和(b)所示。从图中可以看出，二级商业中心之间的流动性指数差异较大。相比而言，具有高流动性指数的商业中心数量较多。并且，不同于交通便捷性指数，其空间格局与相距市中心远近并无直接关联。三级商业中心居民流动性指数差异也较大，但流动性值较小的商圈占到较大比例。并且，在空间分布上具有显著的空间效应。具体为较大指数值的商业中心几乎都位于市中心，而其值较小的商业中心主要位于城市外围区域。

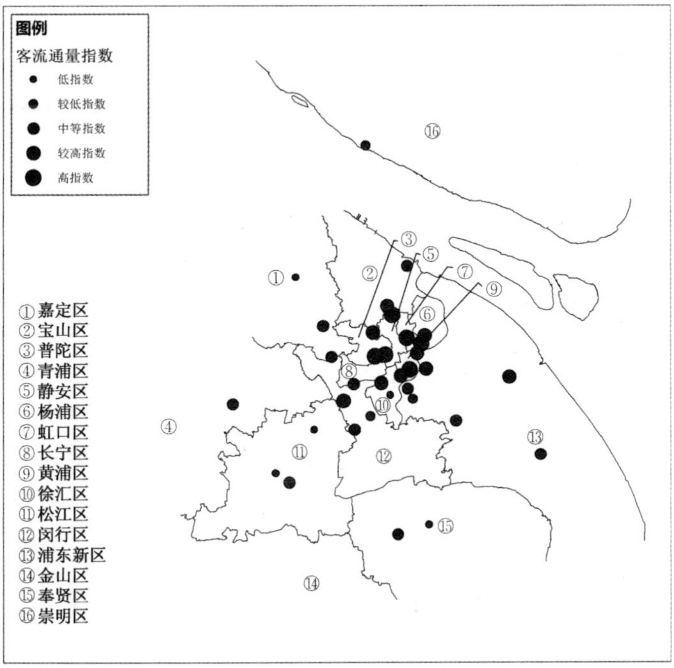

(a) 二级商业中心

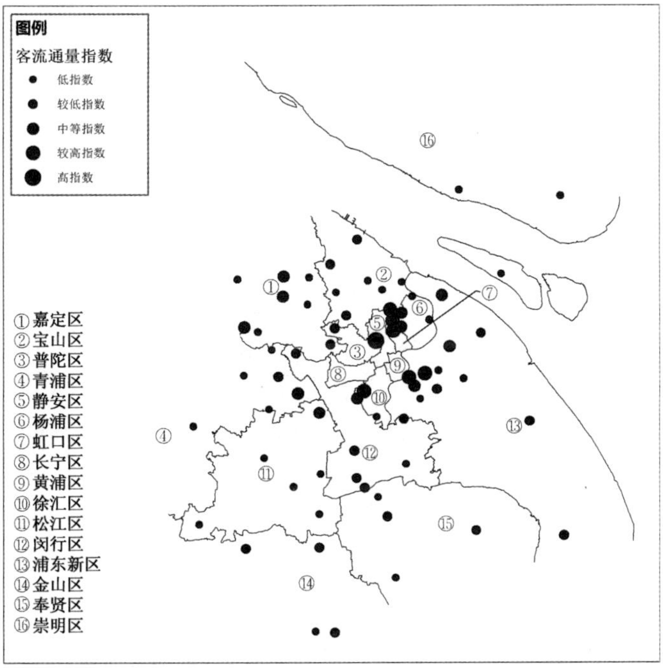

(b) 三级商业中心

图 2-53 上海二、三级商业中心居民流动性指数空间分布

(三)辐射广域性

商业区位的辐射广域性是指在相同的交通可达时间成本前提下,特定商业中心能够覆盖的人口数量的多少,将其量化后所形成的指标称之为辐射广域性指标。商业中心的广域性指标反映了该商圈所能够服务人口的能力。如图 2-54(a)所示为三个等级所有商业中心的辐射广域性指数空间分布等级图。从图中可以看出,具有高辐射广域性指数值的商业中心非常少,且主要分布在市中心。从图 2-54(b)所示的一级商业中心辐射广域性空间分布图中还可以看出,这些商业中心之间的辐射广域性指数差异性也非常大。

对于 16 个一级商业中心,其辐射广域性指数的大小如表 2-8 所示。从表中可以看出,火车站商业中心的广域性指数非常大。由于在分析过程中没有考虑居住地和白天的活动或工作地的差异性,因此一些大型火车站其广域性指数大的原因也是显而易见的,主要是白天较大的人流量影响到了分析结果。辐射广域性指数较大的商业中心还包括四川北路商业中心、中环(真北)商业中心和淮海中路商业中心等。其值最小的为豫园商城商业中心,其次是大宁商业中心、真如商业中心、静安寺商业中心和五角场商业中心。

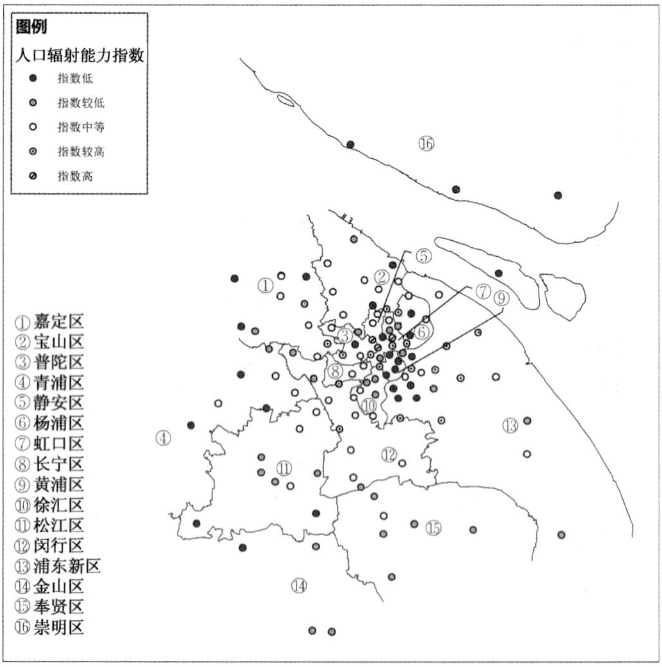

(a) 所有级别商圈

图 2-54 上海商业中心辐射广域性空间分布

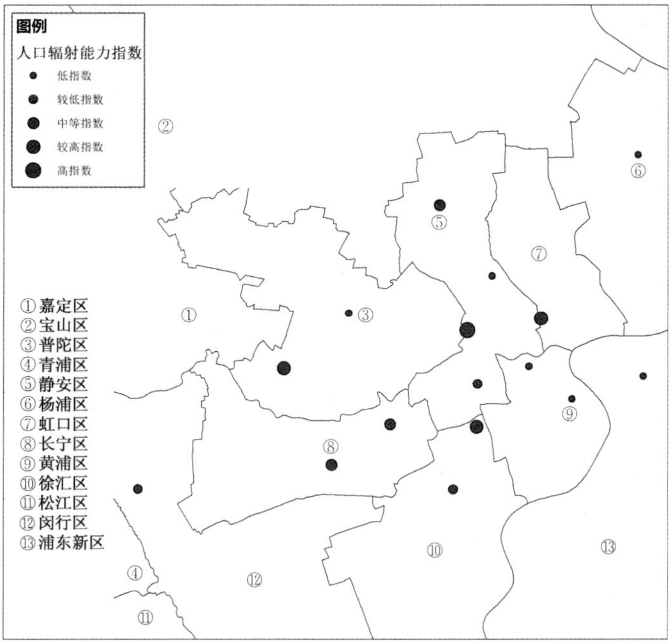

（b）一级商业中心

图 2-54　上海商业中心辐射广域性空间分布(续)

表 2-8　上海一级商业中心辐射广域性指数

编　号	商业中心名称	辐射广域性指数
1	火车站商业中心	2
2	四川北路商业中心	1.50
3	中环(真北)商业中心	1.27
4	淮海中路商业中心	1.22
5	新虹桥—天山商业中心	1.16
6	中山公园商业中心	1.13
7	彭浦商业中心	1.12
8	虹桥商务区商业中心	1.10
9	徐家汇商业中心	1.10
10	南京路商业中心	1.08
11	小陆家嘴—张杨路商业中心	1.04
12	五角场商业中心	1.04
13	静安寺商业中心	1.04
14	真如商业中心	1.02
15	大宁商业中心	1.01
16	豫园商城商业中心	1

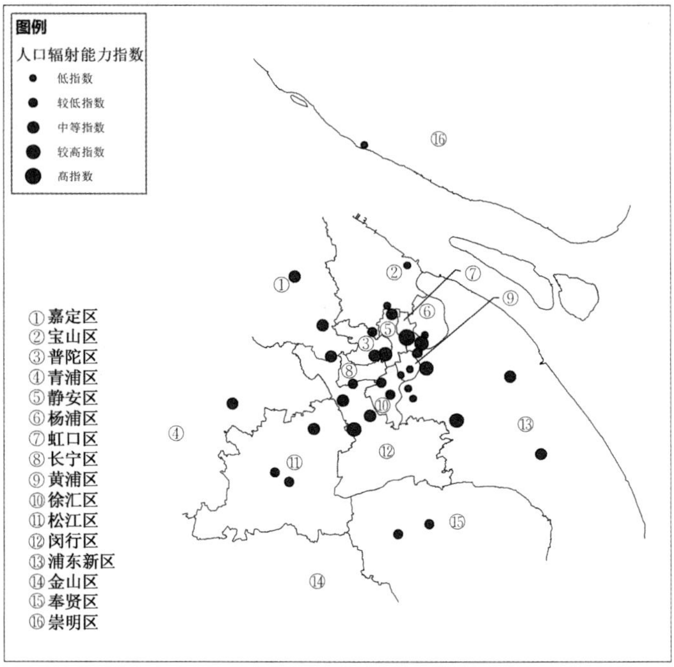

(a) 二级商业中心

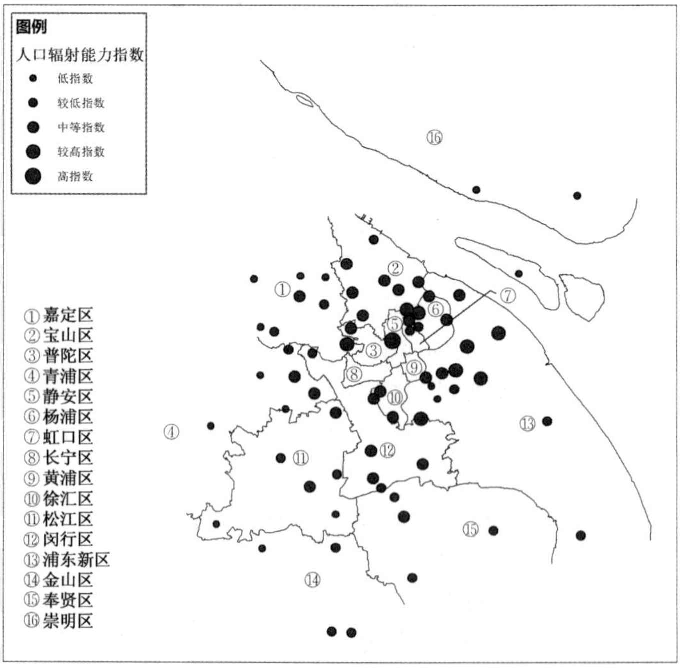

(b) 三级商业中心

图 2-55　上海二、三级商业中心辐射广域性空间分布

如图 2-55 所示为上海二、三等级的商业中心辐射广域性空间分布图。相比其广域性指数差异性较大的一级商业中心，二级和三级商业中心各自所在的商圈之间差异性较小，尤其是二级商业中心，这种趋势更加明显。对于三级商业中心，其辐射广域性指数的值呈现为从核心区向外围区域逐步减弱。

（四）区位中心性

商业中心的区位中心性是指特定商业中心所处的区位附近是否还有其他商业中心存在。并且，无论存在与否，该商业中心是否是该区域的核心商业中心，其中心性大小可以用区位中心性指数衡量。如图 2-56(a)所示为所有级别商业中心的区域中心性空间分级图。从图中可以看出，具有高中心性指数的商业中心非常多。并且，这些商业中心的分布具有两个特点：一部分具有高值的商业中心位于中心城区，另一部分则主要分布在最外围区域。对于如图 2-56(b)所示的一级商业中心，其区位中心性指数差异较大，其中，高值的商业中心呈聚集分布。

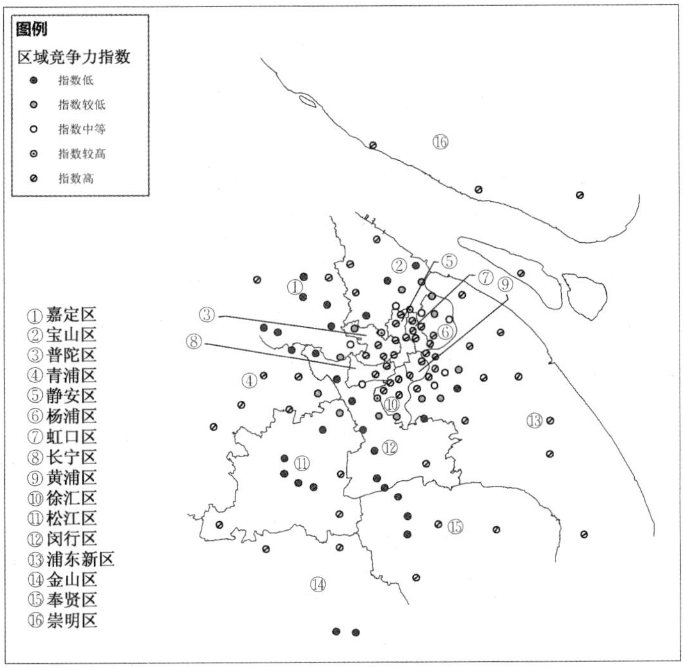

(a) 所有级别商圈

图 2-56　上海商业中心区位中心性空间分布

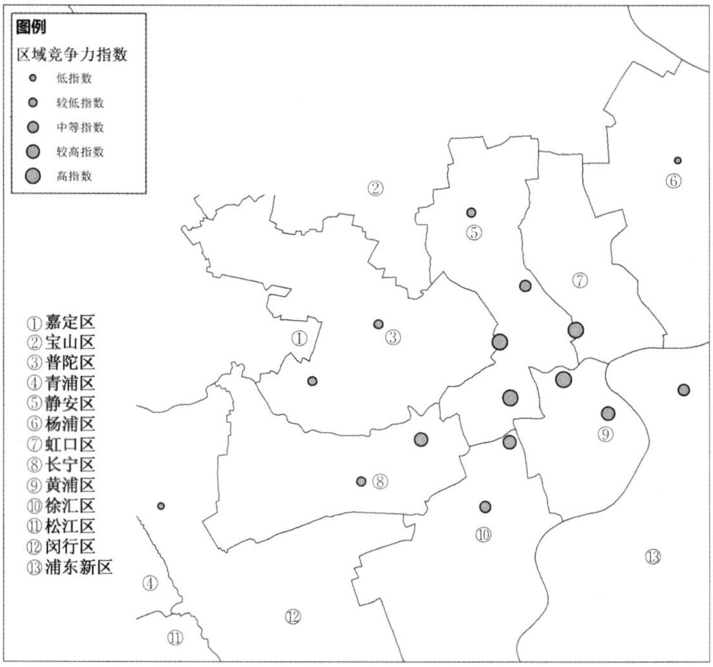

(b) 一级商业中心

图 2-56　上海商业中心区位中心性空间分布(续)

如表 2-9 所示为上海一级商业中心区位中心性指数。从表中可以看出,16 个一级商业中心的区位中心性指数表现为两极分化的特点。其中,中心性指数较大的商业中心其值达到了 1,而具有最小值的商业中心,其值仅为 0.05。整体而言,五角场和虹桥商务区商业中心的区位中心性指数最低,且远低于其他商业中心。而南京西路、四川北路、静安寺、火车站和淮海中路等商业中心的中心性指数较高。

表 2-9　上海一级商业中心区位中心性指数

编　号	商业中心名称	区位中心性指数
1	南京路商业中心	1
2	四川北路商业中心	0.92
3	静安寺商业中心	0.91
4	火车站商业中心	0.89
5	淮海中路商业中心	0.86
6	豫园商城商业中心	0.81
7	中山公园商业中心	0.79

续表

编　号	商业中心名称	区位中心性指数
8	大宁商业中心	0.63
9	徐家汇商业中心	0.58
10	小陆家嘴—张杨路商业中心	0.50
11	新虹桥—天山商业中心	0.42
12	真如商业中心	0.41
13	中环(真北)商业中心	0.33
14	彭浦商业中心	0.29
15	五角场商业中心	0.09
16	虹桥商务区商业中心	0.05

综合对比图 2-56(b),图 2-57(a)和(b),不难发现一级、二级和三级商业中心的中心性指数空间分布及其层级关系具有一个共同点,即具有较大值和较小值的商业中心在数量上有一定程度上的对等性。一般而言,越是在中心城区,商业中心分布越密

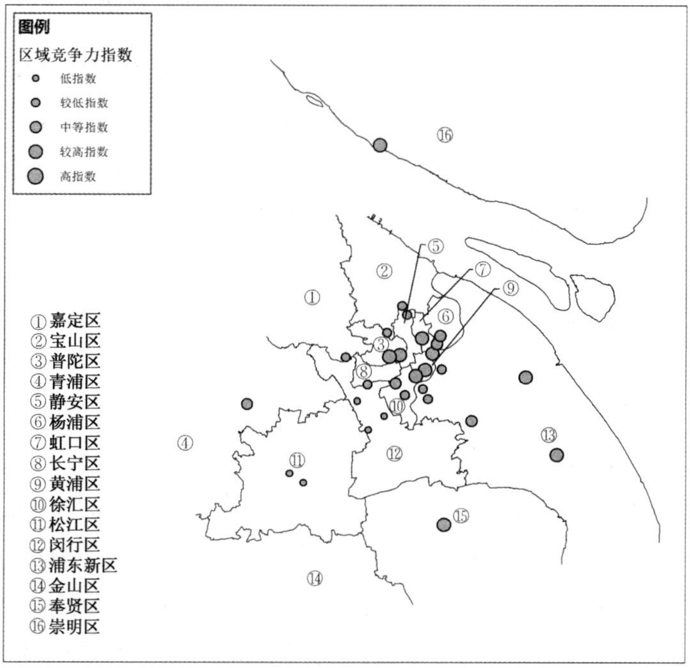

(a) 二级商业中心

图 2-57　上海二、三级商业中心区位中心性空间分布

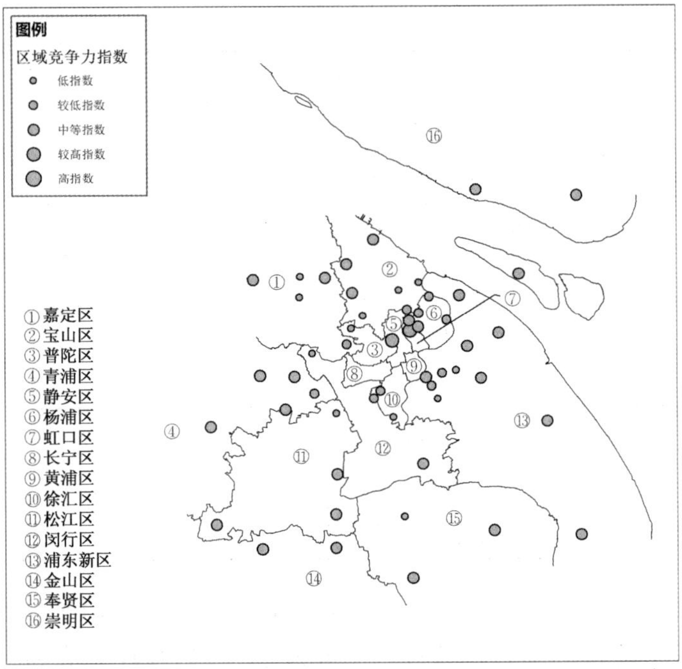

(b) 三级商业中心

图 2-57 上海二、三级商业中心区位中心性空间分布(续)

集,只有高等级的商业中心才会具有较高的中心性指数,而位于非中心城区的商业中心,一般规模相对较小,周围其他商业中心的分布密度也不大。因此,即使是等级非常小的商业中心,其中心性指数也可能会很高。但也有例外情形发生,例如在图 2-56(b)中所示的奉贤区,就存在中心性指数很低的商业中心。

四、 总结与趋势

通过本报告研究发现以下几点:

第一,商业规划和实际发展具有一定差异。

《上海市商业网点布局规划(2014—2020 年)》中的市级商业中心和本报告的一级商业中心基本一致,除了国际旅游度假区商业中心之外,规划中的其他 14 个商业中心都在本报告的识别范围之内,可见规划和现实发展基本吻合。但本报告基于上海市 2019 年高德 POI 通过密度场热点探测模型识别出的 16 个一级商业中心和规划存在一定出入。首先,有些规划中的商业中心现在还未形成,如国际旅游度假区商业中心还未形成一定规模;第二,现实发展的商业中心已发展到市级商业中心程度,如火车站商业中心是本报告识别的一级商业中心，但在规划中未把其划入市级商业中心；第三，规划中的商业中心的范围与现在发展具有一定差异，如本报告把南京西路、南京东路商圈识别为一个南京路商业中心，而大宁地区、彭浦镇分别是本报告识别的两个独立的商业中心。

第二，老牌商业中心的消费竞争力强劲。

本报告从消费类型多样性、消费时间分散性、消费空间广域性和消费人群高端性等四个维度评价 2019 年上海一级商业中心的消费竞争力，无论从哪个维度出发，老牌商业中心，如豫园商城商业中心、徐家汇商业中心、淮海中路商业中心、静安寺商业中心、南京路商业中心的排名都比较靠前。可见老牌商业中心凭借悠久发展历史、有利的区位条件积攒了庞大的顾客源，同时不断地更新改造适应了新时代的消费需求，其在消费商品多样性、时间分散性、空间广域性和消费人群高端性等方面保持着强劲的消费竞争力。

第三，新型商业中心的消费竞争力突起。

新型的商业中心虽然其发展历史较短，但其摆脱了建成商业的限制，可以借助最新的设计理念、全新的业态布置，利用靠近机场、高铁的区位条件，形成具有针对性和特色的商业中心。如大宁商业中心、新虹桥—天山商业中心、虹桥商务区商业中心的消费高端性指数在所有一级商业中心中名列前茅，说明其吸引的人群有别于其他商业中心，其消费群体在消费竞争力中具有明显优势。

第四，中心城区商业中心区位条件优越。

本报告主要立足商业中心的外部性，即商业中心区位竞争力，从交通便捷性、居民流动性、辐射广域性和区位中心性考察商业中心的区位优势。研究发现，交通便捷性较好的区域主要分布在中心城区；居民流动性大小也存在从核心城区向外围区域的衰减的趋势；具有高辐射广域性指数值的商业中心主要分布在市中心；具有高区位中心性的商业中心位于中心城区。从商业中心区位竞争力整体评价来看，其区位竞争力为从市区向周围衰减。

第三节　上海社区商业发展分析

社区商业(community commerce)是以城镇居民相对集中的居住区居民为主要服务对象，以便利居民基本生活消费为目标，提供日常生活需要的商品和服务的属地型商业形态[1]。上海市坚持以人民为中心，持续关注社区生活品质，《上海市城市总

[1] 引自《社区商业设施设置与功能要求》(GB/T37915—2019)。

体规划(2017—2035年)》中提出"打造宜居、宜业、宜学、宜游的社区生活圈",在迈向卓越的全球城市的目标下,将打造15分钟社区生活圈作为提升城市竞争力的重要举措之一,创造优良人居环境。

本报告以2019年度上海社区商业发展的新变化为研究重点,在梳理近年来影响上海社区商业发展的政策背景的基础上,从上海社区商业中心、社区商业业态和社区商业电商等三个方面收集新建、改造项目,业态和电商发展变化的典型案例,对其进行整理和分析,总结上海社区商业2019年度的发展特征。并结合国内外社区商业发展的先进经验和最新实践,预测上海社区商业未来发展的趋势。旨在总结上海社区商业在布局、功能、形态、内涵、模式等方面的发展现状与方向,以期为上海社区商业的发展制定科学的政策提供现实参考和理论指导。

一、 上海社区商业发展相关政策分析

近年来,国家和上海市制定了一系列促进社区商业发展、优化社区商业环境、提供社区商业发展保障的政策与标准,为上海社区商业的升级、优化、持续发展提供了支持。

(一) 推进电子商务进社区,构建"15分钟便民社区商圈"

2016年,商务部出台《关于推进电子商务进社区促进居民便利消费的意见》(以下简称《意见》),提出力争到2020年实现"一刻钟"社区商圈可以基本满足居民生活消费需求,形成一批具有带动引领作用的示范社区。《意见》是建设现代便民化"一刻钟"社区商圈的纲领性文件,引领社区商业向标准化、信息化、品质化、电商化转型升级,对完善城乡社区服务体系、提高居民生活品质、满足社区居民多样化消费需求具有重要意义。

国务院办公厅于2019年8月印发的《关于加快发展流通促进商业消费的意见》第五条:"优化社区便民服务设施。打造'互联网+社区'公共服务平台,新建和改造一批社区生活服务中心,统筹社区教育、文化、医疗、养老、家政、体育等生活服务设施建设,改进社会服务,打造便民消费圈。有条件的地区可纳入城镇老旧小区改造范围,给予财政支持,并按规定享受有关税费优惠政策",为社区商业发展指明了发展方向。

2016年8月上海出台《上海市15分钟社区生活圈规划导则(试行)》,对社区空间、环境、交通、功能、设施等有了明确的建设指导,以满足人民日益增长的美好生活

需要，提升人民获得感、幸福感、安全感。把新建500家社区智慧微菜场，列入了2018、2019年上海市政府实事项目，市商务委也制定了《上海市社区智慧微菜场建设工作方案》，推进社区智慧菜场的建设。

（二）加快建设城乡便民消费服务中心，促进社区商业水平提升

《商务部关于加快城乡便民消费服务中心建设的指导意见》(2018年4月)指出要着力推进消费升级和服务消费供给侧结构性改革，力争通过3—5年的时间，着力打造城乡便民消费服务中心，即在城市市区推动建设集餐饮、家政、托幼、维修等基本生活服务于一体的社区便民服务中心，在城市街区推动建设各具特色的购物、美食、休闲娱乐和生活服务街区，在农村地区推动建设提供基本生活服务的乡(镇)生活综合服务中心和村级生活综合服务站，健全城乡便民生活服务体系。

国家市场监督管理总局和中国国家标准化管理委员会于2019年8月30日发布《社区商业设施设置与功能要求》，规定了社区商业的分类及设施设置功能配套的要求，为新社区的商业设施的设置和老社区的商业设施改造提供了依据。2019年中国社区商业工作委员会发布《社区商业中心建设和经营管理规范》和《标准化社区商业中心》，在原有的社区商业理念基础上更进一步，为社区商业发展提供新的参考标准。

（三）加快发展流通促进商业消费，鼓励商业创新

2019年国务院办公厅发布了《关于加快发展流通促进商业消费的意见》，明确指出顺应商业发展变革，运用多元科技打造“互联网＋社区”、商旅文体跨界融合等新商业，形成更多流通新平台、新业态、新模式，培育定制消费、智能消费、信息消费、时尚消费等商业新模式，为新时期新阶段的商业发展指明发展方向；同时大力鼓励连锁便利店进驻社区，深化“放管服”改革，进一步优化食品经营许可条件，开展简化烟草、乙类非处方药经营审批手续试点，将智能化、品牌化连锁便利店纳入城市公共服务基础设施体系建设；同时明确改善农村商贸流通服务的建设方向，促进形成以乡镇为中心的农村流通服务网络，扩大农村消费，扩大农产品流通，改善提升乡村旅游商品和服务供给，为打造城乡社区居民便民生活圈提供纲领性指引。

2018年下半年，中共中央、国务院还发布了《关于完善促进消费体制机制进一步激发居民消费潜力的若干意见》，提出大力发展便利店、社区菜场等社区商业，促进社区生活服务集聚式发展，鼓励建设社区生活综合服务中心，推动闲置的传统商业综合体加快创新转型。合理配置居住小区的健身、文化、养老等服务设施，为社区商业的功能和业态配置指出了方向。

(四) 推行产品追溯体系建设，保证商品和服务质量

自《国务院办公厅关于加快推进重要产品追溯体系建设的意见》(国办发〔2015〕95号)提出加快实施“互联网+”战略，推动应用现代信息技术建设追溯体系，国家和上海市不断出台措施落实这项重要工作。2019年4月，商务部印发《2019年重要产品追溯体系建设工作要点》，提出建立完善重要产品追溯体系建设的协同推进机制，对重要产品实施目录管理，完成省级重要产品追溯管理平台建设，实现试点地区追溯体系常态化运行，认真做好重要产品追溯示范整改提升工作，开展重要产品追溯体系运行情况监测评价，积极扩大追溯覆盖范围，支持企业自建扶贫产品信息化追溯系统等重要举措。上海市人民政府办公厅从2016年起，每年印发《关于本市加快推进重要产品追溯体系建设的实施意见》，确定当年工作重点。在2019年的《实施意见》中制定了推进重要产品追溯平台建设、推进食用农产品追溯体系建设、推进食品追溯体系建设、推进药品追溯体系建设、推进主要农业生产资料追溯体系建设、开展特种设备追溯体系建设、开展危险品追溯体系建设、落实企业主体责任、开展重要产品追溯体系建设示范等工作目标。

(五) 发展夜经济，拓展社区商业的时空范围

2019年，国务院办公厅印发的《关于加快发展流通促进商业消费的意见》第12条:活跃夜间商业和市场。鼓励主要商圈和特色商业街与文化、旅游、休闲等紧密结合，适当延长营业时间，开设深夜营业专区、24小时便利店和“深夜食堂”等特色餐饮街区。有条件的地方可加大投入，打造夜间消费场景和集聚区，完善夜间交通、安全、环境等配套措施，提高夜间消费便利度和活跃度。

2019年4月，上海市商务委等九部门《关于本市推动夜间经济发展的指导意见》也指出夜间经济是都市经济的重要组成部分，是扩大内需、促进消费、创造就业的重要抓手，是体现海纳百川的城市精神、传播多元文化的重要载体。鼓励业态多元化发展，不断创新监管方式，提升精细化管理水平，切实推动本市夜间经济繁荣发展，创造美好生活环境。这为上海社区商业拓展时空发展范围提供了政策依据。

二、 上海社区商业中心发展分析

近年来，随着电商的飞速增多，商业地产遇到发展瓶颈，资本和开发商重新审视

社区商业领域，越来越多的运营开发商深耕社区商业领域，2019 年上海社区商业呈现出更加贴近居民需求、线上线下加速融合、业态水平逐步提升、经营主体创新多元、景观空间注重设计等特征。

（一）上海社区商业中心发展特征

《社区商业设施设置与功能要求》中把社区商业按居住人口规模和服务半径分为社区商业中心、社区便民商业中心和街坊商业，其中社区商业中心的商业建筑面积为 1—4.5 万平方米，服务人口 3—5 万人，服务半径 3 千米以内；社区便民商业中心的服务人口 0.5—1 万人，服务半径 1 千米以内。按此标准的规定对 2019 年上海新开业的社区商业设施进行梳理，发现社区商业中心主要是以社区型购物中心和社区商业街区为主要载体，社区便民商业中心主要是以菜市场（集市）为核心业态，聚集生活购物、生活服务、餐饮、休闲娱乐等业态，为周边居民提供综合性生活消费。

《上海市城市总体规划（2017—2035 年）》中“十五分钟生活圈”的划分标准是按照 15 分钟步行可达的空间范围，平均规模约 3—5 平方千米，服务常住人口约 5 万—10 万人，也正在形成“城市主中心（中央活动区）—城市副中心—地区中心—社区中心”的公共活动中心体系。随着“十五分钟生活圈”的建设，社区商业中心从空间分布上整体呈现出多中心、网络化覆盖。

2019 年开业的商业建筑面积 1—4.5 万平方米的社区商业中心中，60%在 3 万平方米以上；分布在 8 个区，其中浦东新区和闵行区最多，各有 3 个，普陀区、徐汇区、青浦区各有 2 个，宝山区、静安区、虹口区各有 1 个。6 个为存量改造，其余为新建项目，新建和改造项目都在功能、空间上填补了所在区域的商业缺失。

表 2-10　2019 年上海开业社区型商业中心（不含试营业项目）[1]

序号	项　目	区　域	开业时间	商业建筑面积万平方米	入驻知名品牌
1	星光耀广场	普陀区	2019.1.11	4.4	斯凯奇、威尔士、外星人艺术游乐馆、杰的牧场、德信影院
2	旭辉 U 天地	宝山区	2019.1.18	4.6	自由人影城、永辉超市、星巴克、培正逗点
3	浦商百货博山店	浦东新区	2019.3	—	海底捞、乐刻健身、美华少儿英语、星艺舞蹈

[1] 数据来源：根据赢商网《赢商盘点：2019 年上海开业 36 个购物中心　存量改造项目占 1/4》、联商网《519 个、超 4 000万方……2019 全国新开商业项目报告来了》及其他网络资料整理。

续表

序号	项　目	区　域	开业时间	商业建筑面积万平方米	入驻知名品牌
4	绿地柒彩里(原静安中华商城)	静安区	2019.3.18	3.3	瑞星咖啡、木屋集市、BAKER& SPICE SUPERMONKEY、奥灶面
5	徐汇梅陇商业中心(原华轻梅陇轻纺市场)	徐汇区	2019.4.24	3	永辉超市、九鼎轩、阿明小菜红厨坊、金六福
6	邻客公园(原成泰百货)	青浦区	2019.5.1	2	瑞幸咖啡、朗朗国际学堂
7	徐汇绿地滨江CLUB(原绿地汇中心)	徐汇区	2019.5.16	3.2	中影嘉华国际影城、美格菲健身中心、魔速卡丁车
8	陆悦坊	浦东新区	2019.5.31	1.5	G-super绿地优选精品超市、番茄田艺术、百变创造力乐高、气球岛亲子餐厅
9	上滨生活广场	虹口区	2019.6.22	3	W Fitness生活馆、丰收日、赤坂亭、Tim Hortons、贝乐英语
10	融创·精彩天地—上海浦兴	浦东新区	2019.6.30	2	永辉超市mini、华为、爱婴室、东方童画少儿美术、兔豆尼乐园、Liking FIT智能连锁健身
11	马桥龙湖星悦荟	闵行区	2019.7.26	4.5	元华超市、华为、屈臣氏、爱室
12	乐坊芦恒生活广场	闵行区	2019.8.6	1.6	永辉生鲜超市、乐坊市集、乐坊Kids Mall、乐坊生活家
13	东苑米兰广场(原伊思娜有限公司制衣厂)	闵行区	2019.9	1.4	比宜德超市、永辉超市mini、水星家纺、乔丹体育、乐课运动健身、肯德基、巴黎贝甜、昂立少儿教育
14	光明荟(原西郊乐缤纷广场)	青浦区	2019.9.28	3.2	洛克体育公园、超跑健身俱乐部、码上鲜生鲜超市、上影千淳国际影城
15	融创·精彩天地—上海香溢	普陀区	2019.12.27	3.1	星巴克、麦当劳、BROWNIE、Tim Hortons、华为、爱婴室

2019年新开业的社区便民商业中心主要是以面积1 000—3 000平方米的菜市场(集市)为核心业态,聚集了维修缝补等生活服务业态、早餐等日常餐饮业态、儿童游乐等休闲业态、共享厨房等公共空间,通过环境整体升级,重塑街区生活体验,成为特色鲜明的综合型社区便民商业中心。

1. 项目升级改造实现城市更新

城市更新是将城市中已不能适应现代化城市社会生活的区域,做必要的、有计划的改建,合理利用现有资源,解决人民群众不断提升的城市公共功能需求。2019年开业的社区商业中心中，40%为存量改造，把不符合当下审美需求、使用需求的存量设施重新设计和改造，升级功能和业态，赋予其新的生命。例如绿地柒彩里是对原静安中华商城的改造和重新设计，梅陇商业中心通过商品调整、环境改造、重新布局等进行转型升级。社区便民商业中心也有相当部分为旧菜市场的升级改造，例如愚园公共市集、真如高陵集市，都属于这种情况。通过存量改造，延续城市文脉，重塑区域活力。

2. 空间环境设计凸显社交属性

社区商业的邻里型功能赋予社区商业温度，让居民在社区商业消费场景中产生情感联结，社区商业成为社区居民家门口的会客厅与情感归属地。2019 年新开业的社区商业中心普遍重视共享空间的设计，绿地滨江 CLUB 采用半开放式街区，并特别打造了一个大型的室外中央广场。马桥龙湖星悦荟采用街巷式布局，设计 2 500 平方米开放式街区，将购物空间分散在小型独栋与内院中，以连廊进行局部衔接，结合水景、灯光以及餐饮外摆区营造休闲氛围及舒适的社交空间，打造全天候社区聚场。旭辉 U 天地通过与兔子有关的核心童话故事的提炼，用故事点串联公园与商业，为社区公共空间提供一个连续的环状动线空间，将购物行为与公共空间休闲行为融合在一起。社区便民服务中心也在改造升级菜市场时着重进行了共享厨房、邻里客厅等公共空间的设置。乐坊芦恒生活广场与金陵云体育合作开设了第一家室外“智能篮球场”，面向乐坊会员及周边居民开放；提供了多个社交功能区，设置了儿童探险乐园、书房书吧、空中花园、健康健身区、家庭农场、共享厨房等，实现了家庭城市客厅。

3. 功能业态升级体现特色化定位

社区居民人数众多、结构复杂，按年龄、性别、收入水平、文化修养、价值观念等各特征可以细分为不同的消费群体，各消费群体的消费结构、消费需求和消费心理等决定了社区商业的功能配置和业态组合，因此 2019 年的上海新开社区商业中心在把握客群消费需求的基础上，进行了特色定位，并围绕其精准配置业态，完善了商业功能。以生鲜菜场等日常购物、餐饮、亲子培训业态为基础，运动和文化业态成为热点，新兴体验业态成为发展趋势。

星光耀广场定位于满足家庭客群及周边办公白领的日常生活所需，弱化服饰零售类，加强生活方式、亲子儿童类业态，引进剧场、书店、马场、球场、啤酒屋等业态，延伸休闲社交场所。青浦区华新镇有着良好的篮球群众基础，群众篮球赛事活动已形成品牌，青浦光明荟定位为“体育公园＋社区商业”，引进洛克体育公园、超跑健身俱乐部等品牌，并组织上海市民篮球节嘉年华等活动，用运动业态创新驱动商业发展。

徐汇滨江绿地 CLUB 引入绿地申花足球俱乐部快闪店、魔速卡丁车、潜水俱乐部、聚点滑板、HITFM SPACE DJ 俱乐部等特色主题运动和音乐馆,符合其"潮玩地"的定位。融创·精彩天地—上海香溢除了社区居民外,周边还有办公客群,针对这部分顾客引入 Me 比萨玛尚诺速享店,主打外卖,便于食客打包即走。愚园公共市集一楼主打社区食堂、社区菜场、社区配套服务等社区便民服务,提供日常生活所需;二楼为社区艺术活动空间,为社区居民及周边白领提供各类艺术展览参观,目前主要由粟上海社区美术馆、LUNA DANCE STUDIO 和亦安画廊组成。

4. 主题化场景优化社区消费体验

随着消费市场的不断发展,好的社区商业早已不是单纯为人们提供丰富的产品及完善的业态,而要探索场景化消费,营造沉浸式空间,搭建最优的消费空间。近年来大热的 IP 场景化营销也进入社区商业中心,借助丰富的 IP 内容,建立与消费者之间的情感链接、强化生活场景的关联,从而提升居民消费体验。

融创·精彩天地—上海浦兴打造了定制主题 IP 形象 GEM:贪玩好动的 GoGo、吃货属性的 Eat,以及爱美潮酷的 MaiMai,代表对精彩生活的不同享乐态度。借助这 3 个 IP 形象,以家庭的互动需求为目标,以主题场景商业为载体,建立有温度的有机社群聚合体。融创·精彩天地—上海香溢则在此基础上,根据区位特色,定制打造了 GEM 的 2.0 版本——Go! Explore More,通过 GEM CITY 空间、GEM Family 定制玩偶,优化了消费者体验。旭辉 U 天地针对家庭客群,以童话故事里的兔子作为核心线索串联迷宫花园、游戏乐园、创意集市等主题空间序列,将创意主题 IP 放在商业主入口吸引客流,重点打造主题广场,用富有亲和力的 IP 造型营造轻松、愉悦的亲子氛围。

5. 品牌化连锁化提升社区商业品质

通过对国内外知名商业品牌的引进,可以推动对社区商业业态的改造升级与有机更新;提高社区商业的连锁化、品牌化经营,有利于形成优质的生活消费环境,建设优良的人居环境。通过对 2019 年上海新开业社区商业中心和社区便民服务中心进驻品牌的整理,可以发现品牌化、连锁化程度较高,更有上海老字号、网红店和首店纷纷进入。

徐汇梅陇商业中心引进了生鲜行业品牌上蔬永辉,这里既有国产老字号品牌鸿瑞兴、乔家栅,也有"网红"新面孔九鼎轩。融创·精彩天地—上海浦兴集聚了各式商业首店及网红品牌,永辉 Mini 店浦东首店,星巴克浦东首家宠物友好店,优质生活方式 Brownie art 浦东首店,萨莉亚黑标旗舰店等,还有网红品牌 Tim Hortons、谭鸭血、Go 辣等的加盟。星光耀广场选择了偏生活方式的品牌,开设了上海网红啤酒店“啤酒阿姨”。马桥龙湖星悦荟引进华东首家中影泰得影院，以及故江南、那都不是锅、弄堂小品、鱼嘟嘟等众多网红美食品牌。上海万有集市也成功实现了品牌连锁经营，旗下产品包括新都汇—社区购物中心和万有集市—邻里中心等，都已有多家店开出。

（二）国家标准化社区商业中心建设

根据《社区商业中心建设和经营管理规范》开展的国家标准化社区商业中心示范创建工作，是为了通过建设“综合性、一站式、互联网＋和环境美好型”的社区商业中心，更好地推动城乡便利消费服务中心落地发展，实现我国社区商业和生活性服务业转型升级，满足人民日益增长的美好生活的需求。

2019 年，勤海社区商业中心获得全国首家“五星级国家标准化社区商业中心”称号。勤海社区商业中心是勤海菜市场的升级改造，将菜场原本单一功能扩展到包括生鲜超市、餐饮、休闲娱乐、健身房、花店等在内的多功能复合业态。还通过开设“社区工坊”，集合了洗衣、皮衣皮具护理、综合修理、缝补裁衣、家政保洁、美发快剪、配钥匙、快递服务等多种社区服务项目。为匹配居民日益增长的精神文化需求，将“共享”贯穿全局，600 平方米的共享空间内设有儿童探险乐园、书房书吧、瑜伽运动馆、共享厨房，也成了邻里会客厅。通过促进市民交往，激发社区活力，引领社区商业美好新生活的理念。

三、 上海社区商业业态发展分析

超市、菜市场、便利店是社区商业中的传统业态，也是《社区商业设施设置与功能要求》中规定的社区商业必备业态。随着线上线下融合、人工智能技术、跨界融合理念的发展，社区商业新业态也层出不穷。

（一）上海社区商业主力业态发展分析

1. 超市

超市按照营业面积和辐射半径可分为大型超市和社区超市，大型超市提供包含生鲜、熟食、3C 产品、日用百货等较为全面的商品种类，社区超市短半径地覆盖社区消费，满足消费者日常高频需求，产品以生鲜熟食、基本生活必需品为主。根据周边客群的不同，超市也形成了定位的分化，一方面是超市高端化、精品化，更加注重效率和体验的融合；一方面是更加注重满足居民日常生活的生鲜需求，大型超市进一步向社区下沉，布局社区类门店，如沃尔玛的惠选超市、永辉的mini店等，主打生鲜商品，聚焦消费者一日三餐。沃尔玛2019年11月宣布未来5—7年计划在中国新开500家门店和云仓，社区店是主要方向之一。联华超市也创新升级业态，开出社区生鲜门店，引入百联到家、自助收银等服务。

另外，线上与线下零售企业开始从资本、战略、经营层面加速融合，开发以消费者体验为中心的数据驱动的新零售业态，重塑传统零售价值链，例如以盒马鲜生、超级物种等为代表的“餐饮＋精品超市＋线上到线下(online to offline, O2O)”模式，以淘鲜达为代表的传统超市到家服务改造。

2. 菜市场

上海在建设标准化菜场的基础上继续升级，一是传统菜场升级为集市，通过环境改造，增加便民简餐、生活服务、社交空间等业态，形成以菜场为核心、“菜场＋商业配套＋社区活动中心”的社区综合商业体，为周边居民提供全方位的生活服务。二是继续推进智慧菜场的建设，使用电子价签、商品溯源、会员体系搭建等满足消费者在新零售背景下的多元化需求。2019年上海继续把建设智慧微菜场列入市政府要完成的与人民生活密切相关的实事，将社区智慧微菜场作为“菜篮子民生工程”的重要组成部分，加快“互联网＋菜篮子”新模式发展，以网订柜取、自动售菜机现场24小时自助服务等模式，采取线上线下融合服务，通过官网、手机APP、微信等多渠道为社区居民提供更加便捷的“订单式买菜”服务，并以经营主副食品为主，满足市民的日常生活需求，实现“菜篮子工程”建设向社区“最后一公里”的延伸。

3. 便利店

2019年，便利店发展势头依然强劲，上海共有便利店6 430家，单店覆盖人口3 769人[1]，全家、罗森、711、好德、良友、可的、快客等品牌占据市场优势。便利店业持续创新迭代，功能上突破传统便利店纯粹的销售功能，以“便利店＋”实现多种服务，如加茶叶蛋、关东煮、火腿肠、玉米等熟食，加咖啡、奶茶、豆浆、果汁等饮品，加对外开放的洗手间，加免费对户外职工开放的爱心服务点，加“到家业务”等，为周边客群打造新型的商业空间和“第三空间”。

便利店也开始注重消费场景的提升，2019年5月，罗森便利店继上港足球、哔哩哔哩、名侦探柯南、泰迪熊等主题便利店之后，在南京东路地铁站内新开罗森&Hello Kitty便利店，通过向便利店植入IP，提升消费者体验。

---

[1] 数字来源于中国连锁经营协会与毕马威联合发布的《2020年中国便利店发展报告》。

（二）上海社区商业发展新业态

1. 电商线下超市引领生鲜品质生活

社区商业是关系民生的商业单元，“电商＋生鲜”成为2019年上海社区商业服务的新宠，美团买菜、苏宁菜场等生鲜电商纷纷于2019年在上海问世。随着新零售的深入发展，线上线下融合成为社区消费的常态，传统社区商业纷纷探索线上电商运营。同样的，电商市场竞争的加剧也促使线上电商走向线下，开展实体门店业态，如天猫小店、苏宁小店、京东便利店等均是在新零售深度发展的时代营运产生的新业态。2019年上海引入了京东7-FRESH超市首店，京东7-FRESH即是社区商业新零售新业态的典型案例，京东7-FRESH是京东无界零售理念的样板工程，以“生鲜超市＋餐饮＋O2O＋黑科技”模式打造的生鲜美食超市。7-FRESH共享京东全球品牌池、京东物流以及智能科技等资源优势，致力于打造国际供应链、打通线上线下消费场景、提供全渠道生鲜零售的“家门口世界风”社区零售新业态。

2. 跨界融合打造“社区商业＋”

近年来，“社区商业＋”跨界融合模式受到广泛关注与欢迎。“社区商业＋体育＋展览＋图书馆＋市集”等跨界融合比比皆是。在社区商业跨界融合的过程中，产业跨界多元融合、品牌跨界融合的创新业态最为广泛。例如近年开业的方亭图书馆受到上海市民的欢迎，方亭是由万科与方所集团共同打造的社区商业图书馆。在品牌跨界社区商业方面，宜家是家居品牌跨界社区商业的典型。宜家城市店是宜家创新性打造的自有品牌社区商业业态，宜家城市店创新性设置宜家轻食集、宜家全屋设计中心、社区实验室等功能分区。同时，宜家城市店从早上8点开始营业，并提供早餐服务。此外，宜家城市店还创新性推出线上小程序，消费者通过扫码手机下单即可享受货品送到家的便捷服务。

3. 人工智能赋能社区商业

随着互联网、物联网、大数据、人工智能等技术的应用推广，上海社区商业的便捷时效性不断增强、人性化程度不断提高。2019年上海长宁区推出美天AI移动菜场，美天AI移动菜场将自动驾驶技术和无人店模式有机结合，为周边居民、上班族提供社区购物服务。美天AI移动菜场可自动称重计量并自动扣款，此外，美天AI移动菜场还提供预订服务。

4. 主题集合店锁定专项市场

伴随着80后、90后成长为消费主流群体，社区商业趋向于向专业性与精细化发展。近年来，“生活＋社区服务集合店、主题便利集合店、老字号集合店”等各类主题集合店不断涌现,有针对性地一站式满足社区居民生活需求。如"生活+社区服务结合点"集合社区居民生活所需的洗衣护理、裁剪缝纫、家政服务、电器维修、美食轻餐等日常生活服务业态,提供一站式便捷高效品质的集合消费中心。此外,近年来,专业性社区服务集合店不断涌现,为社区特定群体提供个性化服务。如 2019 年上海首家沉浸式宠物体验中心开业,"柴府×联合萌宠沉浸式宠物体验中心"集撸狗、洗护美容、训练、寄养、售卖于一体,为社区爱狗人士提供高品质、定制化的爱宠服务。未来,小众化、专业化、主题化的社区集合店业态将成为引领社区商业发展的标杆之一。

四、 上海社区电商业态发展分析

社区商业作为城市商业消费的基本单元,具有市场基础稳定、消费持续性强、消费黏性强的特点。社区商业的发达程度也是衡量一个城市商业综合竞争能力与城市居民生活幸福感的重要方面。在上海,伴随着国际化城市建设步伐的加快,超大型城市功能经络的不断完善,社区商业作为区域商业中心的重要补充和延伸,正以多元化的发展步伐迸发出勃勃生机。

随着"互联网+"经济的蓬勃发展,电子商务与社区商业的结合日益紧密,社区商业快速嵌入 O2O 并纳入城市一体化配送体系,产生了巨大商业价值。"互联网+商业"模式打破了社区消费的时空限制,满足和促进了居民多样化、多元化消费需求。2019 年,上海社区商业电商化程度不断提高,社区商业线上线下融合发展的电商化模式已日渐成熟,上海市民已广泛接受"商品到家、服务到家"的社区商业消费模式。电商依托"互联网销售平台+移动终端 APP"建立 3—5 千米社区商业服务圈。实体社区商业也广泛构建"网购+线下门店+快递"的连锁体系,使社区商业与互联网密切结合。此外,随着人工智能在零售业中广泛应用,出现了以全渠道营销、个性化精准服务和"社交+体验"平台为重要发展方向的"新零售"商业模式。社区商业电商化成了移动互联网时代生活消费领域线上线下互动的一种新型商业模式。

(一) 2019 年上海社区商业新零售发展的主要特征

1. 服务网络持续扩大,产品品类多元,业态持续创新

基于互联网、物联网、电子商务的社区商业新零售品牌,持续进行供给服务模式创新,不断优化智能购物、提高配送服务、保障供给质量、创新服务业态,推动社区商业配置完善化。2019 年,上海线上线下融合社区新零售品牌与业态持续更新,持续进行服务网络的扩大,逐渐覆盖上海全域。同时社区新零售品牌持续进行个性创新,

针对细分市场进行供给—销售模式、体验模式的创新与业态创新。

本报告选取苏宁小店、美团、盒马鲜生为典型案例来探索 2019 年上海社区商业新零售服务规模的持续扩张与业态创新特点。

2019 年苏宁小店在上海的实体门店数量超过 1 000 个[1]。同时苏宁小店与上海崇明蔬菜、海航冷链合作打造了苏宁菜场，并于 2019 年在上海正式开仓苏宁菜场上海生鲜加工中心。苏宁菜场采取“先销后采”“网上订购”的模式，24 小时内从原产地直发门店，保证了生鲜供给的质量和食物可追溯供应链。

2019 年，美团以“生鲜电商”和“社区化服务”为切入口在上海上线“美团买菜”APP，美团买菜聚焦蔬菜、海鲜水产、肉禽蛋、酒水饮料、水果、乳品早餐、厨房用品等十大品类，并于 2019 年在上海市虹口区周家嘴路设置了首个“美团买菜”线下服务站。“美团买菜”采用“APP 端＋便民服务站”模式服务周边 1.5 千米范围内的社区居民，为用户提供足不出户的买菜体验和配送服务。

此外，新零售代表性品牌盒马鲜生，通过线上线下融合的模式为社区居民提供便民服务，运用大数据、移动互联、智能物联网、自动化等技术及先进设备，实现人、货、场三者之间的最优化匹配，构建从供应链、仓储到配送的完整物流体系。[2]盒马鲜生同时致力于打造线下一站式社区生活服务。2019 年盒马鲜生线下实体门店将超市、餐饮小吃、菜市场多元融合于一体，打造智能化社区消费服务。

2. 本地即时配送设施体系日益完善

2019 年，上海社区电商新零售配送的速达性持续提高，深化满足上海都市居民高效快速的生活追求。社区商业电商通过前置仓模式实现快速配送，消费者线上下单，电商企业通过前置仓及时配货可即时配送到家。以生鲜电商为例，叮咚买菜、每日优鲜、清美鲜食等生鲜电商均在上海各区域广泛布局前置仓，优化即时配送、即刻到家的社区消费配送体系。例如叮咚买菜通过自建社区前置仓，配备冷链体系的方式构建“移动端下单＋前置仓配货＋即时配送到家”的社区生鲜生活服务模式。2019 年叮咚买菜在上海有 254 个前置仓，平均面积在 200—300 平方米之间，可以容纳 1 500 个 SKU。2019 年叮咚买菜服务辐射上海近 3 000 个社区，深入渗透上海核心小区[3]。

3. 社区电商消费社交化

上海超强的经济获利吸引了众多年轻人集聚，年轻人是上海社区电商消费的主流群体。唯品会 & 艾瑞咨询于 2018 年发布的《95 后时尚消费报告》显示当今年轻人

---

[1] 数据来源：根据《中国证券报》、中证网《苏宁小店 2019 年将在上海开至 1 500 家》及其他网络资料整理。

[2] 李莉洁，陶寸寸.新零售背景下品牌资产价值的提升策略探析——以盒马鲜生为例[J].投资与合作.2020(7)：14—15.

[3] 根据亿邦动力网《叮咚买菜北上京城前置仓烽烟再起》及其他网络资料整理。

的消费需求对社交价值诉求明确。2019 年社交电商模式在社区商业消费中持续获利，成为社区电商的重要形式之一，典型代表有拼多多、每日优鲜、苏宁小店等。2019 年，每日优鲜上线了社交拼团电商平台“每日拼拼”，定位为提供全球精选生鲜的社交拼团电商平台，消费者可通过“每日拼拼”分享商品，并可获得高比例返利。2019 年 1 月苏宁小店上线苏小团 APP，通过社区拼购来激活社区用户。

（二）上海社区实体商业电商化发展的主要特征

1. 社区连锁超市电商化

连锁超市是上海商业经济的重要组成部分，是上海市场经济的标志之一。随着线上电商、新零售持续深入社区市场，社区商业供给市场竞争日益激烈，在多重压力与市场冲击下，分布广泛的社区连锁超市也通过深化电商服务体系，线上线下融合创新等模式进行社区消费服务的创新突破。2019 年，上海社区连锁超市持续深化电商服务，连锁超市品牌通过与新零售品牌联合、与线上电商深化合作、与物流配送体系融合、开发线上商城 APP 等方式构建数字化线上商城，并实现即时配送到家服务。同时对线下实体店进行精细化管理，通过业态创新、消费环境场景化、消费服务智能化等措施，显著提高了社区连锁超市的消费客流，增大了利润空间。2019 年，上海社区连锁超市线上线下融合的 O2O 社区消费生态闭环优势进一步凸显。

本节以沃尔玛、百联超市、农工商超市、华润万家超市就 2019 年上海社区连锁超市的电商化发展特色进行举例说明。2019 年沃尔玛旗下的高端会员制商店山姆会员商店加大与京东的电商业务合作力度，进一步提升送货到家等服务。2019 年，百联超市通过百联集团官方线上平台“i 百联”，实现了上海及周边地区“网订店送”的大规模覆盖。农工商超市构建了网上商城、热线电话和实体门店“三位一体”的经营模式，推出网订店取、移动条码支付、积分购物、验证码兑换、扫码销售、LBS 定位推送等 O2O 服务，打通了电子商务、末端连锁商业网点和城市共同配送平台的信息链。华润万家建设自有线上渠道“华润万家”APP，与京东到家、美团外卖、饿了么等第三方渠道深化合作，大力推进到家业务。2019 年 12 月华润万家旗下创新业态万家 MART 于上海开设首店。万家 MART 围绕家庭生活进行商品品类精选，增加餐饮、休闲、娱乐等业态，打造一站式消费中心；同时依托互联网、大数据、人工智能等先进技术增加自助点餐机、自助称重机、自助收银机/扫码购等智能设备，提供便利化、智能化的购物环境；万家 MART 同步上线“万家 MART”APP，提供 1 小时配送到家服务。

2. 社区便利店电商化

在面对电商平台、一站式综合超市等多重压力下，社区便利店因其小而精、便利程度高等特点成为社区商业服务的重要终端业态，并保持良好的增长态势。便利店除满足基本的购物需求以外，还提供缴费、充值、寄快递、打印、零钱兑换等增值服务，为消费者带来更为便捷的生活服务。近年来，社区便利店广泛采用线上线下融合的模式，充分利用实体店的优势打造智能化便利服务，同时积极开展并深化电商服务。如 2019 年全家便利店在上海广泛推出智能贩卖机、自助收银机服务，受到消费者的欢迎。7-11 与美团外卖合作为门店周边会员提供即时配送到家的服务。

3. 社区生鲜店电商化

社区生鲜店主营商品具有购买频次高、保质期短、容易腐烂等特征，随着电子商务平台的发展，大规模的社区生鲜店积极探索电商化发展模式，在上海，社区生鲜店广泛开发线上 APP，实现线下线上有机组合的消费网络。社区生鲜店电商化的一大关键是做到生鲜食品源头可追溯、物流配送环节可跟踪、商品保鲜期保质期可查询，以生鲜商品的质量安全获得消费者信赖。此外，宅配服务是社区生鲜店开展电商服务的重要配套。

清美食品是上海社区生鲜的本土品牌，随着生鲜便利店电商化，清美食品推出了社区生鲜便利店清美鲜食。清美鲜食以“生鲜电商”和“外卖餐饮”为切入口，经营品类涉及生鲜果蔬、烘焙产品、盒饭、速食和半成品配菜等，为用户提供从生鲜食品到餐饮服务的一站式购物体验。清美鲜食拥有种植基地、食品检测实验室、监控机制、全程冷链系统等全产业链条，保证了食品安全与新鲜。此外，清美鲜食实现了即时配送（APP 下单可 1 小时内送达）。

五、 上海社区商业发展趋势

基于城市发展进程、社会管理、技术驱动、消费升级等方面综合来看，社区商业发展的大趋势确定向好，居民生活方式的去中心化、碎片化，使得社区商业中心的发展愈加重要。上海社区商业的发展也体现出以下趋势：

（一）社区商业发展的时空拓展

城市商业发展的趋势是从单中心、多中心到泛中心，社区商业将与城市中心级商业、区域级商业形成各有特点互为补充的城市商业生态系统。在上海这样人口密集的城市，合理化地利用立体空间提供更加多样的服务，是提高空间使用效率的重要途径。目前，在商业设施屋顶设置餐饮、运动、艺术等业态，进行主题化打造，已有成功的尝试。《上海市城市总体规划（2017—2035 年）》也提出“充分利用地下空间”，“适度安排商业功能”即充分利用屋顶、地下空间,合理设置商业设施,为居民提供更加多元的社区商业服务。上海早在1987年就把“办好市中心夜市”作为市政府的实事项目,2019年上海市商务委等九部门联合发布沪商商贸〔2019〕100号文《本市推动夜间经济发展的指导意见》,为上海夜经济的发展指出了方向。

(二)商业与社区融合发展

社区商业涉及民生,最能体现城市文明进步程度和生活便利服务程度。目前在开发社区商业时,越来越重视其社会服务功能,社区商业和社区融合发展,共同提升城市商业现代化和服务水平。消费升级引发社区商业变化,从简单消费向复合消费转变,从功能消费向体验消费转变。随着居民收入水平的提升及消费观念的更新,人们对社区商业的业态与品牌会提出更高的要求。不仅有一般的生活购物、餐饮、娱乐等需求,还会产生亲子、教育、养老、社交、文化、创业等多层次的需求。多功能、综合化、细分化是未来社区商业发展的重要方向。

(三)消费升级催生新型社区生活空间

社区商业进入消费升级阶段,在新型的社区生态中,不仅强调了生活方式的升级,也强调了业态场景的升级以及人与人、人与城市的良好互动关系的建立。人们希望社区商业带来美好的生活想象和有趣的生活方式。社区商业不仅仅是日常消费的地方,也更加成为社交体验的场所,如社区跳蚤市场、社区运动会、相亲会、宠物联谊会、儿童活动等。因此,社区商业的场景发生了根本性的变化,而社区商业本身也进行了品牌化、IP化、场景化的供给侧升级。“社区商业+社区社交”“社区商业+社群运营”引发了社区商业价值重构,社区商业业态重组,今后社区、社交、社群与商业的结合仍有巨大的发展空间。

(四)上海社区电商发展趋势

1. 社区电商消费社交化,构建多元消费分享社群

随着互联网社交与信息传播的效应日益显著,未来社区电商将不仅仅是提供便利消费的平台,还将发展成为“以人为中心”的社交型体验消费平台。电商平台基于人际关系网络,利用互联网社交工具与平台向社交电商转变,如利用直播、社区团购、拼购拼团等模式吸引消费者,创新性构建消费场景多元、情感互动分享的社交电商模式。

2. 前置仓覆盖最后100米,创造便捷新生活

随着新零售的持续深化发展,仓配模式很好地适应了上海高消费水平与快节奏

生活方式的需求特点，为社区市民提供又快又好的社区消费服务。前置仓配送时效快、冷链系统保鲜保质、成本低等优点使得电商广泛采用“APP＋前置仓”的模式布局发展。未来，上海全域“APP＋前置仓”模式将持续优化发展，引领快捷、放心的社区消费新生活。

3. 新零售改革创新持续深化，全面构建数字化社区消费

随着互联网、大数据、物联网、人工智能技术的发展，未来社区电商将持续探索线上线下融合的发展模式，深化实体社区商业与电商平台、配送物流、智能技术与终端的创新结合，探索电商线下实体终端的运营模式等。未来上海社区商业将全面构建形成数字化社区消费链，为社区居民提供便捷、智能、安全、体验的数字生活。

第四节 上海商业街区发展分析

一、 上海市特色商业街区发展概况

特色商业街区是传播城市商业文化、体现商业个性、承载商业内涵的重要载体和窗口。作为商业品牌走向国际的桥头堡，上海历来重视特色商业街区的发展。在上海“四街四城”八大商业中心[1]发展的带动下，“20 世纪 90 年代后半期，随着消费水平的提高，个性特色消费需求日显突出。商业经营者也根据新的消费需求，按行业和特色逐步集中于某些区段，店多成市且具有独特商业氛围的新格局，并得到各自消费层次的认可。在此背景下，各区政府因势利导，从软硬环境上加以优化，造就了特色商业街新优势。上海市商委 1999 年按现代化大都市消费需求多样化、个性化、特色化的新格局，认为有必要加以规划、引导、规范。采取全市统一方案，由下而上申报，按规定由专家组评审通过命名的办法[2]”，首批命名了 10 条专业特色街，分别为上海老街、云南南路美食街、东台路古玩街、北京路生产资料街、乍浦路美食街、宜山路建材家具街、威海路汽车汽配街、雁荡路休闲街、福州路文化街和衡山路休闲娱乐街。从此，特色商业街正式登陆上海滩，10 条专业特色街形成了上海商业发展的新亮点。

进入 21 世纪，上海城市转型、产业升级、市场转轨、功能重塑等历史性变革进一步深化，体现城市形态由生产性城市转向生活城市的城市休闲化趋势崭露头角。已有的休闲旅游设施无法满足经济收入和休闲时间日益增加的人们的精神消费需求，

[1] 上海的“四街四城”八大商业中心规划建设始于 1992 年。四街是指南京东路、南京西路、淮海中路、四川北路；四城是指徐家汇商城、新上海商业城、豫园商城、新客站不夜城。

[2] 蔡鸿生.城市商业发展的规模、规划、规范[M].北京：中国商业出版社，2002：129-130.

既有设施的功能调整与新建设施项目的启动就成为必然，而承载文化娱乐、体育保健、教育游览等游憩功能重任的休闲街应运而生。2005 年 8 月 23 日至 11 月 3 日上海旅游节“万事达卡杯”十大休闲街评选活动期间，上海市旅委从上海广大市民和各区县旅游主管部门共同推荐的 66 条休闲街中组织评选了十大休闲街，分别为新天地、南京路步行街、中山东一路、上海老街、滨江大道、多伦路文化名人街、衡山路、梅川路欧亚休闲街、七宝老街和朱家角北大街。

时隔十年后，2015 年，上海市商务委推选出了 65 个特色商业街区，2016 年又在上海国际旅游度假区内增补了 2 个特色商业街区(上海迪士尼小镇和奕欧来上海购物村)。在 2016 年 11 月 29 日举行的“上海市商业街区发展大会暨上海特色商业街区发展联盟揭牌仪式”上，全市 67 个特色商业街区集中亮相，一展上海这座国际大都市的别样风情。在 2019 年上海购物节开幕式上，上海市特色商业街区发展联盟又发布了 20 个特色商业街区，除了 18 个街区已包含在之前的 67 个特色街区名单中之外，新增了2 个，分别为陕西北路老字号专业街和百联奥特莱斯广场。至此，69 个特色商业街区已成为海派文化和上海人精致生活的缩影。

回顾“十三五”期间，按照上海市政府出台的《“十三五”时期上海国际贸易中心建设规划》，进一步形成了市区联动、企业参与的发展合力，共同解决了制约特色商业街区发展的瓶颈问题。同时与国内外特色街区开展交流合作，促进特色商业街区提质升级；打造了一批有特色、有品质、有品牌的街区市集、街区节庆；培育了一批“有特色、有品牌、有秩序”的夜市特色街区；提升了街区的文化休闲、餐饮住宿能级，培育了一批集聚和展示上海工匠精神、凸显前店后厂、展现一流度假品质的特色商业街区；[1]多措并举打造了一批国内外知名的特色商业街区，并正在形成一批具有全球知名度的消费地标，向着打造出“历史有根、文化有脉、商业有魂、经营有道、品牌有名”的上海特色商业街区群体而努力奋进。

(一) 上海市特色商业街区数量和空间分布

目前由上海市商务委推选出的最新的 69 个特色商业街区遍布全市 16 个区，其中浦东新区 10 个，占比 14.49%；黄浦区 12 个，占比 17.39%；静安区 5 个，占比 7.25%；徐汇区 7 个，占比 10.14%；长宁区 3 个，占比 4.35%；虹口区 4 个，占比 5.80%；杨浦区 2 个，占比 2.90%；普陀区 1 个，占比 1.45%；闵行区 4 个，占比 5.80%；宝山区 2 个，占比 2.90%；嘉定区 6 个，占比 8.70%；奉贤区 4 个，占比 5.80%；松江区

[1] 吴卫群.上海特色商业街区增至 67 个[N].解放日报，2016-11-30(006).

2个，占比2.90％；青浦区4个，占比5.80％；金山区2个，占比2.90％；崇明区1个，占比1.45％。上海市特色商业街区数量和空间分布详见表2-11。

表2-11　上海市特色商业街区数量及分布

所属区	特色商业街区	数　量	占比(％)
浦东新区	昌里路休闲街、张家浜休闲街、陆家嘴96广场、亚太盛汇广场老上海裁缝街、上海金桥国际茶城、上海湾时尚休闲街、滨江大道休闲餐饮街、佛罗伦萨小镇、上海迪士尼小镇、奕欧来上海购物村	10	14.49
黄浦区	新天地休闲娱乐街区、老码头滨江特色餐饮酒吧街区、豫园时尚街、云南南路老字号美食街、雁荡路休闲文化街、茂名南路定制服装街、北京东路生产资料街、福州路文化用品街、豫园老街、绍兴路文化街、田子坊、思南公馆	12	17.39
静安区	吴江路休闲街、陕西北路服饰街、曲阳路餐饮特色街、青云路眼镜街、陕西北路老字号专业街	5	7.25
徐汇区	天钥桥路休闲餐饮街、宜山路建材街、衡山坊、衡山路东段特色餐饮街区(桃江路、东平路、岳阳路、汾阳路区域)、新乐路时尚街区、武康路安福路慢生活街区、田林路社区商业特色街	7	10.14
长宁区	虹桥南丰城丰尚街、仙霞路美食特色街、ART愚园生活美学街区	3	4.35
虹口区	多伦路文化名人街、瑞虹天地星星堂、1933老场坊、星乐汇商业街	4	5.80
杨浦区	大学路创智生活休闲街、金储休闲广场	2	2.90
普陀区	梅川路休闲商业街	1	1.45
闵行区	虹梅路休闲街—上海老外街、七宝老街、十尚坊休闲餐饮街、虹泉路韩国街	4	5.80
宝山区	牡丹江路北翼服饰街、诺亚新天地商业广场	2	2.90
嘉定区	州桥老街特色商业街区、新源路餐饮特色街、曹安路专业市场特色街、南翔老街、疁城新天地、江桥老街·生活大院	6	8.70
奉贤区	奉浦餐饮娱乐休闲街、人民南路服饰街、南桥镇人民中路黄金钻石珠宝商业街、南方国际广场美人鱼休闲街	4	5.80
松江区	松江松东路饮食文化街、泰晤士小镇文创休闲街区	2	2.90
青浦区	朱家角镇北大街、尚都里、赵巷商业商务街区、百联奥特莱斯广场	4	5.80
金山区	金山嘴老街、枫泾古镇生产街	2	2.90
崇明区	新崇南路餐饮街	1	1.45
合　计		69	100.02

资料来源：根据《解放日报》2016年11月30日6版吴卫群《上海特色商业街区增至67个》和央广网2019年9月20日《首批9个地标性夜生活集聚区发布》相关资料整理而得。

注：由于四舍五入，合计后的结果不是100％。

(二)上海市特色商业街区类型与结构

根据商业街区的特色和主题,上海市69个特色商业街区可以划分为综合休闲特色商业街区、专业特色商业街区、文创特色商业街区和美食特色商业街区等四种类型。其中综合休闲特色商业街区37个,占比53.62%;专业特色商业街区12个,占比17.39%;文创特色商业街区6个,占比8.70%;美食特色商业街区14个,占比20.29%。上海市特色商业街区类型与结构详见表2-12。

表2-12　上海市特色商业街类型及占比

特色商业街类型	数　量	占比(%)
综合休闲特色商业街区	37	53.62
专业特色商业街区	12	17.39
文创特色商业街区	6	8.70
美食特色商业街区	14	20.29
合　计	69	100.00

资料来源:根据本节成果自制。

二、上海市综合休闲特色商业街区发展分析

(一)上海市综合休闲特色商业街区数量和分布

37个综合休闲特色商业街区分布在14个区,唯有松江区和崇明区缺席。按照数量由多到少依次为:浦东新区7个,占比18.92%;黄浦区5个,占比13.51%;徐汇区、嘉定区和青浦区各4个,分别占比10.81%;虹口区3个,占比8.11%;长宁区和金山区各2个,分别占比5.41%;静安区、杨浦区、普陀区、闵行区、宝山区和奉贤区各1个,占比均为2.70%。上海市综合休闲特色商业街区数量和分布详见表2-13。

表2-13　上海市综合休闲特色商业街区数量和分布

所属区	综合特色商业街区	数　量	占比(%)
浦东新区	昌里路休闲街、张家浜休闲街、陆家嘴96广场、上海湾时尚休闲街、佛罗伦萨小镇、上海迪士尼小镇、奕欧来上海购物村	7	18.92
黄浦区	新天地休闲娱乐街区、豫园时尚街、豫园老街、田子坊、思南公馆	5	13.51
静安区	吴江路休闲街	1	2.70

续表

所属区	综合特色商业街区	数 量	占比(%)
徐汇区	衡山坊、新乐路时尚街区、武康路安福路慢生活街区、田林路社区商业特色街	4	10.81
长宁区	虹桥南丰城丰尚街、ART 愚园生活美学街区	2	5.41
虹口区	瑞虹天地星星堂、1933 老场坊、星乐汇商业街	3	8.11
杨浦区	金储休闲广场	1	2.70
普陀区	梅川路休闲商业街	1	2.70
闵行区	七宝老街	1	2.70
宝山区	诺亚新天地商业广场	1	2.70
嘉定区	州桥老街特色商业街区、南翔老街、疁城新天地、江桥老街・生活大院	4	10.81
奉贤区	南方国际广场美人鱼休闲街	1	2.70
青浦区	朱家角镇北大街、尚都里、赵巷商业商务街区、百联奥特莱斯广场	4	10.81
金山区	金山嘴老街、枫泾古镇生产街	2	5.41
合 计		37	99.99

资料来源:根据本节成果自制。
注:由于四舍五入,合计后的结果不是 100%。

(二)上海市综合休闲特色商业街区业态和结构

根据对 POI 提取的数据进行有效性筛选和上海迪士尼度假区官方网站资料,以上海迪士尼小镇、新天地休闲娱乐街区[1]和梅川路休闲商业街[2]为例,分析上海市综合休闲特色商业街区业态结构,详见表 2-14。

表 2-14 上海市综合休闲特色商业街区业态结构

业态类型*	上海迪士尼小镇		新天地休闲娱乐街区		梅川路休闲商业街	
	业态数量	业态占比(%)	业态数量	业态占比(%)	业态数量	业态占比(%)
餐饮服务	22	43.14	154	21.48	71	14.12
风景名胜	0	0.00	1	0.14	0	0.00

[1] 新天地休闲娱乐街区的业态数据采集范围是指南至复兴中路、东至黄陂南路、北至太仓路、西至马当路围成的区域。
[2] 梅川路休闲商业街的业态数据采集范围是指东起真光路,西至万镇路的梅川路段。

续表

业态类型*	上海迪士尼小镇		新天地休闲娱乐街区		梅川路休闲商业街	
	业态数量	业态占比(%)	业态数量	业态占比(%)	业态数量	业态占比(%)
公共设施	0	0.00	35	4.88	3	0.60
公司企业	0	0.00	24	3.35	71	14.12
购物服务	28	54.90	352	49.09	157	31.21
交通设施	0	0.00	5	0.70	11	2.19
金融保险	0	0.00	5	0.70	13	2.58
科教文化	0	0.00	10	1.39	58	11.53
汽车服务	0	0.00	7	0.98	3	0.60
商务住宅	0	0.00	30	4.18	7	1.39
生活服务	0	0.00	58	8.09	59	11.73
体育休闲	1	1.96	28	3.91	17	3.38
医疗保健	0	0.00	6	0.84	21	4.17
政府机构	0	0.00	1	0.14	10	1.99
住宿服务	0	0.00	1	0.14	2	0.40
合　计	51	100.00	717	100.01	503	100.01

资料来源:根据POI数据和上海迪士尼度假区官方网站资料整理所得。

* 表中业态类型显示的是POI数据的一级分类。其中餐饮服务包括餐馆、糕饼店、咖啡厅、甜品店等;公共设施包括公共厕所、紧急避难场所等;购物服务包括超市、服装鞋帽皮具店、化妆品店、花鸟虫鱼市场、专卖店等;交通设施指停车场;科教文化包括博物馆、展览馆、培训机构等;生活服务包括美容美发店、摄影冲印店等;体育休闲包括酒吧、KTV、健身中心等(下同)。

注:由于四舍五入,合计后的结果不是100%。

上海迪士尼小镇与迪士尼乐园主入口紧密相连,是一个全开放式的免费主题商业街。作为一种典型的特色商业街区,迪士尼小镇的业态规划极具特征,一南一北各自布局了两个迪士尼独有的主力店:迪士尼世界商店和华特迪士尼大剧院。除此之外,小镇业态被规划成五个组团,分别为小镇市集、百老汇广场、百老汇大道、百食香街、小镇湖畔。[1]从业态类型来看,上海迪士尼小镇的51家业态包括三种类型,购物服务类业态28家,占比54.90%;餐饮服务类业态22家,占比43.14%;体育休闲类业态1家,占比1.96%。新天地休闲娱乐街区位于上海市黄浦区,动工于1999年初,建成于2001年6月,是一个展现上海历史文化风貌的都市旅游景点,是以上海独特的

[1] 从迪士尼小镇,谈景区旅游商业项目操盘[EB/OL].(2016-05-15)[2020-04-02].https://mp.weixin.qq.com/s?src=3&timestamp=1610345899&ver=1&signature=FCeyv0-XXjWS6uquXadC4O1cUBeN9*SMf39UpYITnokDD-Gst1uUgCxDlgav7JnMmjI-vBwQVaz0GnsyzXtP3wRPnmjOEGhvl453rhduGc*tYD1y2TYNIiZhZ7HuXTVilIhEcBz-ripGV8B5Ag3w7Wu56o4bXnCx25U7jxpDIQoZo=.

石库门建筑旧区为基础改造成的集餐饮、商业、娱乐、文化的综合休闲特色商业街区。[1]据不完全统计，在717家业态中，占比排在前三的依次为：购物服务类352家，占比49.09%；餐饮服务类154家，占比21.48%；生活服务类58家，占比8.09%。梅川路休闲商业街位于上海西部普陀区境内，初步建成于2004年。[2]据不完全统计，在503家业态中，购物服务类157家，占比31.21%，占据第一位；餐饮服务类和公司企业类各71家，占比14.12%，并列第二位；生活服务类59家，占比11.73%，排在第三位。

从表2-14来看，上海市综合休闲特色商业街区业态结构呈现以下特征：其一，购物服务类和餐饮服务类业态是主力业态，通常占比为50%～60%，较好满足了本地居民和外来游客的购物休闲与用餐需求。其二，生活服务类业态必不可少，通常占比为10%左右。生活服务类业态的数量与配置主要和街区及周边的商务住宅规模密切相关，反映了本地居民为生活服务类业态的主要消费市场。其三，除了位于景区的特色商业街区（如上海迪士尼小镇）外，体育休闲类和科教文化类业态是必要的辅助业态，主要满足本地居民康健类休闲消费及其他一些延伸类消费需求。

三、上海市专业特色商业街区发展分析

（一）上海市专业特色商业街区数量和分布

12个专业特色商业街区主要集中在浦东新区、黄浦区、静安区、徐汇区、宝山区、嘉定区和奉贤区等7个区。其中静安区3个，占比25%；浦东新区、黄浦区和奉贤区各2个，分别占比为16.67%；徐汇区、宝山区和嘉定区各1个，占比均为8.33%。详见表2-15。

表2-15 上海市专业特色商业街区数量和分布

所属区	专业特色商业街区	数量	占比(%)
浦东新区	亚太盛汇广场老上海裁缝街、上海金桥国际茶城	2	16.67
黄浦区	茂名南路定制服装街、北京东路生产资料街	2	16.67
静安区	陕西北路服饰街、青云路眼镜街、陕西北路老字号专业街	3	25.00
徐汇区	宜山路建材街	1	8.33
宝山区	牡丹江路北翼服饰街	1	8.33
嘉定区	曹安路专业市场特色街	1	8.33
奉贤区	人民南路服饰街、南桥镇人民中路黄金钻石珠宝商业街	2	16.67
合计		12	100.00

资料来源：根据本节成果自制。

[1] 宋长海，楼嘉军.上海休闲街商业网点业态结构研究[J].旅游学刊，2007(05)：79—84.
[2] 同上。

(二)上海市专业特色商业街区业态和结构

根据对POI提取的数据进行有效性筛选,以上海金桥国际茶城[1]、北京东路生产资料街[2]和宜山路建材街[3]为例,分析上海市专业特色商业街区业态结构,详见表2-16。

表2-16 上海市专业特色商业街区业态结构

业态类型	上海金桥国际茶城		北京东路生产资料街		宜山路建材街	
	业态数量	业态占比(%)	业态数量	业态占比(%)	业态数量	业态占比(%)
餐饮服务	10	8.70	30	4.23	204	29.14
风景名胜	0	0.00	5	0.70	0	0.00
公共设施	1	0.87	5	0.70	15	2.14
公司企业	7	6.09	250	35.21	142	20.29
购物服务	91	79.13	270	38.03	220	31.43
交通设施	2	1.74	3	0.42	17	2.43
金融保险	0	0.00	17	2.39	11	1.57
科教文化	2	1.74	11	1.55	14	2.00
汽车服务	0	0.00	0	0.00	3	0.43
商务住宅	0	0.00	40	5.63	9	1.29
生活服务	1	0.87	31	4.37	45	6.43
体育休闲	0	0.00	6	0.85	9	1.29
医疗保健	1	0.87	8	1.13	4	0.57
政府机构	0	0.00	19	2.68	2	0.29
住宿服务	0	0.00	15	2.11	5	0.71
合　计	115	100.01	710	100.00	700	100.01

资料来源:根据POI数据整理所得。
注:由于四舍五入,合计后的结果不是100%。

[1] 上海金桥国际茶城的业态数据采集范围为西起杨高北路,南至金高路的东陆路段。
[2] 北京东路生产资料街的业态数据采集范围为西藏中路到中山东一路的北京东路段。
[3] 宜山路建材街的业态数据采集范围为南起中山西路及内环高架,北至虹桥路的宜山路段。

上海金桥国际茶城筹备于2007年，2008年正式营业，西起杨高北路，南至金高路，全长500米，建筑面积12 000余平方米，是全国唯一一座集品茶、制壶、销售为一体的花园式商业街。据不完全统计，现有业态115家，位列前三的业态分别为购物服务类91家，占比79.13%；餐饮服务类10家，占比8.70%；公司企业类7家，占比6.09%。进一步分析业态的二级分类可以发现，购物服务类和公司企业类业态的经营范围均围绕茶叶和制壶等周边产品，因此，主力业态合计占比约85%。作为上海老牌专业特色街之一，北京东路生产资料街是历史形成的，全长1 600米，新中国成立前为五金行业一条路，以后为了适应生产门类不断发展的需求，逐步形成了五金、电器、机电、橡塑等门类较为齐全的、在上海乃至全国著名的专业经营生产资料特色街。据不完全统计，在710家业态中，购物服务类270家，占比38.03%；公司企业类250家，占比35.21%；商务住宅类40家，占比5.63%；生活服务类和餐饮服务类业态不相上下，占比约4%。购物服务类和公司企业类业态的经营范围主要围绕电子和五金产品，主力业态合计占比约73%。宜山路建材街同样为上海老牌专业特色街之一，紧邻徐家汇商业中心，全长1 200米，是在上海大批新居住区建成，需要装修、装潢的大背景下形成的。据不完全统计，现有业态700家。其中，购物服务类220家，占比31.43%；餐饮服务类204家，占比29.14%；公司企业类142家，占比20.29%。购物服务类和公司企业类业态的经营范围主要为建材、家具及装潢等，主力业态合计约占51%。

从表2-16来看，上海市专业特色商业街区业态结构呈现以下特征：一是主力业态高度集聚，通常占比为50%～80%，彰显了特色商业街区的鲜明主题与专业特色。二是餐饮服务类和生活服务类业态不可或缺，占比虽然不高，但很好地满足了专业特色商业街区主力消费市场和街区内居民及公司企业员工的日常生活消费需求。三是生活服务类业态的数量和街区及周边的商务住宅规模成正比，反映了本地居民为生活服务类业态的主要消费市场。

四、 上海市文创特色商业街区发展分析

（一）上海市文创特色商业街区数量和分布

6个文创特色商业街区中一半分布在黄浦区，虹口区、杨浦区和松江区各1个，占比分别为16.67%。上海市文创特色商业街区数量和分布详见表2-17。

表 2-17　上海市文创特色商业街区数量和分布

所属区	文创特色商业街区	数　量	占比(%)
黄浦区	雁荡路休闲文化街、福州路文化用品街、绍兴路文化街	3	50.00
虹口区	多伦路文化名人街	1	16.67
杨浦区	大学路创智生活休闲街	1	16.67
松江区	泰晤士小镇文创休闲街区	1	16.67
合　计		6	100.01

资料来源:根据本节成果自制。
注:由于四舍五入,合计后的结果不是100%。

(二)上海市文创特色商业街区业态和结构

根据对POI提取的数据进行有效性筛选,以福州路文化用品街[1]、多伦路文化名人街[2]和泰晤士小镇文创休闲街区[3]为例,分析上海市文创特色商业街区业态结构,详见表2-18。

表 2-18　上海市文创特色商业街区业态结构

业态类型	福州路文化用品街		多伦路文化名人街		泰晤士小镇文创休闲街区	
	业态数量	业态占比(%)	业态数量	业态占比(%)	业态数量	业态占比(%)
餐饮服务	97	17.23	19	15.20	126	19.38
风景名胜	1	0.18	6	4.80	11	1.69
公共设施	6	1.07	3	2.40	16	2.46
公司企业	63	11.19	6	4.80	42	6.46
购物服务	240	42.63	51	40.80	139	21.38
交通设施	2	0.36	3	2.40	27	4.15
金融保险	18	3.20	1	0.80	4	0.62
科教文化	38	6.75	6	4.80	44	6.77
汽车服务	0	0.00	0	0.00	4	0.62
商务住宅	13	2.31	3	2.40	79	12.15
生活服务	51	9.06	15	12.00	90	13.85

[1] 福州路文化用品街的业态数据采集范围为东起中山东一路,西迄西藏中路的福州路段。
[2] 多伦路文化名人街的业态数据采集范围为北接东江湾路、四川北路,东临四川北路,南接东横浜路,呈"L"形的多伦路区域。
[3] 泰晤士小镇文创休闲街区的业态数据采集范围为北至新松江路,西至三新北路,南至文诚路的区域。

续表

业态类型	福州路文化用品街		多伦路文化名人街		泰晤士小镇文创休闲街区	
	业态数量	业态占比(%)	业态数量	业态占比(%)	业态数量	业态占比(%)
体育休闲	8	1.42	2	1.60	31	4.77
医疗保健	4	0.71	1	0.80	7	1.08
政府机构	6	1.07	7	5.60	10	1.54
住宿服务	16	2.84	2	1.60	20	3.08
合　　计	563	100.02	125	100.00	650	100.00

资料来源:根据 POI 数据整理所得。
注:由于四舍五入,合计后的结果不是 100%。

福州路文化用品街东起中山东一路,西迄西藏中路,长 1 453 米,已有 100 多年历史,因集中经营各类文化用品、充满文化气息而享誉全国。据不完全统计,现有 563 家业态。购物服务类 240 家,占比 42.63%;餐饮服务类 97 家,占比 17.23%;公司企业类 63 家,占比 11.19%。多伦路文化名人街位于上海虹口区四川北路北端,在对沿街老建筑保护修缮的基础上,于 1999 年 10 月 22 日举行了开街仪式。[1]据不完全统计,在 125 家业态中,购物服务类 51 家,占比 40.80%;餐饮服务类 19 家,占比 15.20%;生活服务类 15 家,占比 12.00%。泰晤士小镇位于松江新城的核心区域,总占地面积约 1 平方千米,总建筑面积 50 万平方米,容积率为 0.5,绿化覆盖率达到 60%,是一个具有居住、旅游、休闲等多功能的大型社区。据不完全统计,泰晤士小镇文创休闲街区现有业态 650 家。其中购物服务类 139 家,占比 21.38%;餐饮服务类 126 家,占比 19.38%;生活服务类 90 家,占比 13.85%。

从表 2-18 可以发现,上海市文创特色商业街区业态结构呈现如下特征:第一,文创类产品呈现的业态主要以购物服务类为主,通常占比为 40%。第二,就文创特色商业街区而言,餐饮服务类业态是购物服务类业态的最佳组合,业态占比约为 20%。这与文创类产品市场的消费偏好有关,将欣赏购买文创类产品与用餐同样作为一种休闲方式对待;同时餐饮服务类业态也会将文创与美食融合,混搭风格的餐食文化也会与文创类业态相得益彰,共享市场。第三,生活服务类业态的数量和街区及周边的商务住宅规模成正比,揭示了本地居民为生活服务类业态的主要消费市场的基本特征。

[1] 宋长海,楼嘉军.上海休闲街商业网点业态结构研究[J].旅游学刊,2007(05):79—84.

五、 上海市美食特色商业街区发展分析

(一) 上海市美食特色商业街区数量和分布

14个美食特色商业街区主要分布在除虹口区、杨浦区、普陀区、宝山区、青浦区、金山区之外的10个区。其中浦东新区1个,占比7.14%;黄浦区2个,占比14.29%;静安区1个,占比7.14%;徐汇区2个,占比14.29%;长宁区1个,占比7.14%;闵行区3个,占比21.43%;嘉定区1个,占比7.14%;奉贤区1个,占比7.14%;松江区1个,占比7.14%;崇明区1个,占比7.14%。上海市美食特色商业街区数量和分布详见表2-19。

表2-19 上海市美食特色商业街区数量和分布

所属区	美食特色商业街区	数 量	占比(%)
浦东新区	滨江大道休闲餐饮街	1	7.14
黄浦区	老码头滨江特色餐饮酒吧街区、云南南路老字号美食街	2	14.29
静安区	曲阳路餐饮特色街	1	7.14
徐汇区	天钥桥路休闲餐饮街、衡山路东段特色餐饮街区(桃江路、东平路、岳阳路、汾阳路区域)	2	14.29
长宁区	仙霞路美食特色街	1	7.14
闵行区	虹梅路休闲街—上海老外街、十尚坊休闲餐饮街、虹泉路韩国街	3	21.43
嘉定区	新源路餐饮特色街	1	7.14
奉贤区	奉浦餐饮娱乐休闲街	1	7.14
松江区	松江松东路饮食文化街	1	7.14
崇明区	新崇南路餐饮街	1	7.14
合 计		14	99.99

资料来源:根据本节成果自制。
注:由于四舍五入,合计后的结果不是100%。

(二) 上海市美食特色商业街区业态和结构

根据对POI提取的数据进行有效性筛选,以云南南路老字号美食街[1]、衡山路

[1] 云南南路老字号美食街的业态数据采集范围为南起金陵东路,北迄延安东路的云南南路段。

东段特色餐饮街区[1]和虹梅路休闲街—上海老外街为例，分析上海市美食特色商业街区业态结构，详见表2-20。

表2-20 上海市美食特色商业街区业态结构

业态类型	云南南路老字号美食街		衡山路东段特色餐饮街区		虹梅路休闲街—上海老外街	
	业态数量	业态占比(%)	业态数量	业态占比(%)	业态数量	业态占比(%)
餐饮服务	64	52.89	26	38.24	29	44.62
风景名胜	0	0.00	2	2.94	0	0.00
公共设施	2	1.65	0	0.00	0	0.00
公司企业	7	5.79	1	1.47	1	1.54
购物服务	19	15.70	16	23.53	13	20.00
交通设施	5	4.13	4	5.88	1	1.54
金融保险	2	1.65	0	0.00	0	0.00
科教文化	0	0.00	7	10.29	0	0.00
汽车服务	0	0.00	1	1.47	0	0.00
商务住宅	8	6.61	4	5.88	2	3.08
生活服务	7	5.79	5	7.35	2	3.08
体育休闲	2	1.65	2	2.94	17	26.15
政府机构	1	0.83	0	0.00	0	0.00
住宿服务	4	3.31	0	0.00	0	0.00
合　计	121	100.00	68	99.99	65	100.01

资料来源：根据POI数据整理所得。
注：由于四舍五入，合计后的结果不是100%。

云南南路老字号美食街位于黄浦区闹市中心，南起金陵东路，北至延安东路，紧邻上海著名的大世界游乐中心。据不完全统计，现有业态121家。其中餐饮服务类业态64家，占比52.89%；购物服务类业态19家，占比15.70%；商务住宅类、公司企业类和生活服务类业态不相上下，占比约6%。据不完全统计，衡山路东段特色餐饮街区现有业态68家，餐饮服务类26家，占比38.24%；购物服务类16家，占比23.53%；科教文化类7家，占比10.29%。虹梅路休闲街—上海老外街两头与虹许路和虹梅路相连，

[1] 衡山路东段特色餐饮街区的业态数据采集范围为桃江路、东平路、岳阳路、汾阳路围成的区域。

采用欧陆风情设计,现代雕塑、喷泉、小山瀑布遍布其中。2012 年 5 月被评为国家 3A 级景区。据不完全统计,现有业态 65 家,餐饮服务类 29 家,占比 44.62%;体育休闲类 17 家,占比 26.15%;购物服务类 13 家,占比 20%。其中餐饮服务类和体育休闲类业态的经营范围主要集中在中西餐馆和酒吧,合计约 70%。

从表 2-20 可以看出,上海市美食特色商业街区业态结构呈现如下特征:一是主力业态高度集中且特色鲜明,餐饮类及相关业态占比通常为 50%~70%。二是对于美食特色商业街区而言,购物服务类业态是餐饮服务类业态的最佳组合,业态占比约为 20%。这也充分说明,购物服务类和餐饮服务类业态不仅是特色商业街区的主要载体,而且也是最佳组合。三是辅助业态的选择与配置主要取决于街区所处区位产生的延伸市场的消费需求。比如,衡山路东段特色餐饮街区紧邻徐家汇商圈,依托便捷的交通优势配置了大客流带来的培训等科教文化类业态。

六、 总结与趋势

(一) 上海特色商业街区的发展演变特征

从上海特色商业街区的发展演变历程来看,主要呈现出五大特征:

1. 归口管理的变化

从 1999 年 10 条专业特色街的命名到 2005 年十大休闲街区的评选,再到 2019 年 69 个特色商业街区的出炉,归口管理部门从商委到旅委,又回归到商委,这既反映了特色商业街区本质上“姓商”的基本属性,同时也彰显了特色街区商旅文创居高度融合的重要性和必要性。

2. 功能侧重的变化

上海特色商业街区 20 年的发展,从满足城市居民的日常生产生活需求到越来越多关注人民群众对美好生活向往的需求,不变的是特色商业街区的功能定位必须服务于城市的发展和城市的人民。

3. 空间布局的变化

10 条专业特色街主要集中在中心城区,十大休闲街和 69 个特色商业街区已经遍布 16 个区,空间布局由内而外逐渐拓展的态势反映了上海市商业发展水平的整体性提升和均衡性发展趋势。

4. 营业时长的变化

在夜经济的带动下,上海特色商业街区将产品与服务的触角延伸到了夜市,并正在形成“有特色、有品牌、有秩序”的夜市特色街区,为街区发展进一步开拓了时空。

5. 类型结构的变化

二十年前特色商业街区主要集中在专业特色商业街区和美食特色商业街区，目前还涌现了大量的综合休闲特色商业街区和文创特色商业街区，可以更好地满足城市居民和外来游客"吃喝玩乐"一站式体验式消费的需求，并正在引领着特色商业街区的发展方向，预示着特色商业街区发展的无限可能。

（二）上海特色商业街区的发展演变趋势

结合上海特色商业街区的发展演变历程和现代城市对特色商业街区的发展要求等，可以预判上海特色商业街区的未来将呈现五大趋势：

1. 鲜明主题是特色商业街区的生命

主题即特色，特色即主题，鲜明主题的打造与彰显需要特色业态高度集聚。高度集聚既能彰显主题和特色，又有利于形成规模优势和优胜劣汰的竞争机制，实现业态配置数量和质量的螺旋式提升。从四种类型样本特色商业街区的业态结构分析来看，40％～70％的占比是街区主力业态配置的最佳选择范围，不同类型街区可根据所处区位和服务的市场偏好等因素进行合理选择。

2. 城市特色商业街区空间均质化

在融合发展理念的引领下，城市特色商业街区的空间将面临两大趋势：一是自身发展空间的延展趋势。随着城市空间功能划分界限的模糊化，城市特色商业街区的自身空间将由点向面进行延展。比如一条线发展的北京东路生产资料街将围绕"苏河南岸、海派硅巷"主题定位，通过实施重塑功能、重现风貌、重构产业的"三重战略"，注入新兴产业、促进功能复合提升，空间将延展到由北京路、外滩、南京东路和由苏州河组成的三街一河区域，旨在打造成中心城区的创新高地、文化高地、保护高地[1]。二是市域空间的分布均质化趋势。按照"人民城市人民建，人民城市为人民"的总体要求，城市特色商业街区在市域范围内将呈现均质化分布趋势，促使民生资源公平配置，使美好城市生活惠及更多城市居民。

3. 城市特色商业街区夜店集中化

城市特色商业街区的未来发展除了继续做大做强城市日间消费市场外，特别要关注夜间经济市场的满足与引领。夜间经济（night-time economy）的概念最早发端于20世纪70年代的英国，旨在为改善城市中心区夜晚空巢现象。之后，蒙高马利在1994年提出了"18小时/24小时城市"的概念，以及建议在城市中心鼓励一系列的经

[1] 北京东路"生产资料一条街"将改造成24小时活力街区[N].青年报，2018-01-04(A07).

济、社会和文化活动。21世纪初,查特顿和霍兰茨系统研究了年轻人与夜间休闲空间的关系,并提出了生产、规范与消费城市夜生活空间的系统理论。研究发现,夜间经济不仅可以整合激活城市资源、拓展经济活动时空,还可以激发文化创造、吸引游客滞留并挖掘消费潜能,甚至带动区域协调发展,正在成为国内外城市经济的新宠。2019年上海购物街开幕式上,上海市商务委发布了首批地标性夜生活集聚区,包括黄浦滨江外滩地区、浦东滨江富都—船厂地区、新天地—FOUND158地区、豫园地区、徐家汇—衡山路地区、吴江路—张园—丰盛里地区、静安寺地区、五角场—大学路地区、吴中路商圈地区等9个区域,还将以此为基础编制上海夜间经济专项规划,形成滨江夜间经济活力带和都市夜间经济活力圈的"一带多圈"格局[1]。由此可以判断,上海综合休闲特色商业街区、文创特色商业街区和美食特色商业街区未来将在短期内集聚大规模夜店,并将在一段时期内经历从同质化配置向差异化配置的自然过渡,值得关注。

4. 城市特色商业街区模式多元化

就经营模式而言,城市特色商业街区经营模式至少包括三种主要类型,即政府主导型经营模式、市场主导型经营模式和政府适当干预型经营模式。政府主导型经营模式是指城市特色商业街区的经营主体为政府,即政府通过设置直属机构对城市特色商业街区进行经营管理。市场主导型经营模式是指城市特色商业街区的经营主体为政府和企业,即政府以资金投入等形式与企业共同对城市特色商业街区进行治理。政府适当干预型经营模式是指城市特色商业街区的经营主体为由街区管理委员会、物业管理公司等构成的多主体多层次管理组织,政府在不同阶段根据需要辅助进行治理,并选择相应的商业网点和交易方式。[2]就业态而言,目前正在探索的固定商业网点与限时摊贩式业态相结合的形式将在一段时间内形成一种全新模式,如新天地湖滨路活力街区[3]等。同时,随着电商平台的日趋成熟,城市特色商业街区必然面临线下经营与线上营销的挑战。

5. 城市特色商业街区革新常态化

在日趋激烈的商业竞争态势下,欲使特色商业街区永葆活力,唯一不变的就是要常变常新,使城市特色商业街区自我革新常态化。一是业态配置要常变常新,除了招牌类业态要永久保留外,二线及以下的业态要引入必要的竞争机制,通过优胜劣汰保

[1] 首批9个地标性夜生活集聚区发布[EB/OL].2019-09-20[2020-10-20],http://www.cnr.cn/shanghai/tt/20190920/t20190920_524786168.shtml.

[2] 宋长海.城市休闲街区经营模式的理论与实践[M].上海交通大学出版社,2019.

[3] 申城"夜间经济"业态多元化发展[N].解放日报,2019-10-27(02).

证业态供给产品与服务的高水准。二是环境营造要常变常新，特色商业街区就是要为本地居民和外来游客提供干净整洁的“逛街”环境、“宾至如归”的服务环境，更要烘托“舒适惬意”的氛围。三是经营模式要常变常新，市场需求是检验城市特色商业街区经营模式的唯一标准，面对“变幻莫测”的市场，城市特色商业街区必须及时调整经营模式，比如实体店铺体验与线上购买相结合、老字号餐饮店堂吃与外卖兼顾等。

第三章　上海商业品牌研究

第一节　上海四大品牌建设

一、城市品牌建设理论研究

城市是人类文明的重要承载之地，城市是社会经济发展的重要引擎。然而，不同城市自身的地理位置、资源条件、发展历史等方面存有差异，这就要求不同城市制订不同的发展战略，各个城市也往往在保护、挖掘和打造各具特色的城市品牌上下功夫。城市品牌塑造，提高了城市的发展竞争力，突显了城市特点，增强了市民凝聚力，为城市经济发展创造了有利条件。不断涌现的城市品牌用事实证明，塑造城市品牌已成为城市发展的重要手段之一。[1]城市品牌是有目的作用于受众的精神和心理层面的所有方法、手段的总合，而社会、经济、环境、政策等要素则在不同角度、不同层面建设城市的可持续发展环境及物质财富，它们与品牌战略的紧密结合构成城市发展战略。[2]城市品牌塑造的丰富内涵，意味着需要将城市的品牌定位、品牌核心价值贯彻到城市建设与发展的方方面面。[3]例如市政建设、基础设施建设、市容市貌管理、环境保护措施、旅游产业的发展、城市文化的树立、支柱产业和名优企业的培育等，都需要城市品牌战略的指导，需要通过城市最高管理层对资源进行整合，对部门进行协调。毋庸置疑，随着城市间竞争的日益激烈，塑造城市品牌必将成为城市可持续发展的关键。[4]

---

[1] 蔡文聪.Z城市品牌发展战略研究[D].广州：广东工业大学，2016.

[2] 宋媛媛. 基于城市副中心建设下的天津市红桥区城市品牌战略的研究[D]. 天津：天津师范大学，2014.

[3] 张燚，张锐. 城市品牌论[J].管理学报，2006，3(04)：468—476.

[4] 张锐，张燚.城市品牌——理论、方法与实践[M].北京：中国经济出版社，2007.

国外学者对城市品牌的理论探索并不是很多,[1]代表性研究成果有:拉夫(2000)曾经指出,品牌可增加某些国家、地区、城市和利益相关者的资产,品牌简化了人们做出决定的过程,进而创造了一种熟悉性、安全性和一致性。[2]科特勒和格特纳(2002)指出,一种普遍存在对某一地区的形象感知会影响消费者对这一地区产品和服务的态度,进而影响这一地区的投资、商业和旅游的发展。[3]汉金森(2004)认为,鉴于目前除古典的有关产品品牌的理论外,没有一个有关区域品牌的理论,他发展了一个有关区域品牌的分析框架,这一分析框架主要是有关旅游目的地品牌的建构和分析。[4]卡瓦拉齐斯(2005)认为,区域品牌的传播主要涉及两个层次,其中第一个层次的传播主要包括某个地区或是城市的地形地貌、基础设施建设、组织和管理结构,以及这个城市的行为。[5]布伦特-里奇和里奇(1998)认为一个旅游目的地的品牌具有为一个地区的发展提供动力的潜力。[6]惠特菲尔德(1999)认为,可通过旅游业来发展城市品牌。他集中探讨了旅游部门应如何开展市场营销活动来扩大城市声誉和影响。[7]劳埃德和盖勒斯(2003)则从微观角度,对企业尤其是零售商如何进行城市品牌营销进行了报道和初步分析。[8]麦克菲迪恩(2004)发表了一篇关于城市品牌公司投资能够带来收益的报告,该报告把城市类比成一个公司,深入探讨在城市品牌方面的主要投资方式,以及城市能够从城市品牌塑造中获取的价值。[9]吉布森(2005)以美国华盛顿特区推销城市生活的实践为例,对城市领导者们如何通过塑造城市品牌吸引郊区目标市场群体到城市定居的过程进行了初步探讨。[10]

---

[1] 蔡文聪.Z城市品牌发展战略研究[D].广州:广东工业大学,2016.

[2] Raaf D I de. Protecting Brands: How to Respond on Adverse Brand Publicity[D]. Rotterdam: Erasmus University Rotterdam, 2000.

[3] Kotler P, Gertner D.Leveraging export brands through a tourism destination brand[J]. Journal of Brand Management, 2002(09):249—261.

[4] Hankinson G.Relational Network Brands: Towards a conceptual model of place brands[J]. Journal of Vacation Marketing, 2004, 10 (02):109—121.

[5] Kavaratzis M. Place branding: a review of trends and conceptual models[J]. The Marketing Review, 2005, 5 (04):329—342.

[6] Ritchie J R B, Ritchie R J B. The branding of tourism destinations: Past achievements & future challenges [A]//Proceedings of the 1998 Annual Congress of the International Scientific Experts in Tourism, Destination Marketing: Scopes and Limitations[C]. Marrakech: International Association of Scientific Experts in Tourism, 1998: 89—116.

[7] Whitfield, Paul. Belfast visitors bureau goes direct to tourist industry to develop city brand[J]. Marketing (UK), 1999:13.

[8] Lloyd. What's Hotin Atlanta: Denim Urban Brands[J]. Daily News Record. 2003, 33(31):8.

[9] Mac Fadycn, Kenneth. Trimaran Fits Into Urban Brands[J]. Buyout, 2004, 17(10):10—12.

[10] Gibson, Tinothy A.Selling city living: Urban branding campaigns, class power and the civic good[J]. International Journal of Cultural Studies, 2005, 8(03):259—280.

国内学者对城市品牌研究较多,[1]截至2018年7月底,中国知网检索到关于城市品牌主题的文献5 084篇,经过分析研究,我们认为代表性成果有如下几个方面。

(一)内涵视角

任寿根(2003)在史密斯、普雷德行为区位理论的基础上提出“城市品牌噪声支点假说”,对品牌化城市经营的内在机理进行剖析,揭示品牌化城市经济发展的一般规律,并以深圳为案例,对深圳品牌价值在城市经济发展中的作用进行深入分析。他指出城市经营也应采取品牌战略,如同提高产品品牌价值有助于增强企业竞争力一样,提高城市品牌价值有助于增强城市竞争力。他认为推行品牌化城市经营是提高城市竞争力和城市经济发展水平的重要途径和手段。[2]肖文金(2011)分析城市品牌内涵及我国新型城市化发展的特征,探讨城市品牌战略与新型城市化的辩证关系。文中列举的我国新型城市化进程中可选择的城市品牌发展模式主要有地理型品牌发展模式、历史文化型品牌发展模式、城市产业型发展模式及城市功能型发展模式等四种。文章强调在实施路径上应坚持“调查研究—筛选评价—提炼设计—实施建设—全程营销”思路,并建议新型城市化打造城市品牌时要多元整合、重点突破、合力推进。[3]黄璐(2004)[4]和阮伟(2012)[5]认为城市核心竞争力是一个城市与其他城市相比所独具的能够创造更多财富的能力,它具有密度、宽度和深度三个维度,分别用以衡量城市核心竞争力所体现的经济效率、产业跨度和可持续发展。基于城市核心竞争力的城市经营必须兼顾这三个维度,着重培育城市的资源配置能力、区域创新能力和可持续发展能力。为此,在城市经营中应重视经营优势资源、经营城市群落、经营主导产业、经营城市环境和经营城市品牌。杜漪、许慧新和吴军(2006)指出:品牌化是城市发展的重要内容和必然趋势。在全球城市化普遍推进、国际市场品牌主导竞争的时代背景下,区域间的竞争越来越表现为以城市为核心、以城市为载体、以城市为平台的综合实力竞争。如果一座城市不想被淘汰,就必须像营销产品一样营销这座城市,并把城市做出品牌,进而保持在市场竞争中的有利地位。[6]闫金秋(2015)认为城市品牌是城市竞争力的综合反映和集中体现,是城市各项竞争力要素的凝聚和升华,并对提升城市竞争力产生巨大的推动作用;而城市竞争力则是城市品牌的重要基础和有

---

[1] 宋媛媛.基于城市副中心建设下的天津市红桥区城市品牌战略的研究[D].天津:天津师范大学,2014.
[2] 任寿根.品牌化城市经营研究:基于行为区位理论框架[J].管理世界,2003(05):52—59.
[3] 肖文金.城市品牌战略与我国新型城市化进程[J].求索,2011(06):82—84.
[4] 黄璐.论基于城市核心竞争力的城市经营[J].经济体制改革,2004(05):151—153.
[5] 阮伟.体育赛事与城市发展关系研究[D].北京:北京体育大学,2012.
[6] 杜漪,许慧新,吴军.推进我国城市品牌化发展的思路与对策研究[J].未来与发展,2006(01):12—14.

力支撑，并成为提升城市品牌的重要着眼点和着力点。两者相互联系、交互作用，共同推动城市的发展和进步。研究城市品牌与城市竞争力的关系，揭示两者之间的作用机理，有利于城市管理者科学地谋划城市发展，提高我国城市的竞争力和影响力。[1]

（二）文化视角

饶鉴（2013）认为：景区独特的资源优势能够打造标志性的景区品牌，进而塑造具有差异化特征的城市品牌；固有的城市品牌也能够助力景区的打造和景区品牌的建构。在这一过程中，景区传播扮演着不可或缺的参与者、联系者和推动者的作用。这一互相推动的过程的最终目的是实现城市品牌的最优化。[2]闫云霄和朱亚利（2014）则认为城市品牌是城市发展过程中形成的个性化象征，它承载着城市历史文化、自然资源、社会经济等多重内涵，不仅具有丰富的感知性和联想性，而且还可以直接转化为城市发展的资源和动力。文化在城市品牌的发展中，具有无可替代的深层意蕴，任何一个缺少文化内涵的城市，都不可能打造出具有魅力的城市品牌。因此探讨城市品牌与城市文化的关系，也就具有某种必然意义。[3]严亚（2016）的研究表明：拟像城市对现实城市的影响越来越明显，新的城市视觉范式也随之产生。在其作用下，城市的媒介再现呈现出显著的视觉化表征趋势，即城市观视者自觉地将肉体之眼转换为技术之眼，用镜头视角审视他们的所视、所思、所失；城市拟像文本呈现出远程在场的、消除了真实与仿拟间界限的超真实特性。如果将城市观视者的技术性观视视为城市阅读，将拟像城市的生成过程视为城市书写或文本建构，那么城市文本建构的与阅读的这种关系改变了城市品牌建构与传播的秩序逻辑。从视觉化表征中打量城市，视觉化城市品牌建构与传播实际上就是一个视觉符号的编码、再现过程，即把城市景观的界面化，通过某些承载意义的符号译码成触动媒介漫游者的诉诸视觉的语言，促使其产生阅读动因，培育其阅读想象。[4]邓源、李竹芳和东美红（2016）指出：城市记忆是城市（区域）精神文化内化后的结果，它能形成一座城一个区域不可替代的独有个性。城市的建筑、故事、传说、风俗，以及城市中的人，造就了区域之间，城市和城市之间的种种特性，使城市呈现出丰富多彩的面貌，这种浓厚的文化变成这座城市或区域的具有象征意义的符号。在互联网电子商务的冲击下，城市街区转型，重塑街区品牌是许多城市面临的问题。研究者们通过对城市记忆的梳理和深度研究，唤起城市文化内

[1] 闫金秋.品牌与竞争力：城市发展的动力之源[J].税务与经济，2015(01)：59—62.
[2] 饶鉴.从符号学角度看景区品牌与城市品牌的传播意义[J].湖北社会科学，2013(10)：92—95.
[3] 闫云霄，朱亚利.城市品牌的文化基础[J].现代传播（中国传媒大学学报），2014(12)：161—162.
[4] 严亚.视觉表征视野中的城市品牌构建[J].湖北民族学院学报（哲学社会科学版），2016(04)：161—166.

在动力,以其为支点,建立街区品牌,以期让城市、城市街区重新绽放活力。[1]

(三)主体视角

姜智彬(2007)分析了政府监管博弈主体关系中,政府与参与城市产品生产的社会企业之间的良性激励设计,并分析了政府与社会企业的监管博弈扩展,说明了在城市品牌建设过程中保持政府承诺的可信性的重要性。[2]秦霄和伍青生(2008)认为:城市品牌的建设与提升需要有合适的城市品牌经营机构。论文通过分析、对比、归纳典型案例,将城市品牌经营机构的组织模式分为五种典型的具有实践意义的组织模式:政府管理模式、“政府+非营利组织”模式、公私合作模式、企业模式、多企业成立品牌建设组织模式。[3]刘建梅(2012)通过研究发现:在城市品牌成长机理方面,政府、企业和行业协会在品牌建设中均具有独特的作用,它们是品牌成长的关键因素。品牌建设应基于政府、企业和行业协会三个培育路径,同时强调品牌建设应综合运用这三个培育路径。[4]

(四)顾客视角

郝胜宇和白长虹(2008)指出:城市也可以像产品一样通过品牌来提升竞争力和吸引力,建设城市品牌的关键是明确城市顾客的需求,找到顾客期望的价值点。文章分析了顾客视角城市品牌概念模型的功能体验和象征性,并讨论了影响城市顾客、城市品牌感知的要素。[5]郝胜宇和白长虹(2008)均认为城市顾客通过对城市自然条件、生活环境、自然景观、人文景观、城市潜力、产业状况、亲和力的感知和评价,以及基于城市传播所形成的对城市的总体印象和联想,对城市进行判断和选择。[6]张炳发和张艳艳(2010)设计了 14 项共计 114 个居民感受方面的问题,采用问卷形式调查了济南市居民感受情况,采用因子分析法提取了 8 大方面的 26 个关键因子作为城市品牌评价的指标体系。[7]赵勍升(2010)从近年来城市迅速发展的事实出发,分析城

---

[1] 邓源,李竹芳,东美红.激活城市记忆,复苏城市品牌——广州北京路商业街区品牌研究[J].装饰,2016(02):78—79.

[2] 姜智彬.城市品牌建设中的政企激励设计及信度分析[J].经济问题,2007(01):58—60.

[3] 秦霄,伍青生.城市品牌经营机构的组织模式研究[J].经济体制改革,2008(05):170—174.

[4] 刘建梅.城市品牌成长机理与培育路径研究——以“科技北京”品牌建设为例[J].城市发展研究,2012(09):129—131.

[5] 郝胜宇,白长虹.顾客视角城市品牌概念模型探析[J].城市问题,2008(05):16—22.

[6] 郝胜宇,白长虹.从顾客视角建设城市品牌[J].城市发展研究,2008(01):60—67.

[7] 张炳发,张艳艳.基于居民感受的城市品牌评价指标体系构建[J].统计与决策,2010(09):60—62.

市品牌与城市顾客相互作用机制[1]，认为早期和当期以及未来城市顾客的某些共同特征形成了城市品牌的内涵，而城市品牌内涵又进一步吸引了具有相同价值观的城市顾客的进入。他认为城市品牌应该在满足城市顾客需求的基础上不断地进行定位、再定位，从而达到提升城市品牌竞争力的目的。[2] 高翔与吕庆华(2012)从消费者行为视角切入，运用结构方程的定量研究方法，通过"消费者—品牌"关系分析了利益相关者(居民、潜在迁入者、旅游者、投资者等)城市品牌依恋对其城市品牌忠诚的影响机理。实证结果表明，城市品牌个性、城市品牌享乐主义价值、怀旧情感、城市品牌涉入度，对利益相关者城市品牌依恋的形成具有直接影响；利益相关者对城市品牌的依恋，通过消费者—品牌关系(信任、满意、承诺维度)对其城市品牌忠诚产生显著影响。[3]郭国庆、钱明辉和李光明(2009)认为：开展城市品牌管理、提升城市品牌资产，有助于增强顾客对城市发展的信心，促进城市投资、旅游等方面的增长，从而带动城市经济发展。[4]

(五) 战略视角

许峰、贺震和秦晓楠(2009)认为：区域城市品牌塑造与整合是我国城市品牌管理过程中，为应对日益激烈的外部竞争环境进行创新发展的必然选择。文章建构了对区域内部城市品牌结构的聚类识别，探讨了不同层级城市间主导品牌联合、主副品牌融合的合纵连横格局，并提出了城市品牌整体发展的战略构想。[5] 陈晔(2010)以艾森哈特提出的三种战略逻辑(位置逻辑、杠杆逻辑与机遇逻辑)为研究工具，[6]分析阐述了城市品牌建设中需要树立的战略理念，提出基于战略思维的城市品牌建设策略方法。[7]董宇澜、张蕾和陈涛(2018)的研究显示：城市品牌是城市内涵和城市战略的集中体现，是城市形象的精彩缩影，是城市综合竞争力和影响力的重要标识。通过基于国家发改委互联网大数据分析杭州分中心平台，从"城市、产业、企业"品牌层级，"生活、生态"品牌指数，全方位、多角度描绘杭州城市品牌建设现状和发展方向。分析表明，打造"独特韵味、别样精彩"的世界名城，需积极构建具有杭州特色

---

[1] 吴芳芳.南昌城市品牌定位研究[D].南昌：南昌大学，2012.

[2] 赵勍升.城市品牌与城市顾客互动作用机制[J].现代经济探讨，2010(09)：36—39.

[3] 高翔，吕庆华.城市品牌依恋影响机理研究——基于上海、泉州、兰州、岳阳的实证分析[J].中国流通经济，2012(07)：83—88.

[4] 郭国庆，钱明辉，李光明.关于开展城市品牌管理的战略思考[J].国家行政学院学报，2009(03)：60—63.

[5] 许峰，贺震，秦晓楠.区域城市品牌结构识别与发展战略研究——以山东省为例[J].中国软科学，2009(05)：82—88.

[6] 戴程.我国农产品品牌结构优化及评价研究[D].福建农林大学，2013.

[7] 陈晔.我国城市品牌建设的战略思维与策略建议[J].现代管理科学，2010(08)：96—98.

城市品牌体系,优化品牌层级互动、加强顶层设计、构建长效机制、突出赛会品牌、培育产业龙头,提升城市品牌传播力度。[1]庄德林、许基兰和陈信康(2018)的研究结论是:节点城市是中国参与全球竞争最重要的载体和依托。"一带一路"倡议给中国的节点城市带来了城市能级跃升、城市营销障碍消减、城市再定位和城市角色转换等方面的机遇。然而,中国的节点城市营销存在着重"宣传推广",轻"战略规划";重"单体作战",轻"整合协同";重"知名度提升",轻"品牌化管理"和营销资源配置结构严重失衡等瓶颈性因素。面对"一带一路"的战略机遇,中国的节点城市需要以供给侧改革提升节点城市产品服务的有效供给能力,以"四维"精准定位战略引领节点城市营销发展方向,以战略品牌管理保障节点城市品牌资产增值,以整合营销协同全面提升节点城市的营销绩效,以营销创新提升节点城市的亚欧非城市网络控制力。[2]

(六)系统视角

孙丽辉和史晓飞(2005)针对我国现阶段一些城市的城市品牌探索与构建现象,从市场化、全球化、城市化三方面论述了我国城市品牌产生的背景,并从品牌理论、城市功能理论和城市企业理论三个角度进一步探讨了城市品牌创建的理论基础。[3]石磊、刘蓉洁、朱庆伟(2007)指出:城市品牌的塑造是一项内涵丰富的系统工程,应该有一套完善的、科学的塑造体系。为适应现代城市发展趋势,打造出成功的城市品牌,在对城市品牌的构成和内涵进行深入分析的基础上,提出一种由考察城市的各个发展力要素、城市品牌定位、城市企业识别系统(CI)设计、营销和城市品牌管理构成的城市品牌塑造思路。[4]姜智彬(2007)对城市品牌系统结构的构成要素进行了分析,从城市理念、城市制度和城市物质三个层次分析了城市品牌识别系统的构成,从城市经济建设、城市社会建设、城市生态建设等三个领域分析了城市内部体验系统的构成,从营销主体、营销客体和营销策略等三个方面分析了城市外部营销系统的构成。[5]谭术魁、张伟民(2009)提供了城市品牌研究的新视角——城市品牌生态系统协同演化理论,阐述了城市品牌生态系统协同演化理论的研究目的、研究内容、研究方法以及研究的意义,尝试为城市品牌塑造和理论研究提供新的思路。[6]胡金林

[1] 董宇澜,张蕾,陈涛.杭州城市品牌战略的大数据分析[J].宏观经济管理,2018(07):79—85.
[2] 庄德林,许基兰,陈信康."一带一路"倡议与中国节点城市营销战略[J].青海社会科学,2018(02):44—50.
[3] 孙丽辉,史晓飞.我国城市品牌产生背景及理论溯源[J].中国行政管理,2005(08):52—54.
[4] 石磊,刘蓉洁,朱庆伟.城市品牌的塑造[J].城市问题,2007(05):19—22.
[5] 姜智彬.城市品牌的系统结构及其构成要素[J].山西财经大学学报,2007(08):52—56.
[6] 谭术魁,张伟民.城市品牌生态系统的协同演化——城市品牌理论与实践的新视角[J].城市问题,2009(08):32—36.

(2009)认为,城市品牌的构成系统以及城市品牌建设,具有整体性、结构性、层次性、开放性和发展性等特征,城市品牌建设应遵循扬长避短的优化系统观、天人合一的生态系统观、形神兼备的文化系统观、整合协同的传播系统观和竞合共赢的开放系统观。[1]施春来(2014)指出,国际化品牌城市的魅力在于其广泛的影响力、普遍的美誉度、巨大的辐射力、强烈的吸引力,以及高度的认同感和强大的竞争力。针对目前城市品牌定位模糊、文化内涵缺乏、缺乏科学的规划与管理机制、执行力不足以及传播单一缺乏系统策划、忽视城市品牌危机管控等现实问题,在考察借鉴国外著名国际化城市品牌运作经验基础上,研究提出重视城市品牌理念的差异化提炼和个性定位;着力创建品牌城市基础上国际化的城市品牌;以战略前瞻和国际视野架构统筹城市品牌建设运作的组织系统等对策思考,提升包括上海在内的中国国际化城市的品牌竞争力。[2]

(七)营销视角

王晖(2006)阐述了城市品牌战略规划的方法:塑造城市品牌的"名牌效应"。塑造城市品牌要注重城市形象的正确定位,塑造城市品牌要注重城市经营综合配套措施的实施;同时提出塑造城市经营新理念,打造城市形象新品牌,提升城市核心竞争力的理论基础和实践方法。[3]王颖聪(2009)根据整合营销理论,进一步分析了我国城市品牌营销中存在的若干误区,并提出了相应的对策建议,构建了城市品牌整合营销的基本模式。目的在于以整合营销促进城市品牌价值。将此品牌价值切实转换为无形资产,从而成为推进城市综合竞争力不断提高的"驱动力"。[4]熊铮铮(2012)认为,城市品牌形象的构建离不开媒介的传播,如何利用媒介去打造城市品牌、构建城市品牌形象是摆在城市品牌宣传中的一个值得研究的问题。在城市品牌构建过程中,媒介使用应遵循简单法则、个性法则、熟悉法则和期待法则等,注重媒介的整合传播以及媒介传播内容的差异性和个性化。[5]胡鸿影(2013)的观点是:微博作为个人信息即时共享的综合平台,凭借其强大的互动、核裂变传播功能,在互联网营销的新时代初露锋芒。在微博营销蔚然成风的当今时代,塑造城市品牌形象应实施的策略为:(1)明确城市微博营销中、长期战略目标,适时调整营销策略,对传播效能做出科

[1] 胡金林.系统论与城市品牌建设[J].湖北社会科学,2009(07):99—102.
[2] 施春来.基于国际化视野的城市品牌建设的思考——瑞士巴塞尔(Basel)城市品牌运作的启示[J].福建论坛(人文社会科学版),2014(07):31—35.
[3] 王晖.城市品牌战略的规划方法刍议——以内蒙古自治区包头市为例[J].经济与管理研究,2006(03):45—48,94.
[4] 王颖聪.城市品牌整合营销必要性及对策探讨[J].企业经济,2009(07):46—48.
[5] 熊铮铮.论媒介传播与城市品牌构建[J].河南社会科学,2012(05):98—100.

学评估,使之切实肩负起塑造城市品牌形象的重任。(2)在微博营销的内容上,策划用户喜闻乐见的话题板块,以新颖、犀利、跳跃、幽默、亲切等不同语言风格和图文并茂、生动活泼的表现形式,使所传播的内容融入城市精神,披露的信息具有权威性、独家性和连续性,进而提升用户参与度和粉丝活跃度。(3)在注重微博营销关系互动、提高运营能力的同时,完善舆论监督制度,提高舆论引导能力,建立政府职能部门对舆论监督的快速反应机制,以保证对微博营销危机的成功应对。[1]庄德林、韩荣和王春燕(2014)认为,应对全球城市竞争,营造城市发展优良环境和服务城市经济转型发展的需求,直接推动了城市软实力建设热潮的形成。实施城市品牌化、城市内部营销、城市关系营销和整合城市营销传播则是有效克服软实力建设瓶颈、提升我国城市软实力的营销方略。[2]王建彦和孙宜君(2015)认为"大数据"正因其独特的优势逐渐影响了各个行业,成为提升行业竞争力的重要因素。他们分别从准确锁定目标受众并挖掘其消费需求、精准定位城市品牌形象、高效整合品牌传播手段、实时交互式舆论引导和直观准确的效果评估五个方面论述了"大数据"在城市品牌形象传播中的运用。[3]吴保春(2017)经过十多年探索得出结论,他认为城市品牌营销的基础理论渐成体系,但城市品牌营销实操方面,则人们投以的关注极少。随着中国新型城镇化建设进入攻坚期,科学引导建筑艺术在城市品牌营销中的应用刻不容缓。在借鉴前人研究成果的基础上,他辩证分析了建筑艺术在城市品牌营销中的应用价值和应用误区,提出了坚持文脉、第一法则、需求等三大主要法则思想,力争拓展城市品牌营销实操研究新领域,为当前中国城镇化建设实践提供借鉴与参考。[4]

(八)实证视角

钱明辉、徐枫和李妍嫣(2009)通过合理的逻辑分析提出了城市品牌化执行层面影响因素的测量量表以及关于这些因素作用机理的研究假设和模型,并以我国32个城市的样本数据为依据,运用实证研究方法,证明了城市品牌识别、城市品牌结构、城市品牌沟通、城市品牌定位以及城市品牌审计对城市品牌指数的正向影响。[5]许峰、秦晓楠、张明伟、漆睿和李静(2013)选取山东省会都市圈城市旅游品牌

[1] 胡鸿影.基于微博模式的城市品牌营销[J].学术交流,2013(11):222—225.
[2] 庄德林,韩荣,王春燕.中国城市软实力竞争:动因、瓶颈与营销战略[J].青海社会科学,2014(01):38—43.
[3] 王建彦,孙宜君.论大数据在城市品牌形象传播中的运用[J].现代传播(中国传媒大学学报),2015(05):102—104.
[4] 吴保春.建筑艺术在城市品牌营销中的应用探究[J].广西民族大学学报(哲学社会科学版),2017(03):179—183.
[5] 钱明辉,徐枫,李妍嫣.城市品牌化战略执行层面影响因素的实证研究[J].财贸经济,2009(10):113—119.

体系作为实证研究对象，着眼于分析区域城市旅游品牌体系内部生态系统，设计了城市品牌生态位强度评价的指标体系。这一指标体系可测算品牌间生态重叠度和生态位强度，明确单体旅游品牌的竞争力及其主要竞争对手，提炼出品牌体系中承担关键作用的城市旅游品牌，梳理单体品牌在体系中的地位，并重构层次分明的区域城市旅游品牌合作体系，最后提出了泛化与特化、错位竞争、扩充与强化以及和谐共生的品牌竞争策略，并指出各种策略组合的适用条件。[1]胡梅和苏杰(2014)指出，城市也可以像产品一样，通过品牌塑造来提升影响力和竞争力，优秀、独特的城市品牌必定是能够得到顾客内心认同与理解的品牌。以天津市为例，对545名具有不同利益诉求的城市顾客进行了问卷调研，通过实证分析研究发现，城市品牌的两个构成维度——城市基本功能和城市情感认同，都会对顾客的城市品牌感知产生促进作用；生态功能、生活功能、经济功能、游憩功能、文化功能这五个城市基本功能对顾客城市品牌感知的影响程度不同；整体而言，城市情感认同维度比城市基本功能维度更能对城市品牌感知产生积极影响。[2]马亚华、胡少廷和管光扬(2016)以城市品牌的产品质量信息传递功能为例，首先从学理上阐释了城市品牌影响企业交易成本进而影响其经营绩效的逻辑；然后构建了一套城市品牌评价指标体系，对我国54个主要城市的品牌指数进行了测算；采用分层回归法，利用这54个城市7 998家工业企业的财务数据，实证检验了城市品牌与企业绩效之间的关系。计量结果表明：城市品牌及其两大构成系统、八大要素对企业绩效均有正向作用。[3]宋欢迎和张旭阳(2017)在全国性城市品牌形象受众感知综合调查的基础上引入了利益相关者理论，将受众区分为本地居民、到访者、未到访者三类利益相关者，进而就这三类利益相关者对我国36个主要城市品牌形象的感知现状、感知差异及感知评价的客观影响因素进行了实证分析。结果显示：各类利益相关者对东部地区城市综合品牌形象的感知评价高于中西部地区；不同的利益相关者对城市综合品牌形象具有不同的感知评价；本地居民对所在城市综合品牌形象的感知评价普遍较高；城市分类品牌形象对利益相关者的城市综合品牌形象感知评价具有显著影响；历史文化底蕴对到访者和未到访者的城市品牌形象感知不具有显著影响。[4]

---

[1] 许峰，秦晓楠，张明伟，漆睿，李静.生态位理论视角下区域城市旅游品牌系统构建研究——以山东省会都市圈为例[J].2013(09)：43—52.

[2] 胡梅，苏杰.基于顾客价值视角的城市品牌感知影响因素研究[J].北京交通大学学报(社会科学版)，2014(02)：58—64.

[3] 马亚华，胡少廷，管光扬.城市品牌对工业企业绩效影响的研究——基于工业品质量信息传递的视角[J].城市发展研究，2016(01)：116—124.

[4] 宋欢迎，张旭阳.城市品牌形象利益相关者感知度测度[J].城市问题，2017(05)：26—34.

二、 品牌建设国际比较研究

国际经验告诉我们,品牌建设与全球城市打造互为支撑、互为因果、互为成就。我们的研究既选取了全球公认的历史上的老牌品牌城市如纽约、伦敦、巴黎、东京,又选取了后起之秀新加坡,更选取了实现从品牌零起点到品牌高聚度华丽转身的成功典范迪拜。我们希望不同发展阶段、不同历史时期的不同类型城市在其品牌建设方面的典型案例,可以为上海"四大品牌"建设提供可资借鉴的经验。表 3-1 列示的是 7 个城市综合指标排名,表 3-2 则是从"四大品牌"建设方面对 7 个城市的分项进行了比较。[1]

表 3-1 主要全球城市实力指数排名情况[2]

城 市	GaWC 世界城市等级体系排名(GaWC,2016)	GPCI 全球城市实力指数排名(GPCI,2017)	全球经济发展排名(GPCI,2017)	第 24 期全球金融中心指数排名和得分(GFCI,2018)	全球创新能力指数排名和得分(2Thinknow,2017)	全球文化互动排名和得分(GPCI,2017)
伦 敦	1,Alpha++等级	1(1 560.1 分)	2(301.6 分)	2(786 分)	1(60 分)	1(333.1 分)
纽 约	2,Alpha++等级	2(1 386.3 分)	1(323.1 分)	1(788 分)	2(59 分)	2(133.1 分)
巴 黎	5,Alpha+等级	4(1 282.1 分)	12(211.9 分)	23(691 分)	9(54 分)	3(217.3 分)
东 京	7,Alpha+等级	3(1 354.7 分)	4(294.3 分)	6(746 分)	3(56 分)	4(186.3 分)
新加坡	3,Alpha+等级	5(1 224.6 分)	8(239.3 分)	4(769 分)	7(54 分)	5(180.9 分)
迪 拜	8,Alpha+等级	23(969.6 分)	11(216.5 分)	15(722 分)	28(49 分)	9(141.9 分)
上 海	9,Alpha+等级	15(1 032.9 分)	5(256.0 分)	5(766 分)	32(49 分)	17(124.0 分)

表 3-2 主要全球城市"服务、制造、购物、文化"品牌比较[3]

	服 务	制 造	购 物	文 化
纽约	**服务定位**:以金融等生产性服务业为主,纽交所、世界银行、国际货币基金组织等国际金融机构集聚,华尔街闻名于世 **服务能级**:全球金融中心	**产业集群**:服装、印刷、化妆品、机器制造、军火生产、石油加工和食品加工 **制造业内主导产业**:服装制造、印刷出版、食品饮料制造、结构金属制品、家具制造 **制造业产业发展趋势**:高附加值都市型制造业,打造享誉全球的知名品牌,产业类型为高端服装、信息传媒制造 **三大标准组织标准必要专利**:36	**著名商圈**:第五大道,麦迪逊大道等 **购物品牌**:卡文克莱(Calvin Klein)等	**文化定位**:世界媒体娱乐之都 **文化吸引**:格莱美节、纽约电影节等 **文化传媒**:美国广播公司(ABC)、美国全国广播公司(NBC)、哥伦比亚广播公司(CBS)、华尔街日报、纽约时报、时代华纳等 **文化特色**:以"百老汇"为代表 **文化地标**:自由女神像,大都会博物馆,百老汇,联合国总部,帝国大厦,时代广场等

[1] 贺瑛.上海建设"四大品牌"重点问题与对策[J].科学发展,2019(03):16—24.
[2] 同上。
[3] 同上。

续表

	服　务	制　造	购　物	文　化
伦敦	**服务定位:**以金融、航运等生产性服务业为主,劳合社、英格兰银行航运保险、金融机构集聚,伦敦金融城举世闻名 **服务能级:**全球金融中心	**产业集群:**采矿、冶金、化工、机械、电子、电子仪器、汽车、航空、食品、饮料、烟草、轻纺、造纸、印刷、出版和建筑等 **制造业内主导产业:**出版印刷、家具制造、结构金属制品、服装制造、食品饮料制造 **制造业产业发展趋势:**高附加值都市型制造业,打造享誉全球的知名品牌,产业类型为高端服装、信息传媒制造 **三大标准组织标准必要专利:**47	**著名商圈:**哈罗德百货公司,牛津街,摄政街,邦德街等 **购物品牌:**巴宝莉(Burberry)等	**文化定位:**世界文化创意之都 **文化吸引:**以时装节、电影节、设计节、游戏节为代表的国际性展会 **文化传媒:**英国广播公司(BBC),路透社,《泰晤士报》等 **文化特色:**以伦敦西区为代表 **文化地标:**伦敦眼,伦敦塔桥,白金汉宫,圣保罗大教堂,威斯敏斯特大教堂,格林尼治天文台,大英博物馆等
巴黎	**服务定位:**以旅游等生活性服务业为主 **服务能级:**全球奢侈品中心、时装之都	**产业集群:**矿业、冶金、汽车制造、造船、机械制造、纺织、化学、电器、动力、日常消费品、食品加工和建筑业等 **制造业内主导产业:**食品饮料、汽车制造、化工、钢铁 **制造业产业发展趋势:**高附加值都市型制造业,无人驾驶汽车等,能源、数字革命及经济生活等领域问题的解决所需的制造业 **三大标准组织标准必要专利:**293	**著名商圈:**香榭丽舍大街等 **购物品牌:**路易威登,梦特娇(Montagut),香奈尔(Chanel),迪奥(Dior),切瑞蒂(Cerruti)等	**文化定位:**世界文化浪漫之都 **文化吸引:**巴黎时装周等国际展会 **文化传媒:**法新社、《费加罗报》、世界著名时尚杂志《ELLE》等传媒 **文化特色:**时尚浪漫之都,全球顶级奢侈品牌、国际游客聚集地 **文化地标:**埃菲尔铁塔,卢浮宫,巴黎圣母院,凯旋门,凡尔赛宫,巴黎歌剧院等
东京	**服务定位:**以金融等生产性服务业和旅游、医疗等生活性服务业为主 **服务能级:**亚太金融中心	**产业集群:**电子、家用电器、汽车、精密机械、造船、钢铁、化工和医药等 **制造业内主导产业:**交通运输设备制造、出版印刷、通用设备制造、通信设备制造、食品饮料制造 **制造业产业发展趋势:**持续发展高附加值都市型制造业,发展科技含量高的航空航天、汽车设备、生物医药、通信设备等高技术制造业 **三大标准组织标准必要专利:**800	**著名商圈:**"东京心脏"银座 **购物品牌:**索尼、尼康、佳能、东芝、西铁城、精工、资生堂等	**文化定位:**世界游戏动漫之都 **文化吸引:**国际游戏、动漫展会 **文化传媒:**日本放送协会(NHK)、共同通讯社、《朝日新闻》、《读卖新闻》等传媒 **文化特色:**神社文化、禅宗文化 **文化地标:**东京塔,日本皇宫等
迪拜	**服务定位:**以旅游等生活性服务业为主 **服务能级:**中东伊斯兰金融中心、国际航空枢纽	**产业集群:**石油以及化工、车辆以及运输工具、建筑建材等 **制造业内主导产业:**石油化工、建筑材料 **制造业产业发展趋势:**以高端建材为主,石油化工比例下降 **三大标准组织标准必要专利:**0	**著名商圈:**迪拜购物中心(世界最大规模购物中心) **购物品牌:**世界多家时尚品牌	**文化定位:**传统与现代交融的伊斯兰文化 **文化吸引:**迪拜赛马世界杯,购物节等 **文化传媒:**中东广播中心、《海湾新闻报》等 **文化特色:**伊斯兰文化 **文化地标:**哈利法塔、棕榈岛、帆船酒店、迪拜世界岛

续表

	服　务	制　造	购　物	文　化
新加坡	**服务定位:**以金融、航运等生产性服务业和旅游等生活性服务业为主 **服务能级:**亚太金融中心、离岸金融中心	**产业集群:**电子、化学化工、生物医药、精密机械、石油产品、炼油等 **制造业内主导产业:**电子、化学化工、生物医药、精密机械、石油产品、炼油 **制造业产业发展趋势:**电子产业、精密工程产业和化工产业的高速发展 **三大标准组织标准必要专利:**27	**著名商圈:**乌节路商业带 **购物品牌:**虎牌啤酒、卡帝乐鳄鱼等	**文化定位:**东方与西方文化交融之城 **文化吸引:**热卖会、美食节、WTA年终总决赛等 **文化传媒:**《海峡时报》、《联合早报》等 **文化特色:**东西方文化交融 **文化地标:**鱼尾狮公园等

(一)主要全球城市实力比较与分析

通过整理国际上主要的全球城市实力排名机构,如英国拉夫堡大学地理系全球化和世界城市研究小组(GaWC)发布的世界级城市名册、日本城市开发商森大厦株式会社森纪念财团城市战略研究所发布的全球城市实力指数(GPCI)、英国伦敦智库Z/Yen集团编制的第24期“全球金融中心指数”(GFCI24)、澳洲智库“2Thinknow”“全球创新能力排名”等最新数据(表3-1),对主要全球城市进行比较,可以得出:

1. 世界城市等级体系

全球城市是城市发展的高级阶段和国际化的高端形态,伦敦、纽约位于GaWC世界城市名册的最高级别“Alpha++等级”,巴黎、东京、新加坡、迪拜和上海位于“Alpha+”等级,且均位于前10名。从2000到2016年的6期排名中,上海的城市排序发生了巨大变化,2000年仅居第30位,之后历次排名持续攀升,2008年后一直保持在前10位。根据GaWC《世界城市名册2020》,2020年上海排名第5位,比2018年排名上升了1位。

2. 城市实力方面

日本森纪念财团发布的GPCI报告依据市场规模、市场吸引力、经济活力、人力资本、商业环境、营商便利度等六个指标反映经济发展水平,2009—2017年,上海排名始终位于纽约、伦敦、东京、巴黎、新加坡之后。根据中国社科院与联合国人居署发布的《全球城市竞争力报告2019—2020:跨入城市的世界300年变局》,2019年全球城市经济竞争力指数20强,上海紧随洛杉矶,位列第10,排第1的是纽约,中国城市排入前五的仅深圳一座。可见除了GDP水平及世界500强企业运营落户数量指标以外,上海的经济发展在商业环境和营商便利度方便还存在很大的提升空间。

3. 金融中心方面

根据英国伦敦智库 Z/Yen 集团发布的"全球金融中心指数"排名，上海近年的排名逐步提升，2019 年第 26 期排名中，上海位列第 5，这是连续 3 期进入前 5，与第一梯队的纽约、伦敦的差距进一步缩小。上海在金融基础设施等硬件上竞争力较强，在商业环境、金融声誉和金融政策等软环境方面存在不足，资本资源的联通性还有待加强。

4. 创新能力方面

领先的创新能力是全球城市保持全球影响力的关键因素，曾经以高度发达的贸易、航运、金融为特征的国际化大都市均快速转型为全球创新中心。根据 2019 年的 2Thinknow 全球创新能力排名，GaWC、GPCI、GFCI 排名前 5 位的纽约、伦敦、东京、新加坡的创新能力也位居前 5 位。历年上海全球创新能力排名整体处于下滑趋势，从 2010 年的第 24 位下滑到 2019 年的第 33 位。

5. 文化视阈方面

全球城市强调保持城市的文化特性，构成文化交流的互动互惠，注重文化交流的宽容合作，伦敦、纽约、巴黎、东京等全球城市均形成了自身的文化品牌，搭建了文化发展与文化贸易平台。在 2019 年 GPCI 报告中的文化互动指标中，上海仅排名第 25 位，与排名靠前的伦敦、纽约、巴黎、东京等城市仍有差距，上海文化创意产业在整体上缺乏有影响力的文化产品，缺乏有国际竞争力的品牌产品。

6. 综合表现方面

从上述排名可以看出，伦敦和纽约这两个城市的 GaWC 指数、GPCI 指数、GFCI 指数、经济发展排名、全球创新能力指数、全球文化互动方面均位于前两位，在全球城市保持领先地位。东京、新加坡的各项指数均位于前十位，巴黎除在金融中心指数方面表现稍差以外，其他总体表现较好。上海和迪拜与上述五个城市相比还存在一定的差距。

（二）基于"四大品牌"建设经验借鉴

通过梳理总结纽约、伦敦、巴黎、东京、新加坡、迪拜等全球城市在服务、制造、购物、文化等方面的构成要素和主要特征等(表 3-2)[1]，可以得出如下经验：

1. 服务品牌方面

全球城市服务经济发达且高端化态势明显，是世界经济流量的核心枢纽。这些城市的国际金融服务业发达，金融业高端发展态势明显，国际金融机构和跨国企业总

[1] 贺瑛.上海建设"四大品牌"重点问题与对策[J].科学发展，2019(03)：16—24.

部高度集聚,是产业要素配置的中心。而且它们的专业服务业体系较完善,服务业特别是生产性服务业在全球城市高度集聚,也是全球商流、物流、资金流、信息集散的核心枢纽。[1]

2. 制造品牌方面

全球城市科技产业加快发展且创新驱动能力增强,是全球创新技术和创新产品的策源地。这些城市的制造业显现回归趋势,制造业精品化态势明显,是都市型工作和高端制造业中心。在这些全球城市中,产业协同发展态势显著,形成了全球城市都市圈产业分工体系和产业生态圈。[2]

3. 购物品牌方面

全球城市积极打造世界顶级商业地标,建设国际消费城市。这些城市构建零售创新发展的制度环境和开放包容的监管环境,支持品牌跨界跨业融合,发展高科技、定制化、体验式新业态,支持智慧零售、跨界零售等新模式,推动主题化、情景化、细分化、智能化消费新项目;注重多方面平衡即大的商业综合体与小的生活商业的平衡,奢侈品、快时尚与老字号之间的平衡,传统商业与新零售之间的平衡,以及商业运营与文化品质的平衡。[3]

4. 文化品牌方面

全球城市度身定制符合自身特点的城市文化品牌形象。全球城市在全球范围内配置国际文化资源,构建文化高地,具有规模庞大、能级一流的文化基础设施。这些城市国际机构集聚,节庆活动丰富,富有城市文化活力。全球城市文化具有很强的多样化和包容性,吸引公众广泛参与文化建设。全球城市通过国家大力扶持、重视知识产权、发展大众文化、重视科技价值以及培养文化人才等多样化政策推动文化创意产业发展。文化创意产业在全球城市经济体系中地位突出,文化创意产业成为经济快速发展的增长点。全球城市是全球文化艺术发源地和传播中心。[4]

总体而言,上海在整体经济表现、商业商务功能、经济吸引力方面已经开始形成一定优势,但对标卓越全球城市标准,会发现在服务、制造、购物、文化方面“四大品牌”建设还存在很大的差距,主要表现在高端产业资源控制力不足、网络联通辐射力偏弱、高标准制定引领力不强、创新能力整体较弱、文化互动方面差距明显等方面。[5]

---

[1] 贺瑛.上海建设“四大品牌”重点问题与对策[J].科学发展,2019(03):16—24.
[2] 同上。
[3] 同上。
[4] 同上。
[5] 同上。

三、品牌建设现状分析

（一）“上海制造”品牌发展现状

当前，上海制造业占 GDP 比重还比较大，制造业关系着上海的就业稳定，更是实体经济的核心，没有一定比例的制造业，服务业发展就会受到影响，科技创新中心也会失去依托。[1]对当下上海制造业现状总结如下：

1. 制造业在上海国民经济中占有重要的地位

2019 年上海工业生产总值占上海生产总值的 27%；占全国工业生产总值比重为 2.67%。[2]2019 年实现工业增加值 9 670.68 亿元，比上年增长 0.4%。全年完成工业总产值 35 487.05 亿元，下降 0.3%。其中，规模以上工业总产值 34 427.17 亿元，下降 0.3%。在规模以上工业总产值中，国有控股企业总产值 13 501.66 亿元，增长 1.3%。[3]从重点行业看，石油化工及精细化工制造业和生物医药制造业增长较快，分别达到 8.6%和 7.3%，汽车、电子信息以及精品钢材等制造业增速下降。从工业产品看，燃料油、新能源汽车、3D 打印设备增长较快，分别达到 84%、29.6%和 34.9%，而智能手机增速下降明显，回落超 10 个百分点[4]。从本市整体创新发展情况来看，制造业已成为企业集团创新发展的主战场；各行业正逐步与“互联网＋”相融合，而互联网、信息化也正为传统行业提供新的增长点。

2. 打造“上海制造”品牌具有基础与优势

总体来讲上海制造处于全国领先水平，上汽集团、宝武集团、交通银行、绿地控股、中国太保位列 2020 年度上海企业百强榜前五位。其中，上汽集团以 8 433.243 7 亿元（参照 2019 年）位居榜首。2020 年上海百强企业的入围门槛由 2019 年的 59.6 亿元提至 73.2 亿元。[5] 从整体看，上海百强企业经营规模持续处于扩张阶段，经济效益持续提高。2019 年度上海企业 100 强营业收入创纪录地达到 77 329 亿元，同比增长 9.64%。其中，22 家企业营收超过 1 000 亿元，是百强企业排行榜发布以来营收超千亿企业数量最多的一次，比上年新增 1 家，上海钢联为此次千亿俱乐部新成员。2020 年，上海还有 9 家企业跻身世界 500 强，比上年增加 2 家，分别是首次上榜的上

[1] 徐蒙，刘锟.25%，上海制造会有哪些新内涵[N].解放日报，2016-03-23(002).

[2] 根据 2019 年上海及全国统计公报数据测算。

[3] 上海市统计局. 2019 年上海市国民经济和社会发展统计公报. http://tjj.sh.gov.cn/tjgb/20200329/05f0f4abb2d448a69e4517f6a6448819.html.

[4] 数据来源：同上。

[5] 数据来源：中商产业研究院(2020)。

海建工和上海医药。[1]

改革开放以来,上海加快产业结构调整,制定了"四新"经济发展指导意见,支持软件首版次、新材料首批次应用,落实生产性服务业发展促进政策;设立集成电路产业基金,中芯国际等一批重大产业项目开工建设;实施工业强基工程,支持企业加快技术改造和设备更新;实施产业创新工程,发展智能制造,推进智能网联汽车、工业互联网等一批产业引领性项目,推动传统产业深度运用新技术新模式:弘扬企业家精神和工匠精神,开展质量提升行动,推动企业提高产品和服务质量;进一步推动产业园区提质增效,加强"区区合作、品牌联动",继续推进桃浦、南大、吴淞、高桥等区域转型发展;淘汰高能耗、高污染、高危险和低效益的落后产能,进一步帮助企业降本减负,着力降低制度性交易成本[2]。

3. 上海制造业两化融合水平较高

调查数据显示,"十二五"期间,上海市制造业企业在研发设计、生产制造等重点环节信息化、数字化工具普及与应用进一步深化,有效推动企业创新能力增强。在研发设计环节,数字化研发工具普及率已达到65.5%。其中,大型企业数字化研发工具普及率达到72.9%,中小企业达到63.3%。在生产制造环节,关键工序数控化率已达到45.5%。其中,大型企业为50%,中小企业为44.5%[3]。2019年,国内工业企业数字化研发设计工具普及率达69%,上海数字化普及率仍居于领先位置。[4]

4. 上海制造标准化水平较高

从公开数据显示,2015年,上海市国家标准研制贡献指数排名12,上海市国家标准研制贡献指数为425.2。从标准的行业分布来看,上海市一直比较重视安全、控制、电气领域的标准化修订工作。从企业来看,上海电缆研究所、上海电气科学研究院(集团)有限公司、上海工业自动化仪表研究院、上海内燃机研究所等都为上海标准化发展做出了积极贡献。上海市制定了《上海市标准化体系建设发展规划(2016—2020年)》。到2020年,已基本建成具有上海特色、国内领先的标准化体系。[5]

5. 上海制造业升级转型效果显著

《上海市制造业转型升级"十三五"规划》对标"中国制造2025"战略,结合上海实际和发展趋势,明确加快发展战略性新兴产业,改造提升传统优势制造业,积极推进

[1] 中商情报网.2020年上海市企业100强排行榜.https://top.askci.com/news/20200818/1734521188905.shtml.
[2] 参考《2017上海统计年鉴》。
[3] 见《上海市推进信息化与工业化深度融合"十三五"发展规划》,http://www.sheitc.gov.cn/cyfz/674039.htm。
[4] 新华网.国内工业企业数字化研发设计工具普及率达60%,http://www.xinhuanet.com/tech/2019-04/24/c_1124407195.htm。
[5] 甘克勤,史胜楠,汪滨,等.我国标准起草单位大数据分析——上海篇[J].中国标准化,2020(3):71—76.

生产性服务业；同时，按照建设科技创新中心和新一轮城市总体规划要求，进一步优化制造业和生产性服务业布局，郊区集聚发展先进制造业，中心城区优先发展高附加值都市型工业和高端生产性服务业，形成"创新引领、带状分布、集群集聚"的产业空间布局[1]。力争到 2020 年，上海制造业增加值占全市 GDP 比重保持在 25%左右，自主创新能力显著提升，信息化与工业化融合持续深化，综合竞争力迈入世界先进水平行列，力争成为具有高附加值、高技术含量、高全要素生产率的国际高端智造中心之一。[2]

制造业是国民经济的主体，是立国之本、兴国之器、强国之基。但对当下的中国制造业来说，正面临着前所未有的变局：国际上，全球制造业成为竞争新焦点，发达国家大力实施"工业 4.0"和"再工业化"战略，发展中国家加快承接产业和资本转移；在国内，制造业发展也面临供给侧结构性改革和消费结构升级换代的新形势，正在加快去产能、去库存、去杠杆、降成本、补短板进程，倒逼中国制造提升竞争力[3]。上海着力振兴实体经济，落实"中国制造 2025""互联网＋"行动计划。立足上海制造的现状，瞄准上海制造的目标要求：打响制造品牌，重振"上海制造"声誉，在高端产业领域为国家解决有与没有的问题，主攻国家急需、容易被他人"卡脖子"的产品，研究制造代表国家未来竞争力的产品；在一般产品、普通产品方面解决好与不好的问题。上海制造的产品就应该是品牌产品，代表了国家最好水平。[4]

（二）"上海文化"品牌发展现状

文化品牌是一座城市的金字招牌、重要标志，承载着城市精神品格和理想追求，是增强城市文化软实力的重要依托。[5]上海具有红色文化、海派文化、江南文化的深厚底蕴，三种文化深深地植根于上海城市日常生活中，植根于上海市民性格中，共同构成国际大都市深厚的文化底蕴，为上海建设"人文之城"提供了丰富的滋养与厚实的支撑。[6]多年来，上海积极打造各类文化平台，大力发展文化创意产业，构建完善文化服务体系，汇聚文化名人名家，"上海文化"品牌已经具备一定的国内外

[1] 上海市人民政府.《上海市制造业转型升级"十三五"规划》[EB/OL].(2017-06-05)[2020-01-15]. http://fgw.sh.gov.cn/ggwbhwgwj/20170605/0025-27713.html.

[2] 韩声江.再驳"上海经济大瘫痪"：转型期的上海经济数据到底该怎么看[EB/OL].(2016-09-30)[2020-01-11]. https://www.thepaper.cn/newsDetail_forward_1537500.

[3] 见《重磅！一图读懂上海制造业转型升级"十三五"规划》，https://www.shobserver.com/news/detail?id=29195。

[4] 贺瑛.上海建设"四大品牌"重点问题与对策[J].科学发展，2019(03)：16—24.

[5] 刘红.提升哈尔滨红色文化影响力对策研究[J].哈尔滨市委党校学报，2020(02)：50—55.

[6] 清泉，张昱.上海建设"亚洲演艺之都"的现状、问题及对策建议[J].上海城市管理，2020(01)：21—25.

影响力。[1]

1. 文化资源底蕴深厚丰富

上海是国家历史文化名城,具有红色文化、海派文化、江南文化的深厚积淀。上海开埠后,由江河时代向海洋时代转变,不仅是传统江南文化的汇集地,更是沟通南北、横贯东西的门户之地,与欧美现代文化融合而形成海派文化。同期,马克思主义传入中国并落地生根,上海成为中国共产党的诞生地,现存400多处革命遗址遗迹,形成上海独有的红色文化。改革开放后,传承发展当下时代的海派文化,形成了海纳百川、追求卓越、开明睿智、大气谦和的城市精神。

2. 文化平台载体日渐增多

上海积极打造各类文化平台,并不断扩大国际国内影响力,上海国际电影节、上海国际艺术节、上海旅游节、“上海之春”国际音乐节、中国国际动漫游戏博览会、中国(上海)国际乐器展等一系列节庆品牌活动和F1中国大奖赛、上海ATP1000网球大师赛、上海环球马术冠军赛、国际田联钻石联赛、上海国际马拉松赛、上海佘山高尔夫冠军赛等国际赛事成功举办,活动参与人数逐年增加,节庆品牌影响力和知名度不断提高。

3. 文化创意产业快速增长

上海具有文创产业的良好基础,在电影产业、动漫产业、网络文学等领域具有领先优势,上海动漫游戏、网络视听、网络文学产业总值位于全国第一、占全国总量的一半。近年来,通过政策引领和保障不断推动文创产业发展,自2011年开始,上海文化创意产业的增速超过了GDP增幅,文创产业载体多元化发展,提升文创产业集聚发展效应。文化创意产业已成为上海国民经济重要支柱产业。2017年,上海文化创意产业占全市生产总值的比重超过了12%,同比增长8.2%。2018年,文化创意产业成为上海8大重点产业之一。

4. 文化服务体系日益完善

通过强有力的政府支持和公共投入,上海的公共文化设施已初具规模,文化服务体系逐步完善,中华艺术宫、上海当代艺术博物馆、上海世博会博物馆、上海儿童艺术剧场、虹桥国际舞蹈中心等一批新文化设施提升了文化基础设施水平。基层公共文化设施网络进一步健全,初步形成建成中心城区10分钟、郊区15分钟标准化公共文化服务圈。市、区、街镇、居村四级配送体系逐步完善,形成并推广政府、市场和社会良性互动、共建共享的公共文化服务新模式。

---

[1] 朱鸿召.上海文化:为建设“人文之城”提供丰富滋养与厚实支撑[N].文汇报,2017-12-29(005).

5. 文化人才资源逐渐汇聚

上海实施文化名家资助计划、领军人才开发计划、青年英才培养计划和海外人才引进计划等人才开发工程吸引和集聚高层次文化人才；充分发挥文化产业投资担保平台、文化产权交易平台、国际文化服务贸易平台作用，加大文化人才的培养和引进力度；充分发挥各级文化产业园区及创意产业集聚区在集聚、吸引、孵化文化创意人才方面的作用，在项目资助、财税政策、创业扶持、政策咨询、公共服务等方面给予倾斜。

尽管“上海文化”品牌建设具备良好的基础和广泛的影响力，然而，这一品牌的进一步打造仍需不断地努力。对标国际文化大都市的建设标准，上海需要在文化资源配置能力、文化平台能级、文化创意产业国际竞争力、文化供应效能以及文化人才的质量结构等方面进一步提升。

（三）“上海购物”品牌发展现状

上海地处长江入海口，是长江经济带的龙头城市，是我国最大商业中心。如今，上海已经是全球零售商进驻的重要目的地，全球零售商集聚度达55%，跃居全球第二位，世界知名品牌集聚度超过90%；同时，上海口岸的化妆品、葡萄酒和汽车进口额分别占到全国的53%、33%和48%，已是名副其实的中高端消费品的进口集散地。“上海购物”品牌由来已久，深入人心。自近代上海开埠通商以来，上海的制造产品、商品种类、购物中心、购物环境，以及相应配套设施建设，都有良好的口碑。[1]

1. 居民消费居于国内前列

2019年，全年上海实现生产总值（GDP）38 155.32亿元，比上年增长6%。经过多年发展，上海GDP近5年来增长率下降较为明显，但仍然维持在6%以上水平（见图3-1）。2019年上海市人均生产总值为15.73万元（按常住人口），全市居民人均可支配收入69 442元，比上年增长8.2%，扣除价格因素，实际增长5.6%；居民人均消费支出45 605元，比上年增长5.2%。[2] 2019年，北京市居民人均可支配收入为67 756元，比上年增长8.7%；扣除价格因素后，实际增长6.3%；居民人均工资性收入41 214元，增长9.4%；居民人均消费支出为43 038元，比上年增长8.0%。[3] 2019年，全

[1] 徐晶卉.聚焦“六个最”，增强“上海购物”体验度[N].文汇报，2018-04-29(005).

[2] 数据来源：上海市统计局，2019年上海市国民经济和社会发展统计公报，http://tjj.sh.gov.cn/tjgb/20200329/05f0f4abb2d448a69e4517f6a6448819.html。

[3] 数据来源：北京市2019年国民经济和社会发展统计报，http://bj.people.com.cn/n2/2020/0302/c82839-33841730.html。

国[1]居民人均可支配收入 30 733 元，比上年增长 8.9%，扣除价格因素，实际增长 5.8%；全国居民人均可支配收入中位数 26 523 元，增长 9.0%；全国居民人均消费支出 21 559 元，比上年增长 8.6%，扣除价格因素，实际增长 5.5%。[2] 可见，上海居民消费水平远远高于全国平均水平，甚至高于北京水平。这表明，上海中高端消费力领先全国。

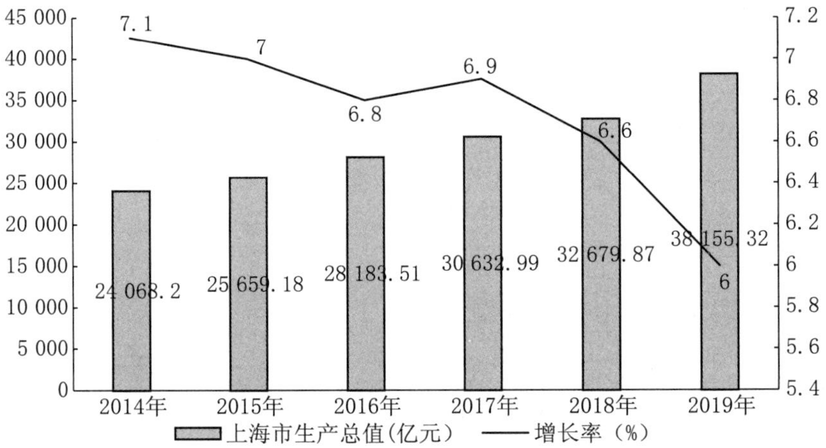

图 3-1　2014—2019 年上海市生产总值及其增长速度

2. 社会消费品零售总额持续增长

自 2015 年以来，上海社会消费品零售总额逐年增加，2019 年底达到 13 497.21 亿元，比上年增长 6.5%。其中，上海批发和零售业总额为 12 306.97 亿元，增长了 6.8%；住宿和餐饮业总额为 1 190.25 亿元，增长了 4.3%。2019 年，全国全年社会消费品零售总额 411 649 亿元，比上年增长 8.0%。[3] 在这一时期，上海社会消费品零售总额增长率低于全国水平，并且略有下降。2019 年，上海 GDP 占全国 GDP 比重为 3.85%，而社会消费品总额占比为 3.28%；同时，上海社会消费品零售总额占区域 GDP 比重也低于全国水平(见表 3-3)。这表明，上海社会消费品零售发展还有较大增长空间。

[1] 全国统计数据限定中国大陆内，全文一致，不再一一注明。

[2] 数据来源：中华人民共和国 2019 年国民经济和社会发展统计公报，http://www.stats.gov.cn/tjsj/zxfb/202002/t20200228_1728913.html。

[3] 数据来源：2019 年上海市国民经济和社会发展统计公报，以及中华人民共和国 2019 年国民经济和社会发展统计公报。

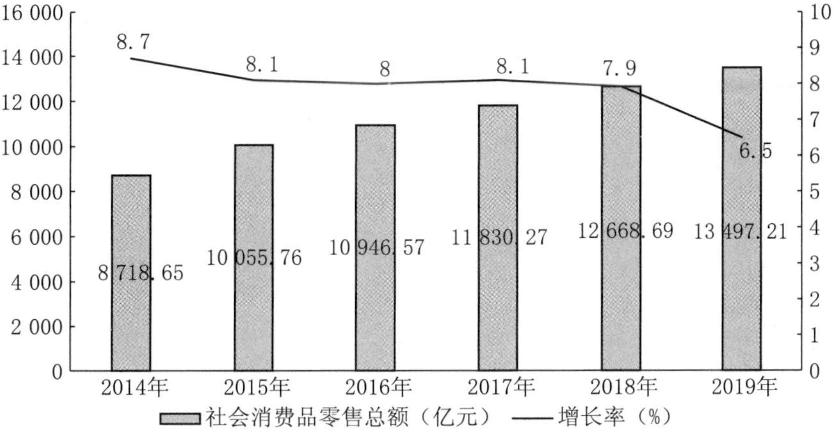

图 3-2 近年上海社会消费品零售总额及增长率

表 3-3 上海与全国社会零售情况对比 [1]

年份	全国社会零售总额实际增长率(%)	全国社会零售总额占 GDP 比值(%)	上海社会零售总额实际增长率(%)	上海社会零售总额占 GDP 比值(%)
2014	10.9	42.2	8.7	37.0
2015	10.7	43.7	8.1	40.8
2016	10.4	44.7	8	39.9
2017	10.2	44.3	8.1	39.4
2018	9.0	42.3	7.9	38.8
2019	8.0	41.5	6.5	35.4

3. 批发与零售行业增加值持续上升

2019 年，全年实现批发和零售业增加值 5 023.23 亿元，比上年增长 2.4%。全年实现商品销售总额 12.08 万亿元，比上年增长 1.1%。从近 5 年来看，上海批零业增加值持续上升，由 2012 年的 3 292 亿元增加到 2017 年的 4 393 亿元。2012—2014 年批零业增加值增速放缓，2015—2017 年增速回升，自 2017 年以来增速下降明显。初步判断，批零业增长率不稳定，可能与房地产行业发展有一定关联。2015 年上海房地产行业增加值增长了 9%，远远大于往期数据，则 2015 年批零业增加值增速最低；而在 2017 年的上海房地产行业出现了负增长，同期批零增长了 6.7%，比 2016 年多了 2.1 个百分点。受 2019 年底以来的新冠疫情影响，预测 2020 年上海批零业增加值的

[1] 数据来源：根据 2018 和 2019 年上海市国民经济和社会发展统计公报以及国民经济和社会发展统计公报相关数据，并测算。

增速将会进一步走低。

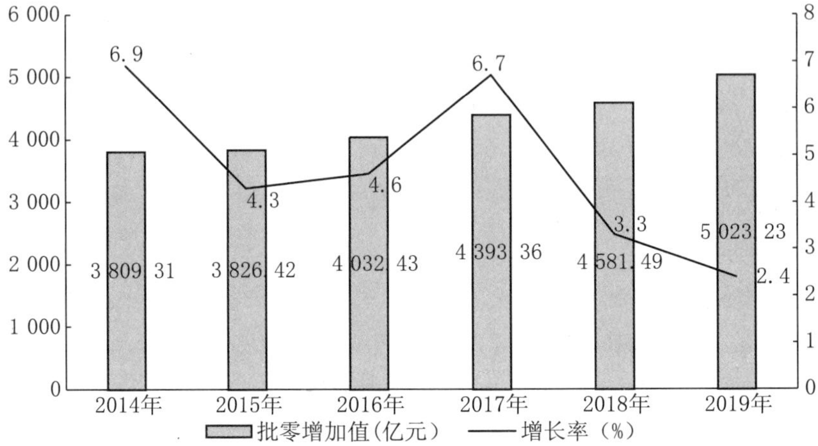

图 3-3　近年上海批零业增加值及增长率

4. 商圈发展成熟且具层次

上海拥有较为成熟的 24 个城市级商圈及商业中心,这些商圈及中心包括:南京东路、南京西路、豫园、淮海中路、淮海路、打浦桥、徐家汇、中山公园、天山、虹口龙之梦、四川北路、五角场、陆家嘴、张杨路、龙阳路、长寿、环球港、真北、不夜城、大宁、七宝、南方商城、莘庄、万里等。这些商圈购物中心大而全,主要集中在内环以内。根据《上海中心城区商业中心空间特征研究》,这 24 个城市级商业中心分为四级。其中,一级中心包括中山公园、南京东路、五角场;二级中心包括南京西路、徐家汇、淮海中路、张杨路、环球港、陆家嘴;三级中心包括虹口龙之梦、七宝、不夜城、打浦桥、四川北路、淮海路、豫园、莘庄等;四级中心包括天山、长寿、真北、大宁、南方商城、龙阳路、万里等。相关数据显示,这 24 个城市级商业中心只占中心城区及拓展区 1.2%的面积,却集聚了 23.5%的游憩活动人次。从空间分布来看,市民游憩活动强度呈现由中心向外递减的特征。这些商业中心有近三分之二分布在内环内,约占总面积的 84.9%,内环外的商业中心数量少且面积较小。浦西中环以北和浦东内环以外大片地区,尚没有达到识别标准的商业中心。[1]

此外,总体上上海商圈大而全,但是主力店(10 亿元以上)的销售业绩相比全国同行仍有一定差距。联商网报告显示,2018 年上海有 6 大商圈主力店销售业绩超过或接近百亿级别,见表 3-4 所示。同时,联商网估算 2018 年北京大望国贸商圈 3 家主

[1] 徐敏,杜晨薇.三个一级中心,中山公园五角场是“黑马”[N].解放日报,2017-03-29(005).

力店业绩可望达到230亿元，广州天河商圈6家主力店可望达到230亿元，南京新街口商圈5大主力店甚至有望达到250亿元。

表3-4 部分商圈主力店业绩总额2018年估算数据

商　圈	主力店（商场）数	2018预计业绩（亿元）
南京东路	8	100至110
南京西路	7	140至150
陆家嘴	7	150至160
淮海中路	10	或至100
徐家汇	10	约90
五角场	8	或至90

5. 本土产品品牌发展良好

在20世纪50年代以后近30年的时间里，上海生产了一大批名牌产品，如“飞虎”油漆、“三五”台钟、“414”毛巾、英雄钢笔、凤凰自行车、三枪内衣、中华牙膏、白猫洗衣粉、光明食品等。新中国成立后对外经济联系几乎中断，但即使在设备简陋、材料缺乏的情况下，一些上海品牌在20世纪八九十年代仍然是国内民众争相选购的，而且具有一定的国际影响力，如上海牌手表、英雄钢笔、大白兔奶糖等等。据相关调研数据显示，上海老品牌的经营状况有三类：依旧保持较好业绩的有老凤祥、家化、光明、三枪等；业绩较弱的有英雄、回力、永久、凤凰等；还有的不复存在，如红灯牌收音机、三五牌台钟、水仙牌洗衣机等。不可否认，上海老品牌数量虽然多，但是整体上品牌价值不高。[1]目前，一些老品牌不断进行再升级，为打响“上海购物”品牌增加底气，大致情况如下：

(1) 永久牌、凤凰牌自行车。此前凤凰已经和捷安特共同推出了一个叫“巨凤(G&P)”的自行车品牌。而永久自行车的品种也多了，有山地车，也有城市车。

(2) 英雄牌钢笔。自20世纪80年代中后期开始，英雄金笔厂由中低档为主转向中高档为主，同时把目光瞄准国际市场，向国际名牌奋进。

(3) 上海牌手表。现在上海牌手表不仅有多功能机芯，还朝着首饰化、时尚化方向发展了。比如陀飞轮手表，有些技术数据就超过了十大名表前列的宝玑表。

(4) 飞跃牌球鞋、海螺服饰、培罗蒙服饰。飞跃牌在21世纪上演了一幕“咸鱼大翻身”大戏，被时尚的法国人看中了，换上了时髦的彩绘图案，放进了巴黎柯莱特

[1] 曹剑涛，冯叔君.上海实体商业转型升级困境及对策建议[J].现代管理科学，2017(04)：112—114.

(Collete)时尚店,和鳄鱼、匡威一同出售。海螺服饰走向中高端路线,重新展现在繁华的商业街和商场。培罗蒙坚持走中高端品牌路线,2014 年 e 产品正式上线开启互联+时代,2016 年开启品牌国际化之路。

(5) 百雀羚日用化妆品。现在,百雀羚仍然是上海市著名商标,百雀羚产品走亲民路线,在社区连锁超市均有销售。

(6) 大白兔奶糖。今日,大白兔奶糖已经成为中国首屈一指的糖果品牌。该糖果品牌虽然已经有一定历史,但随着中国经济增长,城市和农村均对大白兔糖果的需求有增无减。

6. 购物体验总体良好

2018 年,上海市质协用户评价中心的研究报告提出几条重要调查结果:一是上海购物中心消费体验总体水平为 72.99;二是消费者在内环至外环这个区域内的购物中心的体验感受明显优于其他区域,而内环以内购物中心的体验感受平均水平则低于全市总体水平,这表明中环周边的购物中心有着良好消费者体验;三是 82.5%的消费者认为在上海能放心地购物和消费;四是餐饮、购物和娱乐是消费者到购物中心进行消费的主要业态,总和占比达到 74.9%,这表明文化和生活服务将成为购物中心发展的新突破点;五是上海高端服务体验水平仅有 71.14,可见服务是制约购物中心实现全球高端的短板之一;六是三成消费者认为上海购物中心之间没有区别,缺乏个性,不足四分之一的消费者认为上海购物中心品类丰富,一天玩不够。[1]

7. 新零售和智慧零售发展迅速

2017 年 2 月,阿里巴巴与百联集团达成战略合作,由此揭开了轰轰烈烈的中国新零售大幕,也刺激和推动了腾讯、京东、永辉、家乐福等在新零售方面的上海布局。同时,阿里巴巴和中国新零售的样板就是盒马鲜生,而盒马鲜生就诞生在上海。至今,盒马鲜生在上海已经拥有多家门店,位居全国之首。同年,天猫打造的智能母婴室在上海第一百货商业中心正式启用,天猫汽车自动贩卖机上海首家门店开启无人汽车零售。2017 年 12 月 15 日,中国联通与阿里巴巴联合打造的"中国联通智慧生活体验店"在上海开业,阿里巴巴在新零售领域的最新技术产品,包括 AR 购物、云货架、天猫精灵等,全部部署到位。2018 年 4 月 23 日"世界读书日",全国首家天猫无人书店在上海复旦大学开业。2018 年 4 月以来,上海明确了打响"四大品牌"总体目标和具体举措,推进上海世界级商业街、国内一流商圈、特色品牌等多项建设。[2]2020 年 5

[1] 上海市质协用户评价中心.上海 100 家购物中心消费体验调查报告[J].上海质量,2018(05):52—54.

[2] 马继华.阿里的新经济样本[J].现代企业文化(上旬),2018(07):16—17.

月5日，上海市成功举办首次“五五购物节”，组织重点商圈、特色商街、商业企业、品牌企业开展营销活动，使上海购物品牌品质更上层楼。

现实中，上海社会消费发展良好，上海商圈和上海商业整体上表现良好，上海新零售和智慧零售开启了良好开端，消费者对上海购物感觉较为满意，上海购物品牌深受消费者欢迎。但是，上海社会消费增长、消费者满意度还有一定增长空间，上海的产品中，价格、服务以及品牌文化等方面还有一定的提升空间。

（四）“上海服务”品牌发展现状

“上海服务”历来是上海这座城市区别于别的城市的重要标识，得益于“三二一”产业方针的指引，经过多年的努力，上海的产业结构实施了战略性调整，服务业，尤其是现代服务业已成为上海经济的支柱产业。金融、航运、会计、法律、会展等生产性服务业中的某些分支在全国独占鳌头，在全球有一定影响。教育、医疗、旅游等生活性服务业在全国享有盛誉，在全球引起关注。“上海服务”的内涵不断地深化，“上海服务”的外延不断地拓展，“上海服务”品牌已经拥有了一定的美誉度和显示度。

1. 金融中心建设突飞猛进

上海曾经是闻名遐迩的“远东金融中心”，然而上海金融中心建设一度落后。2013年，中央首次以文件的形式确立上海国际金融中心地位，上海的国际金融中心建设踏上了新征程。“十八大”以来，上海国际金融中心建设取得重大进展，金融市场体系更加完善，初步形成了全球性人民币产品创新、交易、定价和清算中心，已经成为国际上金融市场体系最为完备的城市之一。而且，在外资机构集聚方面，无论外资金融机构数量还是业务规模，上海都位居全国第一。据统计，2019年上海金融市场成交总额达1 934.3万亿元，同比增长16.6%；金融市场直接融资额达12.7万亿元，占全国直接融资总额的85%以上。2019年，上海证券交易所股票筹资总额位居全球第二位，全年股票交易额、年末股票市值均居全球第四位；上海黄金交易所场内现货黄金交易量多年居全球第一；上海期货交易所螺纹钢、铜、镍等多个期货品种交易量居全球前列，原油期货成交量居全球第三。截至2019年末，在沪各类外资金融机构总数达517家，占上海金融机构总数的30%。各类国际性、总部型、功能性金融机构和新型金融机构不断在上海涌现。上海已成为中外金融机构重要集聚地、金融对外开放最前沿和金融改革创新先行区；金融景气程度不断提升，根据最新发布的上海金融业景气指数报告：2006至2017年上海金融景气程度保持稳健上升态势，年复合增长率达16.6%，高于上海市GDP年复合增速6.6个百分点，从国际对标指数结果来看，上海金融景气发展程度一直在众多金融中心城市中遥遥领先,发展度位列首位。[1] 2019 年,GFCI 指数排名显示,上海进入国际金融中心前 5;2020 年,GFCI 指数排名显示,上海位列第 4。2020 年,IFCD 指数显示,上海进入国际金融中心排名榜前 3。

2. 航运中心建设飞速发展

上海着力推动国际航运中心绿色发展、智慧发展,加快转型升级步伐,取得了不少成果。2017 年 12 月,全球最大自动化码头洋山四期开港,上海港集装箱吞吐量破 4 000 万标箱,到 2019 年底达到 4 330.3 万标箱、吞吐量达 72 031.32 万吨,连续 10 年位列世界第一;国际航空枢纽实现跨越式发展,作为我国首个亿级航空枢纽,2019 年上海两机场旅客总吞吐量达到近 1.2 亿人次,在国内持续领跑。2017 年航空货量突破 400 万吨,成为继中国香港、美国孟菲斯后,全球第 3 个年航空货量 400 万吨以上的城市;上海机场国际旅客和货邮吞吐量全国占比分别达 27.7%和 48.4%,成为我国大陆第一空中门户;2019 年,上海两机场年航空货量达 405.26 万吨,实现逆势企稳,领跑全国。同时,货邮运输方面,电子化进程飞速发展,出港电子运单量已跃居全球第二;邮轮设施配套不断完善,邮轮港接待能力大幅提升,2019 年,上海港接待国际邮轮靠泊 259 艘次,邮轮游客吞吐量 189.35 万人次。上海注重航运服务体系建设,持续吸引和培育国际航运功能性机构落户上海,2017 年,亚洲海事技术合作中心、国际海事司法上海基地在沪成立;航运金融业务不断提升,2017 年,作为中国第一家航运自保公司的中远海运财产保险自保有限公司在沪成立,中国船东互保协会进驻上海国际航运服务中心,航运保险产品不断涌现,探索建立离岸保险税制环境,增强上海在国际航运保险市场的竞争力。《2019 年中国航运发展报告》显示,总部设立在上海的中远集装箱运输有限公司(COSCO)、上海中谷物流股份有限公司、上海瑞宁航运有限公司、上海时代航运有限公司,在国内经营舰队规模排名中分列第一、第五、第八和第十。

3. 旅游会展规模不断扩大

旅游会展是现代服务业的重要组成部分,近年来,上海以基本实现建设世界著名旅游、会展城市为目标,通过空间重塑、结构调整、设施再造、功能完善、服务提升、产品创新、产业融合,努力将上海打造成国际都市观光旅游目的地、时尚购物目的地、休闲度假目的地、文化旅游目的地、商务会展目的地和国际旅游集散地。大旅游产业格局基本形成,旅游、会展作为战略性支柱产业地位基本确立。2013 至 2017 年上海市旅游高速增长,年均增长 7.1%。2017 年,上海市实现旅游总收入为 4 485 亿元,同比增长 15.7%。2019 年,上海旅游总收入超过 4 500 亿元,全年实现旅游产业增加值2 309.43

[1] 张骄.香港挺进三强　上海保持第五[N].上海证券报,2018-07-12(004).

亿元,比上年增长7.6%。[1]近5年来,上海旅游产业增加值占全市GDP比重始终保持在6%以上。如果不是受到新冠疫情影响,2020年则很可能达到5 000亿元。

上海会展经济继续"领跑"全国,展览数量和展览面积等多项指标均居国内首位、跻身世界前列。2019年发布的《2018上海会展业白皮书》显示,2018年上海共举办各类展会1 032个,居全球主要会展城市之首,展览总面积达1 880万平方米,直接带动相关产业收入超1 400亿元。[2]

4. 教育医疗水平不断提升

医疗和教育是公共服务的重要保证,是全球城市的应有功能。上海的医疗服务和教育水平已在全国处于领先水平。上海基础教育全球知名,两度参加国际学生评估项目测试(PISA),在数学、阅读、科学三项测试中均位列首位;职业教育方兴未艾,立体化、产业化格局业已形成;高等教育内涵发展,全市14所高校入选"双一流"建设行列;上海教育在国内外的影响力、辐射力逐渐提升。

长期以来,上海的医疗坚持对标最高标准,实现医疗技术能力与医疗质量水平"双提升"。出现了一批"国际难题上海破解""国际标准上海制造"的典型案例(如小儿活体肝移植、颅内外脑血流重建术、砷剂治疗复发性早幼粒白血病"上海方案"等);上海市民的健康水平不断改善,2019年户籍人口平均期望寿命83.66岁(其中女性达到86.14岁,男性81.27岁),孕产妇死亡率2.25/10万,婴儿死亡率3.06‰[3],三大指标连续十多年保持世界发达国家或地区的先进水平。

尽管"上海服务"作为品牌已为国人所接受,然而,这一品牌的进一步打造仍需努力。对标最高要求、最好标准、最新理念,"上海服务"在能级的提升上,水平的提高上,尚需进一步发力。

四、 品牌建设瓶颈探究

(一)"上海制造"品牌建设瓶颈

1. "上海制造"科技创新能力有待提升,关键核心技术急需突破

上海科技创新能力水平名列全国前茅,区域科技创新中心地位已形成,上海已经具备建设"具有全球影响力的科技创新中心"的区位比较优势和基础条件,但距离全国"龙头"地位仍有较大差距,与纽约、伦敦、巴黎、东京等世界顶尖大城市相比仍有较

[1] 数据来源:2019年上海市国民经济和社会发展统计公报。
[2] 数据来源:经济观察报.https://www.sohu.com/a/323736604_118622? _f=index_chan08businessnews_3。
[3] 数据来源:2019年上海市国民经济和社会发展统计公报。

大差距。目前上海制造的关键核心技术对外依存度较高,上海要为国家解决有与没有的问题,主攻国家急需、容易被他人“卡脖子”的产品,研究制造代表国家未来竞争力的产品,上海必须在关键核心技术上取得突破。

2.“上海制造”缺乏具有国际影响力的自主品牌

从计划经济年代起就享誉大江南北的各类老字号,到改革开放四十多年来不断涌现的新品牌,上海一直是中国自主品牌成长、壮大的一方沃土。在当前,“上海制造”在一般性产品、普通产品方面,要解决好与不好的问题,“上海制造”的产品就应该是品牌产品,是代表国家最好水平的,但有国际影响力的自主品牌还相对缺乏,需要持续增加具有国际影响力的自主品牌。[1]

3.“上海制造”战略性高端产业仍处在培育期,产业集群效应还需要进一步彰显

“上海制造”在化学工业、汽车、钢材、装备制造、微电子等产业形成产业集群;主要产业集群的国际竞争力不强,与国际发达城市相比差距明显。[2]

4.“上海制造”的品质还不够硬,通过品质打造美誉度的工作的力度亟须加强,路径亟须探索

“上海制造”在20世纪五六十年代生产了大量当时国家急需的工业产品,为国民经济的稳定发展做出了重要贡献。“上海制造”有着历史传承的血脉基因,但与世界顶尖产品相比还有差距,“上海制造”的品质还不够硬;当前,在上海将对标国际最高标准、最好水平的历史背景下,通过品质打造美誉度的工作的力度亟须加强,路径亟须探索。[3]

5.“上海制造”引领长三角区域制造业发展的作用有待提升,长三角制造业协同发展模式亟须探索

“上海制造”引领长三角区域制造业发展的“龙头”作用需要强化,长三角区域间的壁垒阻碍长三角区域经济一体化的进程和“上海制造”“龙头”作用的彰显。亟须探索在长三角区域如何发挥产业集群效应,促进长三角制造业协同发展模式。[4]

(二)“上海文化”品牌建设瓶颈

1. 文化资源配置能力不足,缺乏有国际影响力的文化品牌

国际性文化品牌是全球城市的文化特色,比如巴黎的奢侈品牌、纽约的文化传媒

---

[1] 贺瑛.上海建设“四大品牌”重点问题与对策[J].科学发展,2019(03):16—24.

[2] 同上。

[3] 同上。

[4] 同上。

品牌、伦敦的创意品牌、东京的报业媒体品牌等。上海虽然一直强调自己的海派文化特色，但缺乏具体的、生动的产业载体，至今还没有形成一个全球性知名品牌与文化企业。从文化内容看，上海缺乏具有世界级影响力的原创文化项目，海派文化缺少类似京剧脸谱这样为世人熟悉的载体和符号。从文化品牌形象上看，上海缺乏富有城市品牌宣传力和具有国际影响力的公众媒体。缺乏一流的世界文化传媒总部，直接影响到上海国际性话语权。

2. 文化平台的数量和能级有待进一步提升[1]

在伦敦、纽约、巴黎、东京等全球文化大都市搭建了诸多形形色色的文化平台。伦敦有四大文化节（伦敦电影节、时装节、设计节、游戏节），纽约每年也有诸多不同的文化节庆活动（纽约电影节、格莱美奖、林肯中心艺术节等），这些都为城市文化产业搭建了交流与贸易的平台。2015 年《世界城市文化报告》（WCCR）显示，在“文化遗产”方面，上海没有一项文化遗产。上海有 120 座博物馆，超过了新加坡（57 座），但与巴黎（313 座）、伦敦（215 座）、纽约（142 座）相比，上海还相差甚远。从 2014 年“全球实力城市指数”（GPCI）中可以看出（表 3-5），上海仅在文化互动中排名第 17 位[2]。从“文化互动”的三级指标排行榜可以看出，除了“酒店数量”和“高级酒店的客房数”两项以外，其他各项指标的排名均在 10 名以外。[3]

表 3-5 上海“文化互动”三级指标排名(GPCI, 2014)[4]

三级指标	排名	三级指标	排名
国际会议召开的数量	36	体育馆的数量	19
世界级大型文化活动的数量	22	高级酒店的客房数	1
影视贸易价值及相关的服务	31	酒店数量	5
创新活动环境	16	购物吸引力的选择	21
世界遗产数量（100 千米范围区域）	20	餐厅的选择性	18
文化、利市和传统交互交流的机会	27	外国居民的数量	19
剧院和音乐厅的数量	33	国外游客数量	12
博物馆的数量	16	国际学生数量	12

[1] 贺瑛.上海建设“四大品牌”重点问题与对策[J].科学发展，2019(03)：16—24.
[2] 上海市人民政府发展研究中心.建设卓越的全球城市：2017/2018 年上海发展报告[M].上海：格致出版社，2018：56，58.
[3] 贺瑛.上海建设“四大品牌”重点问题与对策[J].科学发展，2019(03)：16—24.
[4] 上海市人民政府发展研究中心.建设卓越的全球城市：2017/2018 年上海发展报告[M].上海：格致出版社，2018：56，58.

上海近年来积极引入国际文化活动，如上海电影节、上海国际艺术节等，但与纽约电影节、巴黎时装周等具有全球影响力文化盛会相比，上海大型文化活动的国际参与度和含金量相差甚远。根据《世界旅游城市发展报告(2019)》，上海进入2019年世界旅游城市发展排行榜综合排行前十，位列第9位，落后北京4位，较纽约等国际城市仍有较大差距。

3. 文化创意产业仍处于发展的初期阶段，市场主体创新活力有待进一步激发

上海文化创意在整体上缺乏有影响力的文化产品，更缺乏有国际竞争力的品牌产品，正在成为制约上海文化发展国际影响力的软肋。由此，也导致上海的“文化体验度”相对较低。2019年“全球城市实力指数(GPCI)报告”显示，上海在文化交流方面排名第25位，不仅落后于伦敦、纽约等国际大都市，也落后于中国香港地区(第13位)和北京(第15位)。2019年科尔尼“全球城市指数(GCI)报告”中，上海综合排名位列第9，落后于中国香港地区(第4位)和北京(第9位)。《福布斯》杂志“世界最时尚的城市”评选中，亚洲只有东京一个城市，上海榜上无名。在文创产业市场结构上，国有文创产业体量大，占有市场资源多，但其竞争力和活力有待提升。民企虽然有较强的活力和潜力，但普遍规模小，难以形成对市场的影响力和核心竞争力。总体上来看，上海文创产业市场主体活力有待进一步提高。[1]

4. 文化供应规模和效能上需要进一步提升

与全球城市相比，上海在公共文化设施上虽然取得了总量上的优势，但人均设施数量、标志性文化设施、设施利用率等方面均有明显差距。上海国有博物馆数量最多，公共图书馆、书店、电影院、电影屏幕数量排名靠前，但人均数据的指标上依然弱势明显，特别是博物馆、图书馆、剧院、音乐厅的人均数量与全球城市差距较大。同时，大型文化设施集聚效应还不明显，缺少国际文化中心城市应当拥有的剧场群、博物馆群、艺术展示群，文化中心地带(圈)尚未完全形成，在标志性文化设施建设方面还需进一步加大力度。[2]

5. 文化人才结构失衡，文化人才的数量和质量有待提升

在文化的发展中，文化人才是关键，只有具备了众多具有核心竞争力的文化人才，才能真正推动城市文化不断向前发展。通过2015年的《世界城市文化报告》(WCCR)的研究，在“创意人才”方面，上海文化创意产业的人才集中度低于纽约、伦敦等全球城市，上海专业文化艺术高等教育机构的数量少于伦敦和巴黎。在城市文化建设中，上海

---

[1] 贺瑛.上海建设“四大品牌”重点问题与对策[J].科学发展，2019(03)：16—24.

[2] 同上。

最紧缺的是复合经营型的文化经济人才、大型文化企业集团的“首席执行官”和“帅才”以及文化产品的原创人才，文化人才的数量和质量均需要进一步提升。[1]

（三）“上海购物”品牌建设瓶颈

从营销角度而言，消费者购物着眼四个方面：产品稀缺性、性价比、服务体验水平、品牌文化特质。对于商家而言：你没有的，我有；你有的我有，我的比你好、比你便宜；你我的都物美价廉，我的比你的服务水平高，体验更具特色；我们服务水平都一样，我的比你的更具品牌优势和人文特质。为此，上海购物品牌建设瓶颈主要表现为四点：一是产品瓶颈，二是价格瓶颈，三是服务瓶颈，四是品牌文化发展瓶颈。

1. 产品瓶颈

产品瓶颈突出表现是上海创新产品、首发产品不足，这是“上海购物”品牌的最大短板。改革开放以前中国物质缺乏，产品稀缺。在那样的年代里，上海具有得天独厚的条件，有着较为完备的工业基础，有着发达的商品生产、运输和销售体系。上海能供应的，其他地方没有，想买东西只能到上海。今天，时代不同了，不再是物质匮乏的时代，老百姓有着更高的、更美好的生活追求。今天所说的稀缺产品与20世纪的稀缺产品不可同日而语。新中国成立前的一盒火柴、70年代的一辆自行车、80年代的一台冰箱可能就是稀缺品，今天这些东西早已经成为司空见惯的东西或淘汰品，甚至最新出品的华为新机都不能算作什么稀缺产品。

虽然时代变了，但是人们消费心理没有变，消费原理没有变。回顾2007年，智能手机横空出世，人们争相购买。那个时候，智能手机就是稀缺品。这给我们提供两点启示：一是不同时代有不同稀缺品，二是稀缺品是可以创造出来的。今天，全球新科技产品、新概念产品层出不穷，上海为什么不能独占一席呢？可见，上海要想拥有稀缺产品，必须在产品创新上下功夫，要打造出其他地方没有的新科技产品、特色产品、概念产品，只有如此才能保持上海购物的天然优势。即使没有本地新产品，上海也可以同高新技术企业进行战略合作，让上海成为高新产品的首发地。[2]

2. 价格瓶颈

价格瓶颈主要表现是“物美价廉”没有做到位，性价比没有优势。对于大众消费品，物美价廉是消费者永恒的追求。今天的市场竞争已经由传统的卖方市场转变为买方市场，产品竞争优势的核心就是要物美价廉，或者具备性价比优势。上海商家可

---

［1］贺瑛.上海建设“四大品牌”重点问题与对策[J].科学发展，2019(03)：16—24.

［2］同上。

能会有一个认识上的误区,总以为大上海是大都市,有租金高、人工贵、运营成本高、消费水平高等诸如此类的理由,卖的产品一定要贵,否则体现不出大都市的特色。这种想法和思路本身就是错误的。上海产品同其他地方一个样,价格又比其他地方高出了许多,消费者凭什么要购买? 有人会说,一分价钱一分货。同样价格,产品质量要好;同样的产品,价格要低——这就是个悖论。的确如此,如果上海要把自己打造成一个国际消费中心城市,同时又做不到物美价廉,这也是一个悖论。上海之所以能成为购物天堂,自然有它无可比拟的特色和其他城市无法超越的优势。现在,上海是中国的经济、贸易、金融、航运、科创中心,有着其他城市难以企及的集群效应优势。上海就应当把自身的优势发挥出来,一方面要把成本降下去、把税减下来,另一方面增加产品附加值,提高产品性价比,增加消费者上海购物满意度。[1]

3. 服务瓶颈

服务瓶颈主要是服务水平未达到消费者要求,服务升级滞后。如果说,稀缺产品和物美价廉体现商业的硬实力,那么服务和人文方面就体现着软实力。而且,现代营销越来越重视产品的软实力。所以,面向消费者的服务便成为现代营销的重中之重。打响上海购物品牌,亟待上海商业的服务优势迸发活力。每一次商业模式的创新,都会对服务有着明确规范要求。大卖场、连锁经营、电子商务、O2O 等商业模式跃迁,服务也随之向更高标准跃进。大卖场增加导购服务要求,连锁经营提供了售后服务连锁,电子商务出现了线上导购服务和第三方配送服务,O2O 提供线上与线下对接的全渠道、全方位服务。同时,购物体验以及产品体验对购物服务又提出了更细致的要求。[2]

一流商业要有一流的服务,这已经成为零售界的共识。因此,打造上海购物品牌,需要所有实体零售商在服务上下功夫。实体商业零售商应该利用各种服务手段和技术工具为到店顾客提供商品知识培训、商品选购参谋、便捷支付、有偿或免费的送货等购物过程的全方位服务,让消费者真正体会到购物是轻松、愉快、令人向往的。

4. 品牌文化发展瓶颈

品牌文化发展瓶颈是品牌及人文方面宣传跟不上消费者内心情怀的需要。今天,随着人们生活水平不断提升,物质生活日益丰富,人们对品味、品质、品牌的追求如潮水般涌现出来。人们追求个性化、差异化、多样化、人性化消费,而不仅仅是功能性消费、情感性消费。从消费者角度而言,购物过程不是"买、买、买",而是一种情怀。购物过程不单是一个消费过程,而是人们享受的过程,是一个情感体验的过程,是人

[1] 贺瑛.上海建设"四大品牌"重点问题与对策[J].科学发展,2019(03):16—24.
[2] 同上。

文、品牌和心灵互通互融的过程。一些国人到瑞士买手表，到法国买香水，到美国买苹果，这本身就是一种对他国固有文化属性的体验。国外一些产品制造商和零售商，洞察消费者心理，向消费者输送产品的品牌和文化。[1]营销大师菲利普·科勒说：星巴克卖的不是咖啡，是休闲；法拉利卖的不是跑车，是一种近似疯狂的驾驶快感和高贵；劳力士卖的不是表，是奢侈的感觉和自信；希尔顿卖的不是酒店，是舒适与安心；麦肯锡卖的不是数据，是权威与专业……[2]

谈及上海购物品牌与文化，人们自然会想到老洋房、老码头、老街道、老店铺、老字号、老工匠……这些给人们带来更多的回忆。十里南京路，百年上海滩，让人们徜徉现代商业气息之时，感受百年上海人文情怀。上海本土的工匠精神、独特的海派文化、优越的经济区位，足以铸就上海无与伦比的商业魅力，成就上海国际购物中心的金字招牌。“好孩子是夸出来的”，这一切都需要强有力品牌文化的宣传与造势。[3]

（四）“上海服务”品牌建设瓶颈

1. 资源配置能力有待提升

服务就是如何将资源转换为“生产力”“生产资料”，其本质要求吸收资源、聚焦资源、消化资源、配置资源。目前，上海的资源聚集度不够，我们拥有国内最齐全的金融要素市场，但我们的资金吸附效应比不上北京；我们拥有最优良的港口设施，但我们的航运衍生资源几近空白；在医疗、教育、科技等各类资源的分布上，上海并非具有绝对的实力。上海资源聚焦度不够，直接影响了资源配置的广度；体制机制的支持不到位，影响了资源配置的深度。提升资源配置能力应该也必须成为“上海服务”的重要抓手。[4]

2. 服务辐射能力有待加强

“聚集”的目的是“辐射”，“服务”需要“传递”，“服务”更需“辐射”，没有“辐射”的服务是“伪服务”。目前，“上海服务”面临辐射半径不够大、辐射能级不够深的问题。上海国际金融中心的“融通全球”尚未达到；上海国际贸易中心“买卖全球”尚需努力；上海国际航运中心“覆盖全球”尚存短板。[5]

3. 载体平台搭建急需加快

无论是资源集聚还是辐射，都需要通过平台得以完成。搭建平台、构筑载体是做

[1] 贺瑛.上海建设“四大品牌”重点问题与对策[J].科学发展，2019(03)：16—24.

[2] 陈朋颖.符号消费与自我认知：观察纪实类节目的符号系统构建——以《妻子的浪漫旅行》为例[J].新闻文化建设.2020(13)：86—87.

[3] 贺瑛.上海建设“四大品牌”重点问题与对策[J].科学发展，2019(03)：16—24.

[4] 同上。

[5] 同上。

好“上海服务”的前提和必备条件。对标国际上的全球城市,上海“平台”不够全、不够多、不够高、不够大。上海缺乏“总部”机构;上海缺少资源市场;上海缺失“定价”能力。这一切的一切影响了上海“发声音”“见身形”。[1]

五、政策建议

(一)以“系统工程”的思维推进“四大品牌”的战略落地

1.“四大品牌”之间存在紧密的关系,必须探寻其间的“耦合机制”,以系统工程的思维推进品牌战略的实施。打响“四大品牌”,既要依靠“单点突破”,更要追求“合力围攻”。

2. 按照“反木桶原理”,通过识别、比较、提炼,从而找寻自身的“独一无二”,这应该成为“四大品牌”推进的路径。[2]

(二)以“第一唯一”的追求实现“四大品牌”的科学定位

1.“四大品牌”建设必须因循“品牌二级法则”,即在高度上找第一,在角度上做唯一。“四大品牌”能否打响,取决于能否“找到第一、做到唯一”;取决于能否找准角度、找对高度。

2.“第一”和“唯一”应该成为“四大品牌”的持续竞争力。

3.“第一”和“唯一”应该成为“四大品牌”建设的“突破口”。对标“第一”和“唯一”,“上海制造”的核心是形成“上海标准”;“上海服务”的关键在于发现“上海价值”;“上海购物”聚焦“上海首发”;“上海文化”追求“上海首秀”。[3]

(三)“上海标准”应成为“上海制造”的关键核心

1. 落实多维、立体、动态的具体措施。多维,即为多角度。作为后来的标准制定者,唯有融入新颖元素,才能挑战旧有标准,创建新型标准。因此,在标准制定过程中,要融入绿色发展标准、创新发展标准、协调发展标准、开放发展标准。立体,即为多层次。上海要全方位地参与国际标准、国家标准、行业标准的制定。越来越多的“上海标准”成为“中国标准”“全球标准”。动态,即为多步走。标准的动态调整,给予后来者更多的参与机会,这种机会必须把握。但新技术、新经济、新模式往往诞生新

[1] 贺瑛.上海建设“四大品牌”重点问题与对策[J].科学发展,2019(03):16—24.
[2] 同上。
[3] 同上。

行业，呼唤新标准，这既是挑战、更是机遇。上海必须关注这些新型行业中的“独角兽”“隐形冠军”，上海必须培养专注和专业的“独角兽”“隐形冠军”，要让上海的“独角兽”“隐形冠军”成为世界市场的领导者。[1]

2. 以鼓励高端企业参与国家标准的制定，积极促进上海制造标准必要专利数量的提升。在当前国际范围法律框架下，生产企业作为国际标准的标准实施者必须获得专利权人的许可才能合法使用标准必要专利（Standards-Essential Patents, SEP）生产标准产品。上海作为国际大都市，当前持有三大国际组织标准必要专利数量与上海制造业大城市的地位不符，与东京等制造业大城市差距悬殊。上海必须把研发出来的高端专利，有效地转化为国际标准必要专利，才能稳固打造“上海制造”的高端产品，切实提升上海制造的美誉度。[2]

3. 继续推进上海标准化工作，积极鼓励企业获得国际标准认证。近些年，上海有效推进企业标准化生产工作，取得了显著成效，但高端产品采用国际标准的工作还需强化；合法引入国际标准，是“上海制造”提升品质的重要途径。[3]

4. 建立上海高端产品标准化指标体系是提升“上海制造”国际地位的必要途径。当前除了三个标准化国际组织之外，还有欧洲电信标准协会（ETSI）、日本国家标准协会（JSA）、中国国家研究所标准化（CNIS）、印度标准局（BIS）等区域或国家的标准化组织，但高端产品标准化组织仍然稀缺。上海代表国家参与国际竞争，在人工智能、高端装备、大数据与新一代信息技术、新材料、新能源、生物医药等领域发生历史变革的当下，上海必须担当历史使命，在世界上率先成立高端产品标准化组织，组织世界范围高端制造业企业参与高端产品标准化制定。[4]

5. 打响“上海制造”的“上海标准”营销策略。首先，注重传播信息的聚合性。作为动态的品牌传播，“上海制造”品牌的信息聚合性，是由静态品牌的信息聚合性所决定的。“上海制造”品牌传播，需要辩证地对信息进行取舍，做到所传播的品牌信息“合”则有基础，“聚”则能传神。其次，注重受众的目标性。“上海制造”品牌传播的对象是受众。“品牌”打动“消费者”，“消费者”带动“销售”，是最浅显易懂的道理。[5]从传播角度上看，品牌的传播者最关注的是目标受众，因为在“品牌”打动“受众”之后，“受众”则会产生有益于品牌的行为——不仅仅是直接带动销售，而且还会引发各种

[1] 贺瑛.上海建设“四大品牌”重点问题与对策[J].科学发展，2019(03)：16—24.
[2] 同上。
[3] 同上。
[4] 同上。
[5] 同上。

各样的间接行为,如受众会对品牌进行二次传播、潜在消费者将转化为现实消费者。因此也可以将信息传播视作一种营销行为,需细分市场,找准定位,确立目标受众。只有确立了目标受众,信息才能有效地进行传播,受众的接受需求才能得到满足,“上海制造”品牌传播才会收到成效。再次,注重传播渠道的多元性。上海制造品牌构建与传播过程中的媒介渠道众多,应该讲究整合。传统的大众传播媒介,如报纸、杂志、电视、广播、海报、路牌、车体、灯箱等,对于现代社会的受众来说仍然具有一定的吸引力,对它们的选择组合本身就具有多元性。而新媒体的诞生,更突出了城市品牌传播媒介的多元性。事实上,无论品牌是以哪种形式产生的,都离不开传播沟通。打响“上海制造”品牌形成的过程,实际上就是品牌在受众中的传播过程,也是受众对“上海制造”这个品牌逐渐认知的过程。在这个过程中,媒介传播渠道的整合是不可忽视的要素。[1]

6. 强化“上海制造”的“龙头”,提升引领长三角区域制造业发展的作用,促进长三角区域制造业一体化发展。通过上海有效发展高端制造业,强化“上海制造”的“龙头”作用;通过产业链、价值链、创新链的区域协同,提升“上海制造”引领长三角区域制造业发展的能级;通过建立长三角区域合作的长效机制,有效实现“长三角”区域内协调发展红利的利益协调,有效消除长三角区域间的壁垒,加速长三角区域经济一体化的进程;在市场配置资源的作用下,充分发挥政府的战略引导作用,彰显长三角区域内产业集群效应,促进长三角制造业协同发展。[2]

(四)“上海首秀”应成为“上海文化”的基本态势

1. 彰显“上海文化”的魅力,打造“上海文化”的软实力,需要厘清“码头”与“源头”的关系;需要“上海首秀”的标识和符号;需要产业和人才的支撑。

2. 突出文化源头的原创力,推出“上海原创”的文化精品。“源头”重在原创力,贯穿于文化品牌建设各领域全过程,直接关系到“上海文化”的可持续发展。坚持打造“上海原创”“上海制作”“上海出品”的品牌矩阵,才能彰显“上海文化”历久弥新的突出地位。要充分彰显国际文化大都市的文化源头地位,紧扣重大题材、聚焦重大工程、瞄准重大节点,推出精品力作和拳头产品,形成规模优势和标识性品牌。[3]

3. 突出文化码头的集聚力,提升“上海首秀”的平台能级。文化“码头”建设对“上海文化”品牌建设发挥着关键作用。要充分彰显国际文化大都市的文化码头地位,唯

[1] 贺瑛.上海建设“四大品牌”重点问题与对策[J].科学发展,2019(03):16—24.
[2] 同上。
[3] 同上。

有胸怀"海纳百川"精神，巧借"他山之石"，发挥好"码头"集聚效应，才能帮助上海打造首发、首演、首映、首展市场，帮助上海建成优秀文化发展的"基地"和"大本营"。重大国际性文化活动是体现一座城市开放程度、发展活力的重要窗口，是集聚优势文化资源、文化市场要素的重要平台，更是文化人才和文化产品展示、交流、借鉴、切磋的重要载体，因此实施品牌节展提质专项行动，提升重大节展国际排名。通过打造一批立足长三角、辐射全中国、影响全世界的国际知名文化活动品牌，吸引全球优秀文化作品在上海首发、首演、首映、首展，提升"上海首秀"的平台能级。[1]

4. 突出文化产业的引领力，打造文化创意产业重镇。要充分彰显国际文化大都市的产业领军地位，以全面落实"上海文创 50 条"为抓手，构建文化创意产业要素集聚和整合能力，形成文化创意产业链，构建对全球文化资源的市场配置能力，打造具有引领性的创意经济。加快实施文创产业腾飞专项行动，加大市场主体培育力度，健全现代文化市场体系。尽快做大文创产业规模，重点聚焦影视、演艺、动漫游戏、网络文化、创意设计、出版、艺术品、文化装备等八大发展领域，加快建设全球影视创制中心，打造亚洲演艺之都，建设全球动漫游戏原创中心，巩固国内网络文化龙头地位，建设国际重要艺术品交易中心，加快实施文化装备产业链布局，推动文创产业加快转型升级、尽快焕发活力、扩大领先优势，增强上海城市文化功能和国际影响力。[2]

5. 突出文化载体的影响力，打造城市精神标识和文化地标。要充分彰显国际文化大都市精气神的独特魅力。精心打造海派特色的文化地标，实施"上海名人"风采弘扬计划，推出彰显时代特征、中国特色、上海特质的主旋律"扛鼎之作"。

6. 突出文化名家的创造力，打造国际文化大都市的人才高峰。加快培育集聚名家大家，充分彰显国际文化大都市的人才高峰地位，使上海成为一流文化人才的汇聚之地、培养之地、事业发展之地、价值实现之地。只有越来越多文化名家扎根上海，形成群星璀璨、交相辉映的局面，上海的文化底蕴才会越来越厚实，"上海文化"的金字招牌才会更闪亮。[3]

（五）"首发首品"应成为"上海购物"的靓丽名片

1. "上海购物"品牌的打响，需要众多的"上海首发"（包括"上海首店""上海首品"）；需要具有"买全球，卖全球"的实力。而这一切的关键在于上海国际消费中心的打造。国际经验告诉我们，发达国家在达到中等收入水平，进入工业化和城镇化的后

[1] 贺瑛.上海建设"四大品牌"重点问题与对策[J].科学发展，2019(03)：16—24.
[2] 同上。
[3] 同上。

期阶段,都走了一条依托国际化大都市形成国际消费中心,来聚集全球消费资源,实现消费创新,增强对全球消费的引领和带动之路。[1]

2. 国际消费中心具备三大特征:一是全球消费市场的制高点,具有强大的消费实现功能;二是全球消费资源的集聚地,具有高效的消费配置和带动功能;三是全球消费发展的风向标,具有突出的消费创新和引领功能。国际消费中心的形成发展具有一些共性条件和趋势:一是国际消费中心的形成与经济发展水平密切关联。二是国际消费中心是消费全球化的推动者和受益者。三是国际消费中心发展日益多样化和层次化。四是国际消费中心发展依赖于开放包容的环境与完善的制度政策。[2]

3. 上海建设国际消费城市的发展策略。一是要打造具有全球影响力和美誉度的标志性商圈。彰显国际时尚与历史人文的核心商圈,是国际消费中心的主要标志,也是国际消费中心的发展龙头。二是要营造多业融合互动的消费生态。国际消费中心的发展不是以单一行业为支撑,而是商业、旅游、文化、体育、会展等诸多行业联动发展的有机整体,从而实现消费的规模效应和整体优势。三是以文化为基准点,形成具有代表性的特色本土品牌商品。一个国家、地区的文化与精神内核不可复制,上海不仅需要唤醒、升华旧有"老字号",上海更需打造具有海派固有特色商业风格的"新字号"。四是培育"买手制",做出"上海购物"的差异化。"买手制"是商业企业获得差异性的基本手段,"买手制"可提升市场的认同性,"买手制"可提升商业的显著性。五是完善高效、便捷、法制的消费环境。国际消费中心普遍重视加强基础设施建设,上海需进一步密切与国内外城市的互联互通,完善以空港、海港为枢纽的网络化交通体系,同时强化城市内交通设施与商业消费空间的结合,从而提升交通网络的通达性。上海还需利用现代信息技术提升消费便利性和智能体验。上海更需尽快建立综合性执法机构,加大商品质量、食品安全、市场秩序综合监管和治理,全面推进社会信用体系建设,为国内外消费者提供安全诚信的消费市场环境,并探索建立符合国际惯例的快捷消费纠纷解决机制。六是实行有利于消费集聚和实现的税收政策。上海需向国际消费中心的所在国看齐,建立起较为完善的免税购物和离境退税制度。同时建立适应服务业发展要求和体现消费实际情况的消费统计指标体系,特别是构建国际消费中心的衡量和发展指标,强化国际消费中心的分析、评估工作,为上海争取消费税的地方优惠政策做基础准备。[3]

---

[1] 贺瑛.上海建设"四大品牌"重点问题与对策[J].科学发展,2019(03):16—24.
[2] 同上。
[3] 同上。

（六）“上海价格”应成为“上海服务”的终极目标

1. 上海金融在“上海服务”中占据核心地位。牢牢把握定价权，涌现更多的“上海价格”，让更多的“上海价格”成为“中国价格”“亚洲价格”“世界价格”，成为市场风向标是确立上海生产性服务业在全球地位的试金石。不断挖掘内涵特质、不断提升增值服务，不断在服务中体现“上海价值”应该成为上海生活性服务业的不懈追求。[1]

2. 金融定价权是大国金融的核心诉求，是判断一国金融是否拥有融通全球实力的重要标志，是体现上海国际金融中心辐射能级的风向坐标。上海国际金融中心建设是国家战略，上海要建成全球能级的国际金融中心，重中之重是要形成一批具有国际影响力的金融市场“上海价格”，着力提升金融要素市场全球定价权。这就要求上海必须确立其全球性人民币产品创新、交易、定价和清算中心地位，完善金融市场定价机构。

3. “上海价格”是由一系列的“基准”“指数”“收益率曲线”构成。首先，必须紧紧抓住金融市场“牛鼻子”——利率，让上海银行间同业拆借利率（Shibor）成为境内外人民币资产定价的主要基准利率，积极培育以上海银行间同业拆借利率为定价基准的各类衍生产品。提高 3 个月 Shibor 利率互换（IRS）产品的市场活跃度；激活远期利率协议（FRA）、货币互换（CCS）产品的活跃度；推出一批诸如利率上（下）限期权、利率互换选择权等嵌有选择权的利率衍生产品。同时，债券市场作为金融市场的基础市场、核心市场，其价格基准在整个金融体系中有着举足轻重的作用。债券市场中形成的以债券收益曲线为代表的基本价格指标，直接影响到贷款利率、资金利率、银行理财利率等重要利率体系。目前中央结算公司每日编制发布以国债收益曲线为代表的基准价格指标，在人民银行、财政部、亚洲开发银行等官方网站发布，财政部使用中债国债收益率曲线作为国债和地方债发行定价基准，国际货币基金组织将三个月期国债收益率纳入特别提款权（SDR）利率篮子。有鉴于此，上海可以依托中央结算公司在上海自贸区设立的人民币债券跨境发行中心、跨境结算中心、中债估值中心、中债担保品管理中心这四大核心功能平台，夯实平台的人民币利率基准定价平台基础。依据上海国债关键收益率指标（SKY），为巨量的境内外金融资本提供定价基准，支持上海形成包括股票、债券、外汇、衍生品等市场在内的完整金融资产定价体系，进一步巩固上海作为全球人民币资产定价中心的地位。其次，必须牢牢把握汇率的主动权，使人民币汇率中间价成为境内外人民币交易定价的主要汇率基准。

---

[1] 贺瑛.上海建设“四大品牌”重点问题与对策[J].科学发展，2019(03)：16—24.

发挥人民币汇率指数(CFETS)作用,让更多的金融衍生产品基于境内的外汇市场价格、而非离岸市场的价格进行定价,离岸市场价格最终趋向在岸;让更多基于境内外汇市场价格的汇率风险规避工具在市场上推出并进行交易。虽然,在人民币实现彻底自由流通之前,两岸市场价格不太可能完全一致,但偏离程度将会减小;而且,短期内资金流不一致造成的偏离将可能是双向的,而非长时间的单向偏离。再次,进一步扩大上海航运保险指数(SMII)、全球清算对手方协会(CCP12)的国际清算行业标准(Bund Template,外滩标准)等一系列"上海价格"范畴的上海金融市场特有品牌的影响力。[1]

4. 打破全球大宗商品交易市场"单一美元本位"定价的局面,将上海建设成以人民币计价的国际大宗商品定价中心。在联合国贸发会议(UNCTAD)公布的 81 种国际大宗商品价格中,有 76 种用美元标价。根据罗杰斯(Rogers)国际商品指数统计,其中的非美元计价商品的权重仅为 2%。虽然,中国是全球最大的大宗商品进口国和消费国,虽然中国商品期货市场占全球商品期货和期权总成交量的 51%,连续 9 年位居世界第一,但中国只是这个市场价格的被动接受者。这一现状必须改变。大宗商品"上海价格"将从上海出发。首先,选择好"标的"。上海应选择一些诸如能源、贵金属、有色金属等在上海交易量大面广的大宗商品,为国际市场提供以人民币计价的(或人民币计价、美元保证金交易)公开透明的"上海价格",并推动这些"上海价格"在全球范围内得到普遍认可和广泛使用。其次,确立好"定位"。我们必须清醒地认识到:在相当长的时间内,大宗商品美元定价权是难以撼动的,我们在争夺定价权的斗争中,应明确自身拾遗补阙的定位。例如,把"上海油"打造成中国乃至亚太地区市场供需关系的原油定价基准,与反映北美市场供需情况的纽约商业交易所的西德州中间基原油(WTI)和反映欧洲市场供需情况的伦敦国际石油交易所的布伦特(Brent)原油期货错位竞争,使其成为全球第三大基准油价的特质,弥补 WTI、Brent 原油期货在时区分工上的空白,形成 24 小时连续交易机制。又如,"上海金",应定位为亚洲时段国际黄金市场价格风向标;扩大"上海金"在人民币黄金衍生品市场的运用场景,推进白银、铂金和钯金人民币基准价交易产品研发;通过推出人民币黄金期权波动率曲线,构建场外衍生应用场景体系。再次,捕捉住"短板"。改变大宗商品市场单一、封闭格局;形成场内、场外,境内、境外互通机制;培养国内专业商品投机者,引导海外的大宗商品上游生产商参与国内期货市场。[2]

---

[1] 贺瑛.上海建设"四大品牌"重点问题与对策[J].科学发展,2019(03):16—24.
[2] 同上。

第二节 上海购物品牌研究

一、上海购物发展历程

上海是一座因商而起的城市，在唐、宋时期上海商业初具规模，虽然比不上苏、杭，但是已具备了商业发展基础，甚至上海有着“小杭州”之称。700多年前，上海的先民们，开发了老城厢，形成了十六铺地区的商业集散地。200多年前，上海由老城厢向外扩，吸收国际商业资本和金融资本，形成了南京路、淮海路、外滩的商业中心格局。1843年，上海正式成为对外商埠，对外开放促进了上海城市发展以及商业繁荣，上海逐步形成了一些特色品牌，如吴良材、老凤祥、邵万生、五芳斋、老介福等。上海商业发展与繁荣，引发上海商业资本产生。19世纪60年代，上海已经出现了中国第一代商业资本家。1862年，在虹口诞生了我国第一家“顺记五金洋货号”，它的主人是23岁的叶澄衷。之后，他又开设了南顺记、义昌成记、新顺记、可炽记等商号。叶澄衷靠五金起家，靠火油发财，后来又投资火柴业，他是“五金大王”、上海巨富、最大火柴制造商。19世纪末，叶澄衷与李鸿章同为中国通商银行的创办人、投资者。当然，不可否认，这些商业资本有着买办性质。[1]

19世纪70年代起，民族商业资本开始出现，主要从事缫丝、棉纺、煤矿、船舶修造等业。在戊戌变法、辛亥革命等政治运动的推动下，民族资本获得了初步发展。上海零售商业在这一时期，也得到发展，形成零售商业的“海商”群体。1917年，马应彪先生投资建设的先施公司（后为上海时装公司、东亚饭店）在南京路开业。1918年，郭氏兄弟投资建设的永安公司在南京路开业。1926年，华侨刘锡基、李敏先生投资的新新公司（后为第一食品商店）在南京路开业。1936年，澳大利亚华侨蔡昌先生投资建设的大新公司（后为第一百货商店）在南京路开业。这四大公司，当时都号称“环球百货”。自此之后，上海品牌、上海商业、上海购物一直是上海这座城市骄傲。[2]

新中国成立后，我国选择了计划经济模式，商业是国民经济计划的一个重要组成部分，但当时商业企业的市场地位和调节功能并不显著。新中国成立初期，上海第三产业比较发达，上海市场相当活跃。1952年，上海第三产业增加值是15.27亿元，占当年国民生产总值的42.58%。但是，随着计划经济模式不断推进与深入，特别是三

[1] 张广生.《海商》的由来[J].上海商业，2013(08)：6—11.
[2] 同上。

年自然灾害以及“文革”的影响，上海商业、服务业地位急剧下降。1972年，第三产业增加值降到了历史最低点，为29.62亿元，仅占国民生产总值的17.32%。尽管上海商业在这一时期出现萎缩，但上海购物在全国人民心中的地位并没有改变，当时人们购物的首选地还是上海。改革开放后，上海的永久自行车、上海手表、蝴蝶牌缝纫机、大白兔奶糖、百雀羚雪花膏等等，都成为全国老百姓争相购买的产品。[1]由于商品短缺以及全国人民到上海购物，上海消费物价指数急剧上升，1989年消费价格指数比1978年增长了105.1%。

20世纪90年代，上海进一步走向开放，特别是浦东开发，以及国内连锁经营和流通革命兴起，为上海商业发展提供重要契机，上海商业业态逐步升级，并走向繁荣。编委成员经过调研，并采访上海商学院周勇教授，了解到改革开放以来实体零售业发展情况。在20世纪80年代，日本和中国香港的中小型超市已经进入上海，它们主要与上海区级商业公司合作，地域限制以及不适应当时的消费需求这些因素严重制约了连锁经营的规模化发展，在20世纪90年代中期基本被淘汰。后来，上海本土联华、华联、农工商等三家连锁超市后来居上，发展势头迅猛。从1995年开始，麦德隆、家乐福等大型连锁超市(大卖场)进入上海市场，而后农工商、联华、华联也开始发展大卖场业务。值得强调的是，联华、华联、农工商三家背靠大集团的超市连锁公司的出现，打破了区公司以地域为界开办超市的格局；同时，市政府出台市、区两级分税制的政策，这也为全市形成一个统一市场提供了有利条件。与此同时，24小时连锁便利店也在上海如火如荼地发展起来。2000年之前，上海主要有罗森、快客、好德、家得利、喜事多等5家便利店；2000年之后，罗森和全家发展迅速，至今它们各自在上海均有1 000多家的规模。这就形成本土百货和大卖场、外资(或合资)大卖场、中型连锁超市、便利店等业态共存，并且共同竞争的局面。

事实上，近十多年以来，由于互联网经济的兴起，网上零售如雨后春笋般发展起来，上海实体零售业受到了一定程度的冲击。2010—2015年，上海商业业态除大卖场、便利店有所发展之外，其他没有太多起色，一直走下坡路。特别是，上海购物中心自2010年以来销售增长率持续下滑，而且单位面积销售额也出现下降趋势(根据《上海城市商业综合体发展情况报告(2016—2017)》)。

2016年，盒马鲜生在上海横空出世，是一个标杆性事件，进一步推动上海零售业向更深层次发展。2018年4月，上海市委、市政府召开全力打响“四大品牌”推进大会。其中，上海“购物品牌”是“四大品牌”的重要抓手，也是最大的亮点。2020年5月

[1] 张广生.《海商》的由来[J].上海商业，2013(08)：6—11.

5日，上海市成功举办首次“五五购物节”，组织重点商圈、特色商街、商业企业、品牌企业开展营销活动，通过线上引流带动实体消费，促进消费回补和潜力释放。[1]“五五购物节”持续发力，对新冠疫情下消费整体回暖起到非常大的推动作用。截至2020年5月底，上海已先后举办84项重点活动和470余项特色活动。统计显示，2020年5月份线下实体商家持续回暖，支付端大数据监测的上海全市线下实物消费为1 443.6亿元，网络零售额近1 000亿元。[2]

综上，上海商业发展与繁荣得益于两点：一是对外开放；二是政府支持与政策引导。首先，上海商业发展与对外开放是分不开的。习近平总书记强调：“上海背靠长江水，面向太平洋，长期领中国开放风气之先。上海之所以发展得这么好，同其开放品格、开放优势、开放作为紧密相连。”我们知道，不管是被动的开埠通商，还是主动改革开放，上海都是以开放姿态呈现在世界的东方，吸引外来商业资本同时，推动本土商业资本形成以及商业链发展，打造本土商业品牌，吸引全国乃至全球顾客到上海购物。此外，上海商业发展离不开政府支持与政策引导。近年来，上海市委、市政府出台一系列政策措施，打响“上海购物”品牌，创造更加便利的购物消费环境，汇聚更加丰富的全球高端品牌，打造更有特色的知名商业商圈，抓住中国国际进口博览会等重大机遇，把上海建成人人向往的购物天堂。

二、上海购物面临的问题

上海素有“购物天堂”的美称。如何重拾“上海购物”品牌优势？如何赋予新时代“上海购物”以新的内涵？如何打响“上海购物”品牌？回答这一系列问题，迫切需要寻找此间的短板、瓶颈与不足。我们认为：打响上海购物品牌面临的主要问题在于体制机制、在于营商环境、在于业态模式、在于供需匹配。

1. 体制不够创新

打响上海购物品牌，促进消费升级和创新面临体制机制障碍。

第一，相关法律法规不健全。在新业态、新模式不断涌现下，一些现行法律法规不适应创新发展需要，或者在执行过程中存在配套法规不完善、与其他法律缺乏协调等问题。同时，网络诈骗、假冒伪劣、虚假宣传等问题依然存在，消费信息安全、金融支付安全、消费者权益保障等问题依然存在。[3]

---

[1] 杨洁.电商平台纷纷助阵“五五购物节”[N].中国证券报，2020-04-24(A06).

[2] 顾春娟，刘君婷.“五五购物节”多项活动释放上海消费潜力[N].国际商报，2020-06-09(008).

[3] 王微，王青.对培育建设国际消费中心的政策建议[N].经济日报，2017-04-03(007).

第二,标准体系建设滞后。与近来服务业快速发展相比,服务标准体系建设明显滞后,新兴行业标准缺失,现行服务标准和规范整体水平不高,可操作效果不强,宣传力度不够等,也导致一些标准在实施过程中效果不明显。

第三,市场监管有待进一步改革。部分服务行业依然面临行政审批过多、相关限制性条件过严等问题。例如,我国现行医疗相关机构临床科室设置规定要求,必须设立 4 个二级科目,资质要求明显严于韩国等医疗美容大国。此外,重审批、轻监管的情况依然存在,有的部门或地方虽然加强了事中事后监管,但基于大数据的监管、社会共治的理念尚未形成,而政府部门的监管缺乏有效协调,也造成了不少新的风险隐患和监管盲区。[1]

第四,在商品消费方面,与发达国家相比,中高端消费品进口关税、进口环节增值税和消费税相对偏高,不仅造成大量消费外流,而不利于国内消费品制造业加快升级。

第五,在服务消费方面,健康医疗、教育文化、休闲娱乐等消费服务行业的对外开放相对较慢,市场准入和投资的审批限制依然存在;在吸引国际消费方面,存在旅游签证等便利化水平不高,免签国家扩围速度较慢,国内不同城市之间出入境和边检信息互通水平较低,免税退税政策试点范围小等问题,难以吸引更多国际游客入境消费。[2]

2. 环境不尽友善

具体表现为实体商业成本的高企和商业信誉的缺失。

首先是实体商业成本的高企。一是人工成本逐步攀升。2011 年以来,我国零售业职工平均工资涨幅约 10%～15%,大大超过营业收入和净利润增幅。据在上海调研时企业反映,永辉超市仅 2014 年员工工资同比增加 25%,步步高等企业和职工合计缴纳的“五险一金”占职工工资的 1/3 左右。二是租金成本大幅上涨。随着 15 至 20 年期大型店铺与房屋主租赁合同普遍到期,大多数零售企业要承担过去一倍至数倍的租金成本,远超零售业 1%～3%的利润率水平。三是税费负担依然较重。尤其是规模以上百货和超市作为一般纳税人,增值税税率为 16%,远高于亚太地区其他国家 5%或者 10%的税率水平。而且,实体商业面对各种层出不穷的收费,如农业口的植物检疫证年检费、农残试纸使用费、植物检疫费,技监口的计量器具检测费、纤检费,气象口的防雷费,水利口的堤防维护费,食药口的 GPS 认证费、药品抽检费,卫计委口的环境监测费、门店空气采样检测费,社保口的中断缴费年限缴费,水电气口的安装变压器、安装水管、新店“电费押金”、配电设施检测费,银行口的账户管理费、跨

[1] 王微,王青.对培育建设国际消费中心的政策建议[N].经济日报,2017-04-03(007).
[2] 同上。

行转账手续费、刷卡手续费，以及各种培训论证费、会费、报刊费、赞助费、评选费、认证费等等。当然，比起2015年之前，今天部分税费缴纳比例有所下降，但是相较一些发达国家而言，实体商业税费比例仍然较重。

其次是商业信誉缺失。商业信誉缺失是上海购物亟须解决的难题。西方政治学里有一个“塔西佗陷阱”定律，即当政府部门失去公信力时，无论说真话还是假话，做好事还是坏事，都会被认为是说假话、做坏事。同样，在商业领域里，如果整体商业信誉缺失，不管零售商营销做得怎么样，都有可能存在着商业“塔西佗陷阱”风险。有专家指出：1936年全国100多个商业品牌，上海就占据了八成多。许多老上海生产的产品质量比洋货都好，比如鹅牌汗衫，法国商人买来鹅牌汗衫，贴上自己的标签销售。然而，现在上海商业老品牌走上了下坡路，口碑不如以前，更多的年轻人通过互联网了解全球商品，通过互联网或旅游从全球选购商品。因此，在这样的背景下，重塑上海商业信誉还需要一个过程，这在一定程度上影响了打响上海购物品牌的效果，尤为值得重视，现在“五五购物节”就是一个好的发端。[1]

3. 业态存在困境

具体而言，实体商业的零售业态存在困境。相关研究指出，澳大利亚购物中心的销售额会占到零售总额的一半以上，而上海这些年一直徘徊在13%到15%之间。随着购物中心大规模的扩张，销售占比在零售总额中没有得到任何提高，这是上海零售业态最大困境。为什么会出现这种困境？

第一，“二房东”模式存在弊端。上海商场、百货实行的是联营制，即它也是通过铺位招募零售商家实行保底加扣点的经营方式，所以从某种意义上也可以把这种零售业态称为准购物中心，但其本质上类似“二房东”的经营模式。这种模式只是出租柜台、引厂进店、无须进货，正如同收到差价的二房东，这就会导致现实的零售商不思进取，不能够快速反映消费市场需求，无法给予消费者真正价格实惠。解决“二房东”模式弊端，最有效的方式是实行“买手制”。零售是“坐商”，决定零售业重要的不是“卖”而是“买”。买手制好处是：零售商能有的放矢进货，商品适销对路，减少库存；与生产供应商有较强议价能力，降低成本；让零售成为一门艺术，增加顾客忠诚度；最快应对市场反应，满足消费需求，等等。由于历史原因，我国长期在商贸流通领域内没有所谓的“买手”；改革开放后，市场爆发式增长，“二房东”模式成为主要的零售业态，商业缺少自营或“自有品牌”，几乎就没有了“买手”生长的土壤。“买手制”欠缺，最终导致商业资本沦为物业资本，物业资本变成了金融投机，商业的竞争力便无

[1] 曹剑涛，冯叔君.上海实体商业转型升级困境及对策建议[J].现代管理科学，2017(04)：112—114.

从谈起。[1]

第二，物流管理水平不高。物流管理能力水平不高，主要存在配送效率较低、配送服务能力不足等问题。一是配送效率较低。本节小组 2016 年所调查的全国 108 家传统商业企业共拥有配送中心 318 个，平均每家企业约 3 个，却没有一家企业能做到配送中心对分店经营的 100%配送，平均配送效率只有 70%左右，而这一配送效率远低国外配送率达到 80%～90%水平。二是配送服务能力不足。在调查的 286 家零售门店中，近 1/3 门店无法提供邮寄或送货上门服务，约 40%门店无法提供线上购物门店自提服务。当然，近年上海物流管理水平有了一定提高，但是与国际优质高效配送率还有一定差距。[2]

第三，渠道管理能力不强。实体零售业基本采用传统零售模式，渠道环节层层叠加，渠道成本节节攀高，导致商品价格居高不下，市场反应迟缓，面对网上零售的强势竞争黯然失色。上海人均购物面积是东京的 3 倍，面临空置率上升、同质化竞争等问题。事实上，渠道控制力量取决于很多因素，其中品牌力量就是极为重要的因素，而传统实体商业难以较好地经营自身的品牌，故很难同电商进行有效的竞争。而且，传统渠道环节较多，对进、销、存、取等环节的控制能力也较弱，人为造成成本高企，再加上个别商家标价虚高、服务水平较差等因素，导致传统商业在网络零售面前丧失价格竞争优势，市场份额不断下滑。

第四，整体服务水平差强人意。时代在变，但是营销和零售最基本的原理没有变。万变不离其宗，现代营销理念的核心是顾客，零售业吸引顾客的核心是服务。每一次商业模式的创新，都会对服务有着明确规范要求。大卖场、连锁经营、电子商务、O2O 等商业模式跃迁，服务也随之向更高标准跃进。根据 2018 年《上海百家购物中心消费体验调查报告》，30.1%受访者认为，所光顾的购物中心之间缺乏辨识度；76.5%的受访消费者认为，购物中心周到的“软服务”也有缺失。这表明，上海购物的消费体验，尚有较大改进空间。今天，随着时代发展和科技进步，消费者对购物体验、产品体验等购物服务提出了更细腻的要求，全渠道服务、全方位服务应运而生。而事实上，国内大型百货商场等购物中心的服务水平没有跟上时代要求，特别是导购无休止的推销、结账后冷漠的脸孔、购物体验的乏味、购物环境的同质化，让顾客感到无感、无尊、无趣、无奈，致使顾客转向网上购物，转到海外购物。

[1] 曹剑涛，冯叔君.上海实体商业转型升级困境及对策建议[J].现代管理科学，2017(04):112—114.
[2] 同上。

4. 供需难以匹配

不同的时代对于消费有着不同的需求和追求，这就要求产品的生产必须不断满足变化了的需求，所谓"需求导向"指的就是这一情形。不仅如此，为了提升人们的消费品质，实现消费升级，业界还需不断引领需求、创造需求，所谓"供给引领"就是对此的最好诠释。然而，现阶段上海购物面临的最大问题是供需双方的不匹配。

我国现阶段改善型、享受型商品和服务的有效供给明显不足，而低端同质商品和服务供给相对过剩，导致大量中高端和新兴服务消费外流。[1]

以旅游消费为例，入境和出境消费形成鲜明对比。2017 年全年中国公民出境旅游人数达到 1.3 亿人次，比上年同期增长 7%；中国游客国际旅游支出达 1 152.9 亿美元，占全球比重第一。2019 年，入境旅游人数达 1.45 亿人次，比上年同期增长 2.9%；而中国公民出境旅游人数达 1.55 亿人次，比上年同期增长 3.3%。[2]2017 年外汇收入仅是 68.1 亿美元，同比增长 4.3%。同时，相关报告显示，约 60%国内消费者对国内商品不信任，或认为境外商品质量好，约 20%国内消费者认为境外商品种类多、选择空间大。可见，产品和服务有效供给不足，是制约上海购物的最大问题。

5. 城市竞争力相对较弱

与东京、新加坡等国际贸易中心相比，甚至在某些方面与深圳、杭州相比，上海城市竞争力相对较弱。一是当前城市国际竞争力水平相对较弱。根据 2019—2020 年全球竞争力排名，亚洲区域中新加坡列第 3 位，深圳列第 4 位，东京列第 6 位，上海列第 9 位。上海应该看到各城市的发展速度和能量，要有强烈的危机感。二是国际型跨国公司集聚程度不够。根据 2018 年世界财富 500 强数据，中国有 120 家企业位列 500 强，总部在上海 500 强企业只有 7 家，而北京有 53 家，广东省有 12 家。根据 2018 年 10 大华商数据，深圳有华为和腾讯，杭州有阿里巴巴。三是上海独角兽企业实力相对较弱。2019 年数据显示，从独角兽上榜企业数量来看，上海排第二，杭州市在上海之后。但从上榜独角兽企业估值来看，杭州市则排第二名，估值合计高达 12 880 亿元，比上海市的 8 580 亿元高了约 4 300 亿元。平均上榜独角兽估值方面，杭州市则高达 677.9 亿元，上海市约为 190.7 亿元。市场是残酷的，只有强者才能生存。四是上海相对缺少民营企业创新精神的土壤。在改革开放 40 多年百名企业家名单中，上海的民营企业家数量屈指可数，而且上海也缺少类似华为、百度、阿里等当代顶级民营企业的创始人。这是一个非常值得反思的问题。上海是一座大城市，经济体量一

[1] 王微，王青.对培育建设国际消费中心的政策建议[N].经济日报，2017-04-03(007).
[2] 数据来源：中国新闻网.http://www.chinanews.com/cj/2020/03-10/9120457.shtml。

直位于中国所有城市的首位,经济发展稳定至关重要。因此,上海就会更多地重视大型国企和外资,而不会重视风险较大、不确定性较多的民营企业或中小企业。这就不难理解,上海缺少顶级民营企业,缺乏企业家创新精神。五是上海软实力有待进一步提高,特别是在品牌发展方面还有巨大提升空间。品牌发展的缺失问题,一直是上海城市发展的软肋。根据2018年最具价值中国品牌100强榜单,前20强品牌没有一家是上海企业。品牌是城市的名片,代表了一个城市的形象和文化,是城市软实力的一部分。在国际竞争日益激烈的今天,上海更需要加强自己的品牌建设,品牌是企业的灵魂,也是城市发展经济发展的驱动力。

三、 上海购物的SWOT总结

上海打响购物品牌具有得天独厚的条件,但要建设成为国际贸易中心和国际消费城市,上海仍然面临诸多问题。本课题组邀请多名商业领域专家,通过多次研讨,利用企业战略分析方法(SWOT),系统归纳了上海商业和上海购物的优势、劣势、机会与挑战。

第一,优势主要包括历史积淀、商业基础、经济区位,国际贸易中心与自贸区建设的联动。

第二,劣势主要包括商业信誉下滑、产品创新不足、品牌效应不强、适应市场变化不到位。

第三,挑战主要包括国际商业城市竞争、周边商业城市兴起与竞争、互联网经济冲击、年轻一代消费需求转变。

第四,机遇主要是打响四大品牌、五个中心建设、上海进博会、上海自贸区、新零售出现、消费升级、新技术应用等等。

第三节 上海商业品牌建设

一、 商业品牌

(一) 商业品牌含义

品牌的英文单词"Brand",源出古挪威文"Brandr",意为"烙印"。1960年,美国营销学会(AMA)给出了对品牌较早的定义:品牌是一种名称、术语、标记、符号和设计,或是它们的组合运用,其目的是借以辨认某个销售者或某销售者的产品或服务,并使之同竞争对手的产品和服务区分开来。[1]

商业品牌是指以商业劳动者为主创造的由市场属性和产品属性组成的一个系统。[2]如果将商业品牌从外延来考察，依据品牌所表现的对象的不同，商业品牌的纵向层次主要由商品品牌(商业活动品牌)、商业地产(企业)品牌、商品交易市场品牌、商圈品牌等构成。2020 年，北京商业品牌大会评选出“2019 年北京十大商业品牌”，分别如下：北京华联、居然之家、北京稻香村、顺丰速运、菜百首饰、苏宁易购、呷哺呷哺、吴裕泰、京东和物美。根据品牌网显示，上海市著名商业品牌包括光明乳业、老凤祥、东方航空、绿地、携程等。

商业品牌建设需要考虑三个主要层面因素：品牌资产、政府评定和品牌投入。品牌资产(Brand equity, BE)是品牌当前真实价值的折现值，这一指标更关注企业的营销投入方向。但由于目前的国际评级机构出于商业机密的考虑，并未透露其评价方法，且以排行榜形式公布，较难转换为量化的数据进行分析。政府评定(Government assessment, GA)反映了企业在品牌建设方面的政策支持水平。研发投入(R&D expenditure, RD)反映了企业品牌价值评定的需求侧结构。对商贸流通业而言，专利的申请能够促进产品结构、管理结构及流通效率的提升。[3]

(二) 商业品牌建设理论研究

早在 1961 年罗塞尔・瑞夫斯(Rosser Reeves)就提出了著名的 USP 理论(Unique Selling Proposition)，他认为：每一个广告必须向顾客提出一个主张(proposition)，这个主张必须是竞争对手不能或没有提出的。它必须独一无二，是品牌的专有特点或是在特定的广告领域中没有提出过的说辞；这个独特的主张必须能够打动(move)成千上万的读者，也就是说，能够把顾客吸引到你的产品上来。[4]

20 世纪 60 年代，大卫・奥格威(David Ogilvy)认为罗塞尔・瑞夫斯的 USP 理论是在强卖，他认为品牌产品建立一个个性和发起一个成功广告运动，非常重要。(企业)现在必须决定品牌要一个怎样的形象(image)，形象就是个性，一个产品就像一个人，要有自己的个性，是这个形象决定了其在市场上的地位：是成功还是失败。[5]

20 世纪 70 年代，品牌定位理论的倡导者拉・里斯(Al Ries)和杰克・特劳特

[1] 洪涛.商业品牌竞争——零售业发展的大趋势[J].商业经济与管理，2007(06)：63—68.
[2] 凌燕.新消费结构下上海商业品牌建设[J].上海商业，2020(4)：78—83.
[3] 郭琳琳，李爱红.商贸流通业品牌建设结构维度与营销战略的最优选择[J].商业经济研究，2019(15)：23—25.
[4] 苏萌.许昌“好嫂子”食品有限公司品牌建设研究[D].郑州：郑州大学，2010.
[5] 刘原玮.基于新消费趋势的厂商品牌建设[D].济南：山东大学，2009.

(Jack Trout, 1972)认为要在预期客户的头脑里给产品定位,但是他们认为定位本质上不改变产品,产品的价格和包装事实上都丝毫未变,定位只是在顾客脑子里占一个有价值的地位,独树一帜。为了在客户的脑子里独树一帜,首先需要分析消费者的大脑。他们提出的基本方法是发现或创建心理位置,强调第一种类的独特性。如果没有第一的位置,可以通过与第一挂钩的方式,如比附定位。这样在人们记住第一的同时,还知道第二等。还有一个方法是给第一的品牌重新定位,让它让出位置,并使自己进入这个位置。[1]

20世纪90年代,凯文·莱恩·凯勒(Kevin Lane Keller)认为,品牌的价值基于顾客的认知,以及由这个认知而产生的对企业的品牌营销所做出的相对于无品牌产品而言的差异性反应。品牌创建过程实际上就是整合利用多种投入,进而影响消费者对该品牌的知识和品牌联想(转换过程),最终创造出品牌的价值(产出)。而一个强势(strong brand)或著名品牌(well-known brand)就是一个具有很高品牌价值的品牌,凯勒认为评价品牌创建最终成效体现在以下八个方面:品牌的忠诚度;不易受到竞争性营销行为伤害;更大的边际利润;对降价富有弹性;顾客对涨价不敏感;提高营销沟通的效果和效率;可能的许可收益;对品牌延伸更加积极的反应。[2]

20世纪90年代后期,大卫·艾格(David Aaker)提出了品牌识别理论,这一理论是对凯勒的全面营销的品牌创建理论的极大补充。该理论比较全面地吸收了广告创建品牌理论的核心观点。对于如何建立一个有效的识别的系统中,充分吸取了定位论的思想。识别理论认为“需要深入理解消费者”,同时指出,需要把品牌与产品的功能性利益联系起来而不仅仅是建立虚无的品牌个性形象,在这一点上继承了USP的思想。但是,他认为在品牌创建过程中,需要问两个问题,一是“这个品牌是什么?通常这个问题的回答是功能性的利益”。但还有第二个问题:“这个品牌意味着什么?”通常回答的是情感性利益和自我表达性利益点。可以说大卫·艾格的品牌识别理论,比较系统地整合了USP理论、形象论和定位论的合理的思想内核,形成了更加完整的品牌创建理论。同时它与凯勒的基于顾客价值的品牌创建理论相比,明确地指明了品牌的创建改进方向——围绕品牌识别开展品牌创建工作。除非有充分的证据,才对品牌识别的一些要素进行改进。[3]

应该说上述两位美国教授的品牌创建理论,比起20世纪80年代以前的广告品牌创建理论来说,是大大地进步了,更加理论性、系统性和完整性。两个理论的主要

[1] 何建民.西方品牌理论述评——创建与管理品牌的方法[J].上海商业,2001(12):12—15.
[2] 张静芝.健康管理在保健品营销创新策略中的研究[D].杭州:浙江工业大学,2009.
[3] 曾建丰.乐百氏公司健康快车品牌营销案例研究[D].南昌:南昌大学,2010.

区别是，大卫·艾格的理论核心在识别上，是一个以3C(Customers, Competitors, Company brands)分析为基础，以设计品牌识别为核心，以识别执行为保证的品牌创建理论。这个理论，比较全面地整合了90年代以前的品牌创建理论。[1]

随着品牌创建理论的发展和完善，2003年德国品牌战略学家布赫霍尔茨和韦尔德曼，在《破译品牌成功密码》一书中提出附加价值的品牌创建理论。该理论认为市场的成功并不能用卓越的质量来解释，肯定存在除了质量之外的其他原因。这个原因是什么呢？用他们的话来说就是：增长密码。成功品牌的增长密码是可以实际应用的定位方法，保证营销卓有成效，保证将一个普通的品牌打造成为一个成功品牌。因为所有的同类产品质量非常接近，专家都几乎无法区别，能够用来区分的就是品牌。增长密码本质上就是让品牌变得有独立于产品的附加价值，从而使一个没有独特性的产品，成为一个超级成长的品牌产品。该理论发现了五种增加品牌价值的方法，或者说密码：一是效果和优点；二是规则和价值；三是感觉和编程序；四是身份和自我表现；五是情感和爱。[2]

二、上海商业品牌建设现状

（一）上海商业品牌建设总体情况

1. 消费升级推动商业品牌更上新的台阶

近年来，上海消费结构变化和消费升级是一个不争的事实，人们消费时将更多地关注品牌类商品和服务。2019年，上海实现社会消费品零售总额为13 497.21亿元，比上年增长6.5%。其中，批发和零售业实现零售额12 306.97亿元，比上年增长6.8%；住宿和餐饮业实现零售额1 190.25亿元，增长4.3%。最新研究发现，2019年，上海居民消费呈现三大趋势：一是银发族与Z世代消费需求日益增加，旅游、美妆等符合新兴消费群体的产品与服务需求增长较快；二是高品质、个性化的商品与服务广受欢迎，进口消费逐渐增多，私人定制渐成趋势；三是受消费者喜爱的消费场景趋于便捷化、体验化，外卖市场开始壮大，实体商业回稳。[3]

2018年，上海启动建设全球新品首发地，发布十条“上海购物专线”，借助大数据为消费市场提供更加精准的服务，不断创新商业模式等，助力上海商业品牌建设。

[1] 曾建丰.乐百氏公司健康快车品牌营销案例研究[D].南昌：南昌大学，2010.

[2] 张静芝.健康管理在保健品营销创新策略中的研究[D].杭州：浙江工业大学，2009.

[3] 缪琦.上海消费外流严重？购物品牌和这些数据对此说不[EB/OL].(2018-12-23)[2020-02-22]. https://www.yicai.com/news/100085317.html.

2019 年上海新增首店 986 家，占全国近一半，继续延续了高增长的态势。2018 年上海新集聚品牌首店共 835 家，其中国际品牌首店 200 余家，国际零售商集聚度升至全球城市第二位，90%的国际知名高端品牌已进驻上海。“首店经济”是打响“上海购物”品牌的一张“王牌”。在大众点评发布的 2019“必逛榜”榜单上，来自全国 12 个主要城市的 171 家商场中，上海占 32 家，是上榜商场最多的城市。[1]

2. 政策驱动激发商业品牌活力

上海打响四大品牌《三年行动计划》中，分别提出了四大品牌各自领域的具体目标。打响“上海服务”品牌：到 2020 年，服务经济占全市生产总值比重保持在 70%左右，建设形成 10 个左右服务经济创新发展示范区，服务领域涌现出一批具有国际影响力的品牌企业。打响“上海制造”品牌：到 2020 年，战略性新兴产业增加值占全市生产总值比重达到 20%以上，战略性新兴产业制造业产值占全市制造业总产值比重达到 1/3 左右，打造 2 个、培育 4 个世界级产业集群，上海制造品牌美誉度明显提升。打响“上海购物”品牌：到 2020 年，消费对经济增长年均贡献率保持在 60%以上，打造 2 条世界级商街、10 个国内一流商圈、20 个特色商业街区，打响 50 个具有鲜明上海特色的新品牌、50 个老字号。打响“上海文化”品牌：到 2020 年，文化创意产业增加值占全市生产总值比重达到 13%以上，打造 2 个以上平台级新媒体、2 家以上国内领先的新型主流媒体集团。[2]

在 2020 年中国品牌日“打造质量标杆，唱响上海品牌”主题活动上，上海市质量工作领导小组办公室、市市场监督管理局发布《关于加强质量品牌建设、推动高质量发展的指导意见》(以下简称《指导意见》)，从培育质量优势、提升品牌活力、营造良好发展环境、提升国际竞争力、强化工作保障等五个方面提出了 23 条政策措施，提出“到 2022 年，实现上海产品和服务质量水平显著提升”。《指导意见》明确，通过三年时间，打造 100 项获得“上海品牌”认证的产品和服务，推动产品和服务提质升级；鼓励企业和行业协会制定一批拥有自主知识产权的高水平标准，实现主导制定国际标准达 100 项；完善各级政府质量奖励制度，树立 100 家政府质量奖标杆。通过树立质量标杆，鼓励各行各业提升质量、追求卓越，形成一批国际竞争力强、品牌价值高的企业和品牌，在全球产业分工和价值链中的地位明显提升。深入开展老字号品牌振兴行动，推动老字号企业落实“一品一策一方案”重振计划，打造中华老字号品牌集群。同时，培育“2 个 1 000”，营造良好的品牌成长环境。建立中小企业质量品牌孵化机

[1] 数据来源：2018 年上海市国民经济和社会发展统计公报.

[2] 打响“四大品牌”总体目标确定[N].解放日报，2018-04-25(002).

制，精准实施中小企业质量品牌建设帮扶措施，鼓励各区推行实施卓越绩效管理模式、5S现场管理和商标培育等公益孵化项目，在中小企业集聚的各类园区设立商标品牌指导站等服务平台，开展契合中小企业需求的质量品牌公益培训。到2022年，培育1 000家企业践行质量品牌管理先进模式，培训1 000名企业中高层管理人员掌握质量品牌先进管理方法，打造一批“专精特新”企业。[1]

（二）上海商业品牌现状

1. 品牌企业

根据营收排名，2019年前20强企业品牌为上汽、宝钢、交通银行等(具体见表3-6)。这20强企业品牌大多属于制造业，并非严格意义上的商业品牌，例如宝钢和上海电气、金山石化等均为制造业品牌。

表3-6　上海20强品牌企业(2019年收入排名)[2]

排　名	区　域	企　业　名　称	2019年企业收入(亿元)
1	静　安	上海汽车集团股份有限公司	9 021.9
2	浦　东	中国宝武钢铁集团有限公司	4 386.2
3	浦　东	交通银行股份有限公司	4 340.5
4	浦　东	中国太平洋保险(集团)股份有限公司	3 543.6
5	黄　浦	绿地控股集团有限公司	3 484.3
6	黄　浦	上海浦东发展银行股份有限公司	3 343.8
7	闵　行	上海万科企业有限公司	2 098.3
8	浦　东	中国建筑第八工程局有限公司	242.8
9	浦　东	上海建工集团股份有限公司	1 705.5
10	浦　东	益海嘉里金龙鱼粮油食品股份有限公司	1 670.7
11	黄　浦	上海医药集团股份有限公司	1 590.8
12	徐　汇	光明食品(集团)有限公司	1 580.1
13	浦　东	东浩兰生(集团)有限公司	1 543.4
14	浦　东	太平人寿保险有限公司	1 410.5

[1] 鲁利军.打造质量标杆　唱响上海品牌　上海市推出23条政策措施加强质量品牌建设推动高质量发展[J].中国质量监管，2020(05)：54—55.
[2] 2019上海企业100强榜单，https://www.phb123.com/qiye/37164.html。

续表

排 名	区 域	企 业 名 称	2019 年企业收入(亿元)
15	闵 行	中国东方航空集团有限责任公司	1 279.5
16	杨 浦	上海烟草集团有限责任公司	1 277.6
17	黄 浦	上海电气(集团)总公司	1 145.3
18	长 宁	东方国际(集团)有限公司	1 114.8
19	黄 浦	复星国际有限公司	1 093.5
20	金 山	中国石化上海石油化工股份有限公司	1 077.6

除了上述大的企业品牌外,上海一些知名互联网商业品牌值得关注。北京有百度、字节跳动、京东、小米等知名互联网公司。深圳有腾讯系,杭州有阿里系和网易,但是说起上海,大家可能一时都想不到什么知名的互联网公司。事实上,上海以“拼多多”“哔哩哔哩”(简称“B 站”)为代表的商业品牌发展势头不可小觑。

2019 年底,拼多多平台年活跃买家数达 5.852 亿。2019 年全年,拼多多平台成交额突破万亿大关,营收超过 300 亿元,同比增长 130%。

大众点评网 2019 年营收 975 亿元,同比增长 49.52%;毛利 323 亿元,同比增长 113.97%。

携程 2019 年全年营收为 357 亿元人民币,同比增长 15%。

巨人网络 2019 年实现营收 25.71 亿元,同比下降 31.96%。

哔哩哔哩是上海商业品牌中后起之秀,也是一颗耀眼明星。财报显示,2019 财年“B 站”总营收达 67.8 亿元,同比增长 64%。在最受关注的用户数据上,第四季度“B 站”月均活跃用户高达 1.3 亿,同比增长 40%;移动端月均活跃用户同比增长 46%达 1.16 亿,实现了自 2018 年上市以来的最高增幅。

为全力打响上海“四大品牌”,上海市积极开展品牌培育管理体系贯标和企业品牌培育试点示范工作。经专家综合评议,拟将国药集团化学试剂有限公司等 36 家企业[1]核定为 2019 年上海市品牌培育示范企业。

2. 品牌商场

2019 年,销售额超过 10 亿元大关的上海商场共计 27 家(具体见表 3-7)。其中上海环球港销售额接近 100 亿元,排名第一,上海恒隆广场、上海五角场万达广场紧随其后。上海品牌商场主要集中在外环以内区域,而上海青浦百联奥特莱斯广场是一个特例,虽

[1] 2019 年上海市品牌培育示范企业名单公示,http://sheitc.sh.gov.cn/gg/20200706/17aa7d1a00934074a33d4a6d9257e758.html。

然地处郊区，但因其独特商品折扣方式、体验式购物环境吸引着广大顾客。

表 3-7　上海品牌商场销售额排名（2019 年 10 亿元以上）[1]

排名	商　场	销售额（亿元）	排名	商　场	销售额（亿元）
1	上海环球港	98	15	上海百联又一城	20＋
2	上海 IFC 国金中心	85—90	16	上海仲盛世界商城	近 20
3	上海恒隆广场	60＋	17	上海宝山万达广场	18.73
4	上海五角场万达广场	50.4	18	上海世纪汇广场	16
5	上海青浦百联奥特莱斯广场	49.6	19	上海世茂广场	15＋
6	上海长宁龙之梦	45＋	20	上海静安大融城	15
7	上海环贸	36＋	21	百联南方购物中心	15
8	上海百联中环	35	22	百联西郊购物中心	15
9	上海正大广场	近 30	23	龙湖上海宝山天街	14
10	上海万象城	26＋	24	上海中环购物中心	14
11	上海七宝万科广场	25＋	25	世博源购物中心	13
12	上海五角场合生汇	25	26	上海金山万达广场	10.2
13	上海周浦万达广场	24.3	27	上海尚嘉中心	10
14	上海静安大悦城	20.1	—	—	—

3. 品牌商圈

根据城市数据团的《上海主要商圈消费及客流数据解读》，选用商圈占地面积、客流量（基于手机信令数据）、消费金额（基于线下刷卡交易数据）三个指标，经过标准化处理后得到各个商圈的各项分值，排名前 20 大商圈的分别为：陆家嘴、南京东路、淮海中路、南京西路、新虹桥—天山、徐家汇、四川北路、五角场、大宁、长寿、虹桥吴中路、中山公园、曹家渡、真如、豫园商城、打浦桥、北外滩、中环真北、苏河湾、南方商城等。

在"互联网＋"背景下，传统商业模式不断被重构和颠覆着。一些传统的上海商圈在强化特色的同时，运用重构、联动、分享、智慧思维，建设新的商业格局。根据上海市商业经济学会商圈创新专委会研究结果，上海知名智慧商圈品牌如下：虹桥商务区、中环真北、南京西路、南京东路、小陆家嘴—张杨路、徐家汇、豫园商城、五角场、国际旅游度假区、真如、淮海中路、新虹桥—天山、四川北路和大宁等。

[1] 数据来源：华东近 90 家重点商场 2019 年销售业绩一览，https://www.sohu.com/a/378356811_750457。

三、关于商业品牌建设建议

(一)加强“四大品牌”融合互动,推动优质商业品牌建设

加快推进上海“四大品牌”建设,离不开上海商业品牌建设。“四大品牌”建设是商业品牌建设的高度概括,商业品牌建设是四大品牌建设的基础和具体表现。在新消费结构下,上海商业品牌建设要积极以融合联动打响“四大品牌”为重要引擎,全面提升“上海购物”全球影响力。紧紧围绕上海打响“四大品牌”战略行动计划,坚持从供需两端发力,培育知名消费品牌,打造特色消费载体,优化消费服务环境,以新供给引领新消费,支持新兴消费品牌蓬勃发展,促进传统消费品牌提质升级,加快老字号改革创新发展,着力打造全球新品首发地、高端品牌首选地、原创品牌集聚地。同时,依托上海“四大品牌”建设八个专项行动,结合消费升级、消费新趋势,对标国际商业环境,借鉴国际成熟商业品牌建设经验,塑造面向全球的优质商业品牌。[1]

(二)加强政策驱动,推动新业态商业品牌发展

一是加强政策引导。面对新生代、新消费、新业态的大背景,商业品牌建设需要更多新的政策有效供给与引导。现代消费者偏好娱乐、教育、餐饮、养生的一站式消费形式,需要商业体提供便捷、愉悦的购物体验,这就要求创造一个集各种业态于一体的完整商业生态系统。为此,可根据实际情况加快政策创新,出台扶持新业态发展的政策措施,实施上海城市商业综合体中心存量转型与郊区加快发展并重策略,提高行政许可效率和便利化水平。二是提供有效服务。充分发挥重点商业结构调整项目定期协调机制的作用,切实帮助企业解决在升级改造过程中遇到的产权、环保、卫生、消防等难题,以及老城区、历史保护建筑等面临的共性问题,总结形成相关的制度规范,简化审批流程。坚持“包容审慎”的原则,在政策鼓励、企业准入、商标品牌等方面,为新业态、新技术、新模式发展提供充分、有序的空间。三是深化诚信体系建设。运用大数据、区块链技术,推进和深化商业品牌诚信体系建设,加大商业品牌失信惩戒力度,向社会展示商业品牌诚信等级动态变化,增强上海商业品牌公信力。

(三)坚持特色化、人文化、数据化,推动智慧型新商圈建设

一是强化商圈定位,凸显商圈特色。商圈建设最为忌讳的是千篇一律的格式化

[1] 关于全力打响上海“四大品牌”率先推动高质量发展的若干意见[J].解放日报,2018-04-26(002).

印象。根据地段区位、人文历史、消费群体，分层分块分类凸显特色，形成各有侧重的商圈建设方案和发展路径。商业企业应根据自身优势、所处区域的特点，对自身进行重新定位，调整业态比例。尤其是不同商业体之间应引入差异品牌，尤其是相邻商业体，避免同质化，形成主题错位互补、商旅文联动、多元化业态齐全的商业生态圈，大家互利共赢。市级商圈以提升市场辐射力和影响力为核心，以大数据应用推动结构升级；社区级商圈以为本区消费者提供智慧化服务，整合社区服务、文化、教育、养老等服务业态，以移动终端为主完善"云服务"的功能。传统商圈重在挖掘文化资源，以新技术手段推动商圈内商业服务创新转型；新兴商圈突出个性化需求，针对目标消费群体特征，开展个性化品牌营销和智能化服务。二是构筑智慧商圈协调机制，推进商业品牌多层次、立体式、个性化发展。建立政府相关部门、企业、商圈协同指导小组，统筹协调建设中涉及的重大问题，开展智慧商圈的标准制订、合作开发、资源共享等相关工作，主动顺应消费升级大趋势，结合国际商圈成熟范式，培育在线化、数据化、透明化商街商圈、多层次差异化区域商圈与彰显海派文化、迎合Z代个性化的特色商业街区，切实推动老字号品牌、国企品牌、外资品牌、新兴品牌迸发活力。[1]

（四）推进长三角一体发展国家战略，放大上海商业品牌溢出效应

长三角一体发展国家战略促使各苏浙沪皖打破行政区划，推动道路交通基础设施联通，推动产业合作，共同深化社会治理，共同推进生态环境治理与保护。一是借助长三角一体化发展，充分利用购物节、时装周、旅游节、进博会等时尚节庆活动，鼓励和吸引长三角消费者，努力推动开展长三角商旅文联动和时尚产业一体化，放大上海商业品牌溢出效应，为长三角区域创造高品位生活打好基础。二是加强上海商业品牌与苏浙皖区域商业品牌合作，推动开展全产业链协作，形成长三角区域优质商业品牌体系。结合上海市五大中心建设的优势，实施"优品入沪"计划和品牌输出计划，培育优质商业载体，助推长三角地区企业转型升级，充分发挥区域商业品牌协同效应。

（五）借助进博会窗口，彰显上海商业品牌全球影响力

中国国际进口博览会有利于引导当地健康消费、绿色消费，紧跟全球产业和科技发展趋势，引进先进技术、标准和管理经验，也有利于当地进一步扩大进口，进而实现更大程度的对外开放。首届中国国际进口博览会为上海带来强大的贸易市场集聚效应，让上海成为中国联通世界市场的窗口。城市商业综合体将积极承接"进博会"溢

[1] 凌燕.新消费结构下上海商业品牌建设[J].上海商业，2020(04)：78—83.

出效应,适应并满足消费者对高品质、特色性进口商品的多元需求,引进更有实力的国际知名零售商和品牌商,使上海成为更多国际首进新兴品牌的首选地和集聚地,进一步提高上海国际消费城市的吸引力和辐射力。为此,深化探索离境退税扩大试点范围,提高域外顾客消费的便捷性和满意度。鼓励境外参展企业在市重点商圈开设首入店、旗舰店、体验店及设立总部,促进本土与境外商业品牌合作交流与业态创新。适应营商环境不断优化等发展趋势,不断提高运营专业化和集中度,多元化个性化服务功能不断丰富,新技术创新应用不断深化,推动商业品牌境外输出,推进上海商业品牌影响力遍及全球。

第四章 上海商业热点分析

第一节 夜间经济理论研究

一、夜市与夜间经济

“夜间经济”一词源自20世纪70年代，是英国为改善中心市区夜晚空心化现象而提出的经济学名词。它不是狭义的“夜市”，而是广泛的夜间消费市场，包括了夜间特色餐饮、夜间旅游休闲、夜间文化体育活动和夜间便利购物等，其业态包括购物、餐饮、旅游、沐浴、美容美发、休闲、保健、学习、教育、歌舞、影视、娱乐、酒吧等内容。它是城市第三产业的一种新生消费业态，并已成为城市现代服务业一道靓丽的风景线。[1]

国内有学者认为狭义的夜市，指具有自由交易性质的夜间市场。广义的夜市，泛指夜间消费市场，包括百货商场、商业街、夜排档，乃至文化娱乐设施，正是夜间经济的缩影。[2]显然，夜市是夜间经济的一部分，但其对夜间经济的增强作用远胜于一般夜间经济活动。夜市可以带动夜间交通、夜间消费、城市旅游、文娱休闲消费等，丰富城市色彩，增强城市魅力，有助于打造城市品牌，对国际消费城市具有极强的增幅作用。

纵观国内外夜市发展历程，我们不难发现：在时间和场景上延伸消费链条是夜市的核心，其主要功能在于提供针对不同人群需求的多元服务以拉动消费。众所周知，

---

[1] 陈晖.进一步提升福州市夜间经济发展的建议[J].福州党校学报，2018(04)：69—72.
[2] 舒抒.怎样打造“地标型夜市”[N].解放日报，2017-04-06(007).

国际化的大都市夜市经济各具特色，汇集了本土化和国际化、传统和潮流、接地气和高大上等多种夜间经济。在70多个区域搭建世界领先夜间经济文化集群的老牌全球城市伦敦，通过伦敦夜生活中心苏荷区、戏剧中心西区交叉来满足消费者需求。地方当局、土地所有者、投资者和经营者共同努力，不仅创造了良好的物质环境，还不断消除管理和意识层面的障碍，通过引入如深夜购物、食品夜市、市民庆祝活动、公园之夜、嘉年华和街头表演等形式的文化娱乐活动，吸引更多游客，减少游客对犯罪和反社会行为的顾虑。[1]有“夜间市长”发源地之称的阿姆斯特丹将对夜间经济的鼓励发展和有效管理结合，聘任有夜间产业经验的专家，协调产业与居民和政府间的关系，确保夜生活的稳固发展。全球最具活力的经济文化中心和以24小时地铁著称的“不夜城”纽约，其夜生活从文化切入，不论是传统的中心时代广场和百老汇，还是年轻人聚集的东村和布鲁克林，夜生活内容总是充满生命力且丰富多元。[2]在夜间经济发展同样良好的东京，传统夜生活中心新宿和银座、新区代表六本木和台场等服务差异化人群，政府与民众一体推进“24小时日本”。在全球宜居城市新加坡，传统中心乌节路注重通过旅游购物人群发展夜间经济，而新中心滨海湾则定位成24小时商业、生活、工作与娱乐中心，满足都市人群多方位需求。[3]

夜市作为一种商业形式，不但存在于现代社会，在中国古代经济中也早有形态存在。历史学、经济学、民俗学、城市学等学界对中国古代夜市均有所关注，总体看对唐宋夜市及城市个案有所研究，特别是对宋朝夜市研究已初具规模，对元明清夜市研究仅限于对杭州、成都等地，目前尚未有专门的著作问世。[4]中国的夜间经济自古就存在，从商周的夜宵娱乐，到唐朝兴起，再到宋朝达到兴盛。就古代夜市产生与发展，有学者认为夜市始于殷周之际，汉代确已有夜市，隋唐出现了较大规模的夜市，南宋夜市盛况空前，明朝夜市更是繁华。[5]

在新中国成立以后，我国的夜间经济也得到了长足的发展，特别是许多地方政府也出台了相应的政策来刺激夜间经济，截至2019年10月，全国发布夜间经济或夜间旅游相关政策规划城市达40多家。

阿里巴巴发布《2020年夜经济报告》显示，上海夜间消费金额居全国之首，40%的小店交易发生在晚上6点到次日早上6点。夜间是休闲消费的黄金时段，也是中

---

[1] 毕监武.发展夜间经济　增强现代化国际大都市的时尚与活力[N].青岛日报，2019-05-21(006).
[2] 周葛.金融助力“姑苏八点半”品牌点亮苏州夜间经济[J].现代金融，2020(05)：37—39.
[3] 同上。
[4] 张欣(Patitta Triyagoon).中国游客在泰国清迈周日夜市消费行为研究[D].成都：西南财经大学，2018.
[5] 张金花，王茂华.中国古代夜市研究综述[J].河北大学学报(哲学社会科学版)，2013，38(05)：106—113.

小企业经营的关键期。全国有600多万使用支付宝相关服务的小店夜间收入超过了2019年同期。同样《2019中国移动互联网“夜间经济”报告》也体现出2019年8月份移动互联网用户的活跃度有两个峰值，12—13点(中午用餐时间)达26.4%，19—22点活跃度呈坡度上升，峰值达27.8%(见图4-1)。

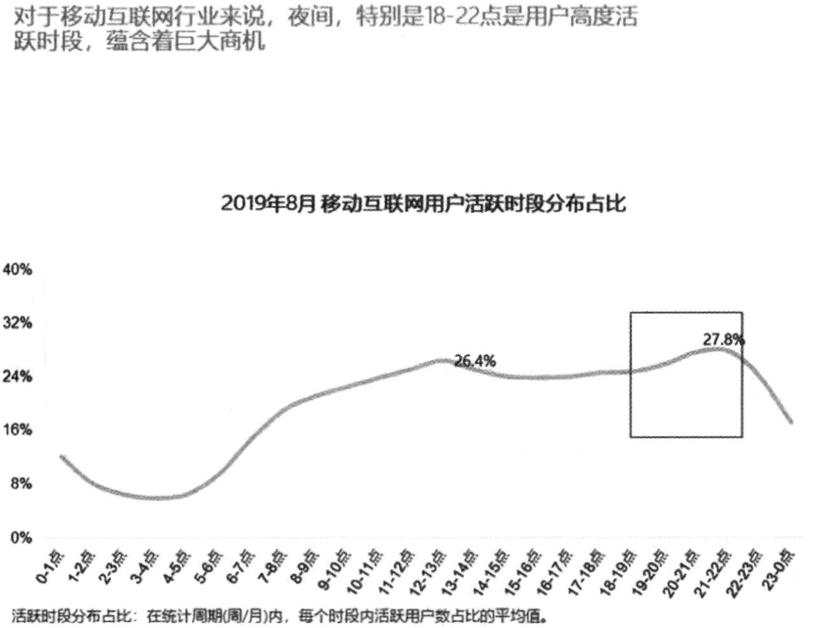

图4-1 移动互联网夜间用户活跃度时段分布占比

资料来源：《2019中国移动互联网“夜间经济”报告》。

在夜间，与餐饮相关的APP中，美味不用等小程序的用户16点以后开始呈上升趋势，18点开始超过饿了吗、美团等外卖APP，也即夜间线下出行就餐的消费者远多于在线外卖的消费者，客观上说明夜市巨大潜在需求(见图4-2)。

从相关报告可以得出，夜间时段成为消费经济的高峰期，同时在夜间，线下消费开始超过线上消费，说明夜间实体经济高于线上消费，夜市作为夜间经济的一部分，不但存在现实需求，也能带动夜间经济的活跃度。

发展夜市经济，应该具备以下条件：第一，夜市的发展应符合当地的历史背景与经济环境。[1]第二，市场潜力的开发需要符合经济潮流。第三，要有足够大的市场需求。第四，商品种类齐全，不乏特色。第五，政府对该行业的大力支持。

[1] 刘泰星.浅析开封夜市经济的发展新模式[J].现代经济信息，2017(05):472—473.

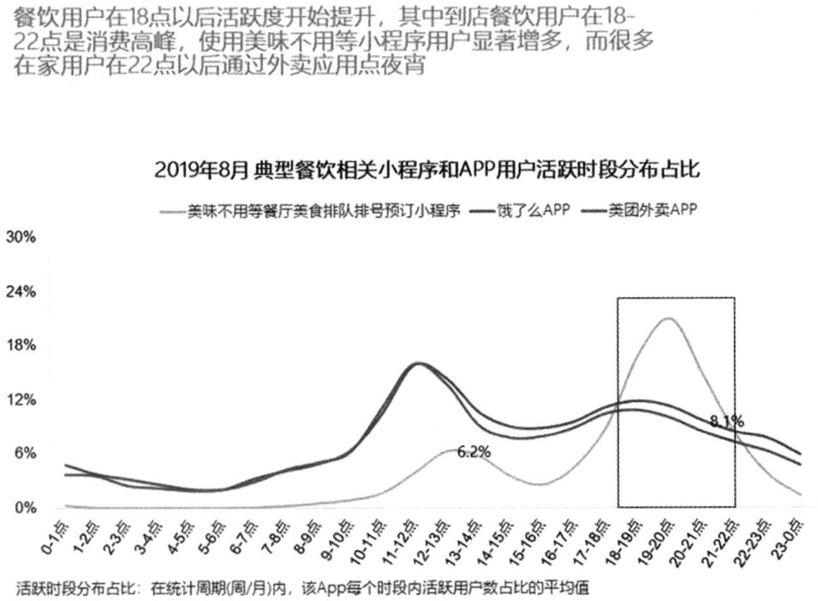

图 4-2　典型餐饮相关小程序和 APP 用户活跃时段分布占比

资料来源:《2019 中国移动互联网“夜间经济”报告》。

二、 夜市相关理论

(一) 外部效应理论

外部性又称为溢出效应、外部影响、外差效应或外部效应、外部经济,指个人或群体的行动和决策使其他个人或群体受损或受益的情况。外部效应可以是正的或负的,也就是说外部效应对他人的影响可以是好的或坏的。

夜市的负外部效应有很多:如对周边环境的不利影响,影响公共环境卫生,影响城市交通,包括夜市区域和周边交通受阻或压力增大。在制度不健全和监管不到位的情况下,可能会有商品质量、侵害消费者权益、危害消费者健康安全、漏税等对合法经营商家不公平的问题出现。

正外部效应则有:提升经济活力,增强消费需求,创造就业,提升城市形象与吸引力,提升城市公共服务水准,提升居民幸福感等。

由于夜市负外部效应如此明显,过去国内城市管理思路是通过限制、取缔夜市的方式消灭其负外部效应,在经济管理城市治理思路变化的今天,现有的城市管理者认识到应有效发挥外部正效应,抑制外部负效应,发挥夜市的积极作用。

（二）场景理论

场景理论由以特里·克拉克和丹尼尔·西尔为代表的新芝加哥学派提出，理论认为场景是一种由消费、体验、符号、价值观与生活方式等组成的具有特定文化内核和美学意象空间。在特定的社区范围内，有显著的实体建筑和特定的人群，发生特色活动所构成的即时场景。场景不仅蕴含了功能，也传递着文化和价值观，形成抽象的符号和信息传递给不同的人群，并在无形中影响着个体的消费心理和行为。场景分析有 3 个要素，即"真实性""戏剧性""合法性"，15 个维度据此分成 3 类。首先是"戏剧性"，"戏剧性"主要指场景理论主观认识体系中对外向展示性的描述，是对直观感受"真实性"的延展，包含了迷人、睦邻的、越轨的、正式的以及炫耀的。其次是"真实性"，是场景理论关于空间具有个体身份内涵的描述，运用到空间的主观认识体系中，表现为个体依托空间产生的直观感受，包含本土性、族群性、国家性、企业性以及理性主义。最后是"合法性"，主要是对客观事实的判断，有实用主义的意味，包括了传统主义、领袖魅力、功利主义、平等主义和自我表达等 5 个子维度。

场景理论可以指导夜市空间的构建和夜市活动的安排，甚至能够影响夜市经营内容和工作人员的形态和文化内涵培养。

（三）人因工程学理论

人因工程学一般指综合考虑生理学、心理学、管理学、工程学等学科因素在人、机器和工作环境间的作用关系，以期设计出和谐高效环境。[1]夜市规划建设运用人因工程学，将人在夜市中游玩、购物、消费行为与夜市建筑、道路、布景、树木和商铺布局等因素进行综合考虑，有利于夜市建设良好的环境和消费者购物心态。

（四）IPA 矩阵分析法

IPA 矩阵分析法，直译为重要性及其表现分析法，一般是通过问卷调查形式获得研究对象数据，把重要因素和满意度的测量值置于二维象限中，把重要因素和满意度的平均值交叉点作为依据，划出四个区域：改进区、优势区、机会区和维持区。用 IPA 矩阵分析法作为工具能够对夜市经营的不同方面进行有效分析，查找经营过程存在的问题点和优势点，进而能够分析原因，加以改进。

[1] 伍岳，汤寿旎.基于人因工程学角度的公共空间市场研究——以上海和台北夜市为例[J].城市建筑，2019，16(07)：5—7，13.

（五）空间句法理论

1. 空间句法理论与方法

空间句法由20世纪70年代末伦敦大学巴利特学院的比尔·希列尔、朱利安妮·汉森首创，通过量化描述城市系统、建筑、聚落、景观等表达空间形态结构与人类社会行为之间的关系。作为一种针对城市空间及形态量化研究理论及空间分析的技术，空间句法四十多年来在城市规划和建筑设计的理论和实践领域取得了许多研究成果。[1]

2. 空间句法基本原理

对空间进行尺度划分和空间分割是空间句法的基本原理，分析单元为句法轴线及其组合而成的轴线群，通过轴线或轴线群所蕴含的多种参数体现空间句法的拓扑空间的社会逻辑关系，这些参数包括连接值、控制值、深度值、集成度和可理解度等。运用轴线本身的可达性和整合度来研究拓扑结构的内在逻辑，并总结其发展变化规则，分析城市空间系统内在的变化规律。[2]

3. 空间句法主要方法及变量[3]

以定量化数据来呈现人们在空间中的体验是空间句法理论的优势，以3种方式对空间进行多层次的量化描述，分别是可视性分析法(VGA，Visibility Graph Analysis)、全视线图分析法和轴线分析法。

VGA可视性分析法。从空间的可见性角度表示潜在行为活动发生的可能性，也就是对任意空间人的活动发生起到引导作用。

全视线图(all-line visibility map)分析法。将空间概念化为无数视线的矩阵空间，暗含了各种结构可能性，不同的空间结构，代表了空间系统中主要视线及人流运动结构。

轴线(axis)分析法。将真实城市空间进行轴线归纳，以线性空间概括人在空间中的行为特征，其中的轴线表达了每个线性空间划分单元在整体空间系统中的便捷程度，也就是可达性。

（六）夜市布局

小尺度店铺在夜市中人气更高。小尺度店铺的台面高度一般在800毫米到1 200

[1] 高宏强，刘家旺.基于空间句法的合肥夜市空间活力探究[J].南方建筑，2017(03)：101—105.
[2] 同上。
[3] 同上。

毫米之间，宽度一般在 1 000 毫米到 1 500 毫米之间。这种尺度更符合人体在选购和体验时的需要，商品触手可及，增加了消费者的冲动性消费。对店主来说，这种尺度也更适合与消费者交流。[1]

店铺与摊铺混合型的夜市人气更高。丰富的夜市界面变化意味着更多类型的商家、店铺和摊贩混合型的夜市，可以带给消费者更多的选择空间，以及由于场地紧凑带来的热闹体验。店铺和摊贩混合型的夜市，人行步道宽度被缩短，一般在 2 000 毫米到 2 500 毫米之间，狭窄的步行道更加促进了滞留行为的产生。并且台阶过高会给夜市人气带来负面影响，使消费者与店铺之间有着更大的心理与物理距离，增加了消费者参与消费的难度。与之相反，位于街道两边的摊位人气明显高于店铺的人气。[2]

（七）夜市消费群体

以来源为依据划分，夜市消费群体可分为外来消费者和本地居民。外来消费群体又可分为国内除本市以外的其他地方的消费群体和国外消费游客。如果把本市作为原点，本地居民居于原点处，外圈为国内其他地方消费群体，最外圈为国外消费群体，则距原点越远，越在乎文化生活方式的体验消费，越近则越在乎自身实际感观需求。同时，外来消费群体因其来上海目的不同可分为游客、商务旅客、学生等，虽然都会被上海夜市文化与生活气息吸引来消费，但消费方式、消费内容还是会有一定差异，值得夜市经营者定位研究。

按夜市消费者的生活场景，又可分为个体消费、游客消费、家庭消费、工作聚餐、朋友相聚的群体消费等，不同类型的消费者消费倾向有很大差异。同样是夜市就餐，游客更在意体验本地特色美食，考虑就餐的民俗文化氛围，个体消费者会考虑自身口味偏好，家庭消费者会考虑家庭中老人孩子的饮食需求。同样的，在购物、休闲娱乐方面不同消费群体也有不同的消费侧重。

第二节　上海夜市基本状况

夜间经济繁荣程度是一座城市经济开放度、活跃度的重要标志，城市之中各类丰富多彩的夜市，体现了夜间经济以休闲娱乐和服务业为主的特性，也满足了人民由物

[1] 伍岳，汤寿旎.基于人因工程学角度的公共空间市场研究——以上海和台北夜市为例[J].城市建筑，2019，16(07)：5—7，13.

[2] 同上。

质消费向精神享受型消费转型升级的需要。随着我国经济进入新常态，当前经济发展目标转为以构建国内大循环为主体、国内国际双循环相互促进的新发展格局。上海作为长三角区域经济协调发展战略增长极，要发挥联动效应和带头作用，更有必要进一步促进夜间经济发展、深化夜市业态和模式创新，以实现高质量高效益发展，不断提升人民生活水平和幸福感。

上海作为现代化国际大都市，东西方文化兼容并蓄，时尚文化与商业气息共存，既需要时尚、潮流、高端、前卫的现代商圈，又需要带有地域性、市井化、草根化的特色夜市经济。近两年，上海夜间经济经过各方共同培育，已然成为全力打响“上海购物”品牌、拉动消费增长的强大内生动力。到目前为止，在国家相关政策和上海市商委等部门共同出台的发展夜间经济“十条措施”指引下，上海在国内首创夜间区长和夜生活首席执行官制度。一方面不断优化本市夜间经济整体规划布局，丰富夜间经济内容供给，打造全国首个夜间野生动物园，推出夜间博物馆、深夜书店、周末活力街区等49个夜上海特色消费示范项目，发布了12个地标性夜生活集聚区，并且成功举办“五五购物节”、上海首届“夜生活节”，打造出安义夜巷、外滩枫径等一批夜经济新地标，升级改造了一批传统夜市和社区商业中心。另一方面，不断完善配套政策和保障，推动城管、公安、交通等部门出台创新举措，在支持外摆位、分时段步行街、简化活动审批、推动地铁线路周末延时运营等方面取得明显进展。

本节通过分析介绍上海夜市目前的总体规划布局，归纳上海夜市的四种主要类型及其发展模式，并由此探讨各类夜市发展所面临的挑战。

一、 上海夜市总体规划布局

(一) 发展夜市总体思路

2019年4月，上海市商务委、上海市城市管理行政执法局等九部门联合出台《关于上海推动夜间经济发展的指导意见》(以下简称《意见》)，拟围绕“国际范”“上海味”“时尚潮”等三个特点，编制夜生活集聚区发展规划，打造一批夜生活集聚区，旨在促进上海“晚7点至次日6点”夜间经济的繁荣发展。《意见》具体从创新管理模式、优化夜间产品内容供给、完善区域空间布局及做好业态发展引导等角度提出了发展夜间经济的可行性路径：

一是建立“夜间区长”和“夜生活首席执行官”制度。由各区分管区长和具有夜间经济相关行业管理经验的人员分别担任夜市区域专门负责人。鼓励各区公开招聘具有夜间经济相关行业管理经验的人员担任“夜生活首席执行官”，协助“夜间区长”工作。

二是丰富夜间文旅产品供给。大力引进培育沉浸式话剧、音乐剧、歌舞剧等夜间文化艺术项目，对深夜影院、深夜书店、音乐俱乐部、驻场秀等夜间文化娱乐业态秉持包容审慎态度，并积极开发浦江夜游、博物馆夜游等多元化都市夜游项目。

三是做好美食夜市试点工作，指导夜市运营管理主体建立夜市管理规定。在夜市现制现售、垃圾处理等方面创新管理制度，打造环境友好、放心安全、有工匠精神的“深夜食堂”。

四是积极试点商业空间的夜间再开发。一是试点放宽夜间外摆位管制，即在夜间特定时段，允许有条件的酒吧街开展“外摆位”试点。二是试点开发“后街夜巷”，即在夜间特定时段将部分夜宵街、酒吧街所属道路调整为分时制步行街，并在周边区域增加夜间停车位、出租车候客点、夜班公交线路等。三是支持指导夜生活集聚区开展夜间灯光造景，做好街景打造、装饰照明、标识指引等工作，营造良好夜间消费氛围。

五是支持成立本市夜间经济发展相关行业组织，促进国内外交流合作，引导行业自律发展。同时加强行业研究，支持夜间经济相关智库发展，为政府决策和行业发展提供参考。并且利用财政扶持资金，支持夜间经济发展。鼓励各区发挥财政资金作用，支持一批促进夜间经济发展的重点项目。

（二）夜市规划布局现状

1. 上海夜间经济活跃度分布

上海中心城区 660 平方千米分布着数十个市级地区级商圈，餐饮、零售、休闲、文娱等业态数十万商家夜间开放营业。以餐饮和零售业为例，上海有 91.97%的餐厅供应晚餐，52.94%营业至晚 10 点之后；12.95%的餐厅超过 0 点还在营业；上海全市 18 620 家便利店中，24 小时营业的共有 4 763 家；而上海的 2 093 个旅游景点中，约有一半开放至晚 8 点以后。[1]与北京、西安、深圳、长沙等国内一线城市相比，上海市夜间经济活跃区域的分布更为分散化，基本覆盖市中心全域。

随着经济社会发展，夜间照明设施普及，夜晚灯光的强弱直接显示了人类活动区域的发达程度。首届上海夜生活节开幕当天，夜光遥感卫星“吉林一号”获取的图像显示，从灯光的强度、密度、覆盖度加以分析对比，以黄浦江、苏州河为纽带的沿线夜间亮度最强。徐家汇、安义夜巷、新天地、南京路步行街、BFC 外滩枫径、陆家嘴、世纪大道、五角场等各大商圈及夜市集，形成“N 星连珠”的空间格局。

[1] 徐晶卉.人民广场—外滩区域夜间“最亮”[N].文汇报，2020-06-11(002).

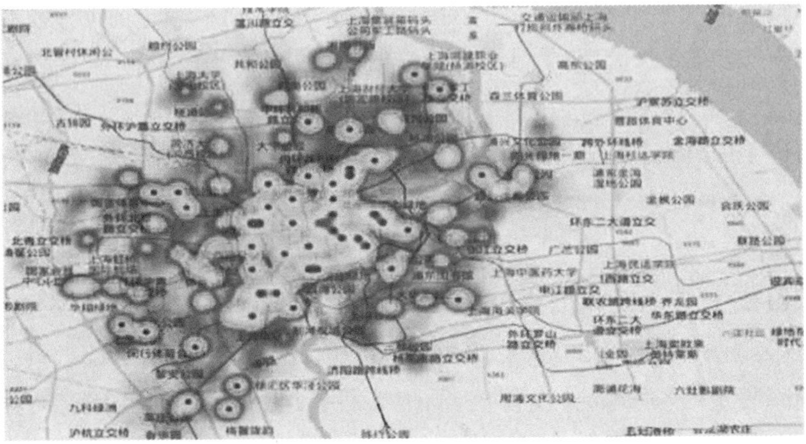

图 4-3　上海城市夜间经济区域热度分析图

数据来源:《2019"中国移动互联网夜间经济"发展报告》。

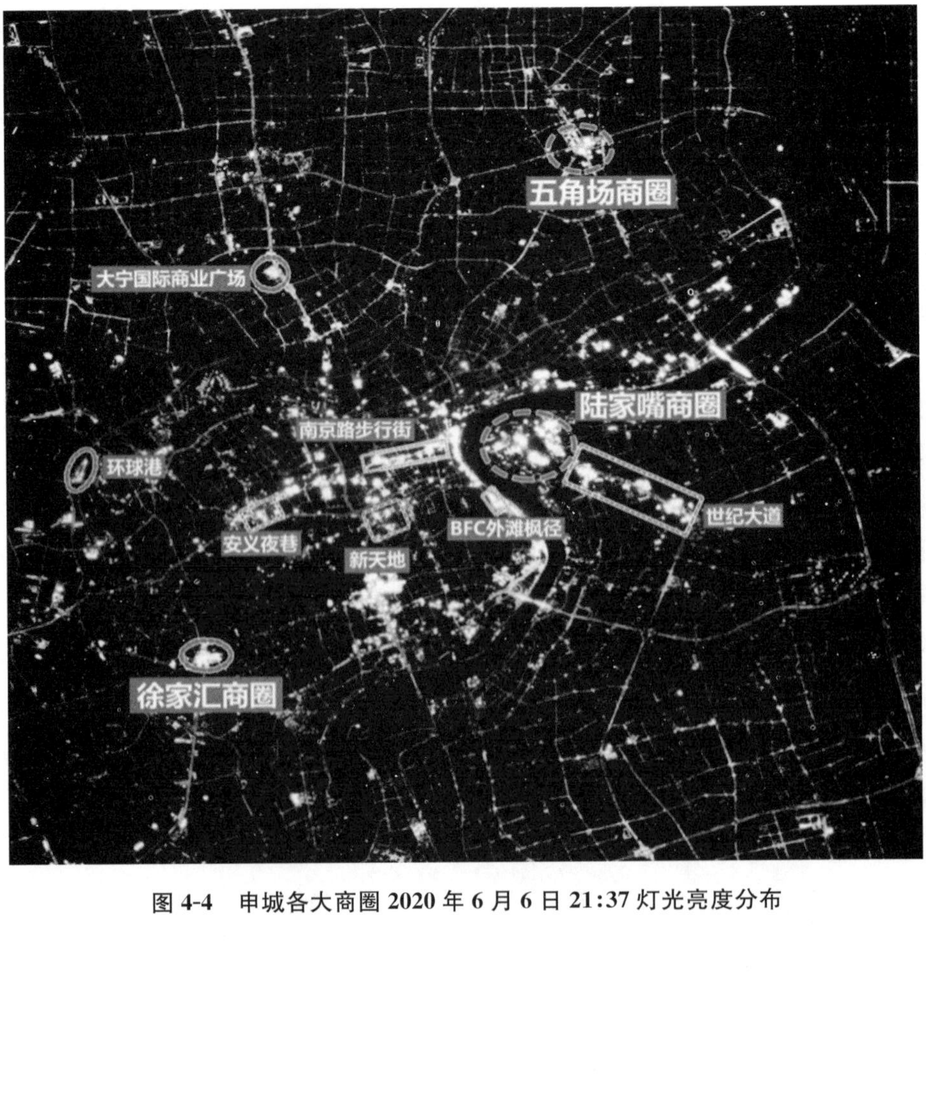

图 4-4　申城各大商圈 2020 年 6 月 6 日 21:37 灯光亮度分布

此外，新一线城市研究所根据设施丰富度、文创活跃度与人流活跃度等三方面指标对市区各级商圈进行了“上海夜生活活力指数”评价。排名上海夜间活力区首位的是人民广场—外滩区域，在 1.24 平方千米范围内集聚了 310 家夜宵餐厅、50 家酒吧、65 家 24 小时便利店以及 35 个夜间景点，是上海夜生活的地标和经典旅游夜线。夜间活力区排名第二的是新天地商圈，丰富的餐饮、酒吧和演艺业态使它成为时尚夜生活的中心，共拥有 122 家夜宵餐厅、56 家酒吧、12 家 24 小时便利店以及 22 个夜间景点。第三位的静安寺商圈，拥有 98 家夜宵餐厅、24 家酒吧，是上海精致夜生活的代表，也实现了商业空间的夜间再开发。[1]排名前十的夜间活力区还包括南京西路、徐家汇、豫园—十六铺、陕西南路、五角场、田子坊以及商城路—世纪大道等。

据悉，“上海夜生活活力指数”的评价体系的数据构成中，设施数据包含：营业至 22 点以后的商场、餐厅数量，夜宵餐厅多样性、24 小时便利店、酒吧、KTV、影院等数量；文创数据包含：夜间开放景点数量、夜间展览与演出场馆数量、夜间特色商业街等；人流数据包含：夜间客流规模、夜间客流密度、夜间客流占全天客流比重以及夜间客流平均停留时长等。

2. 上海夜市基本格局：12 个地标性夜生活集聚区

在 2019 年 9 月 20 日晚举行的 2019 上海购物节开幕式上，市商务委发布了首批 9 个地标性夜生活集聚区，包括黄浦滨江外滩地区、浦东滨江富都—船厂地区、新天地—FOUND158 地区、豫园地区、徐家汇—衡山路地区、吴江路—张园—丰盛里地区、静安寺地区、五角场—大学路地区、吴中路商圈地区等 9 个区域，涉及黄浦、浦东、杨浦、徐汇、静安、闵行等 6 个区。2020 年 6 月 6 日晚举行的首届上海夜生活节启动仪式上，市商务委发布了第二批地标性夜生活集聚区。如表 4-1 所示。下一步，上海将以此为基础编制上海夜间经济专项规划，形成滨江夜间经济活力带和都市夜间经济活力圈的“一带多圈”格局。

表 4-1　上海 12 个地标性夜生活集聚区

首批 9 个地标性夜生活集聚区	主 要 特 色
黄浦滨江外滩地区	海派文化景观/休闲，上海游览首选地标之一
浦东滨江富都—船厂地区	沉浸式高品质艺术商业空间 滨江景观与餐饮/购物/休闲/展演相结合

[1] 徐晶卉.人民广场—外滩区域夜间“最亮”[N].文汇报，2020-06-11(002).

续表

首批9个地标性夜生活集聚区	主　要　特　色
新天地—FOUND 158地区	时尚夜生活中心 餐饮、酒吧、演艺业态丰富
豫园地区	上海旅游"网红"打卡地 融合经典老城厢与现代商业时尚
徐家汇—衡山路地区	市中心西南夜生活地标 市级商圈＋异国风情后街成熟商业区域
吴江路—张园—丰盛里地区	首批夜上海特色消费示范区 旧式里弄、美食夜市与音乐、潮牌集合地
静安寺地区	上海精致夜生活代表 商业空间的夜间再开发，安义夜巷聚人气
五角场—大学路地区	市中心东北区夜生活中心 串联起高校、社区、创业园三大功能区
吴中路商圈地区	面向年轻化、国际化群体的高端商务区 大型商业综合体与特色商业街齐备
第二批3个地标性夜生活集聚区	主　要　特　色
思南公馆复兴公园地区	沪上"最文艺"夜生活休闲区 人文历史景点与酒吧区毗邻，满足"吃逛玩"
人民广场南京路地区	经典旅游夜线，集休闲/观光/购物于一体 南京西路众多支马路各具特色
环大宁马戏城地区	融合市级商圈、影视创意产业园区 辐射周边区域夜间娱乐/休闲/购物消费

随着2020年"五五购物节"、首届上海夜生活节的开展，地标性夜生活集聚区对上海夜间经济的带动作用逐步凸显。地标夜生活集聚区的设立，一方面保障了全市夜经济相关产业和业态能够在整体规划引领下实现差异化发展和优势互补，并且在良性竞争的基础上发挥集聚效应；另一方面，也有利于因地制宜开展外摆位、分时段夜巷、快闪市集等管理创新试点，为上海夜市长期健康发展提供最佳空间和平台。

(三) 上海市各区夜市发展布局

2019年9月1日正式实施的《夜间经济示范点运营规范(试行)》，这是全市首个关于夜间经济的机构标准。在政策标准的指引下，浦东提出了"一带、五圈、多点"的夜间经济发展布局。在发展业态上，推进"夜游""夜购""夜读""夜展""夜食""夜健""夜娱"等"七大"主力业态。

徐汇区首创“外摆位管理办法”，在全市首次提出公共外摆位概念。外摆位不仅是拓展夜间消费的空间，更应被视为营造夜生活环境、情调和氛围的重要工具。此外，在其他方面，徐汇区对于夜市的管理也有明确的思路。首先从时间上，提倡在有条件区域适当延长营业时间，但是从上海四季分明的气候特点考虑（与南方昼炎夜凉不同），从经营者、消费者、环境的适意度、产出效率、成本控制、可持续性来看，徐汇区提倡 4 小时夜生活主体时间制（晚 6 点至 10 点），关键是提升夜间经济品质和感受度，而不是无限延长时间。其次，在受众上，夜间经济要抓住年轻人目标群体，特别是“90 后”“00 后”。年轻人白天上班，晚上更倾向于出来消费、放松、社交、展示自我，为夜上海注入活力。[1]

杨浦区是全市第二个建立夜间经济发展协调机制的区，分管副区长担任“夜间区长”，公开招聘选拔 7 位具有夜间经济相关行业管理经验的人员担任“夜生活首席执行官”。目前，杨浦以五角场为主要区域，以大学路、太平洋森活天地为首批夜生活地标，打造夜间经济。[2]

夜间经济的发展将使上海的经济活动时间进一步延长，对夜间经济消费者权益的保护就显得尤为关键。黄浦区拟定了《黄浦区假日市集（夜间经济）先行赔付制度》，建立预防、快处、化解纠纷机制，从体制机制上创新维权举措，维护消费者合法权益。上海市消保委表示，下一步将聚焦“夜间经济”相关消费者权益保护工作，营造良好消费环境。[3]

静安区则在推进夜间经济的发展过程中，遵循政府规划引导、监管包容审慎的原则，探索完善街区自治管理模式。大沽路地区在南京西路街道的指导下成立了自治联盟，签署商街自治公约。吴江路、陕西北路也已经成立了商街自治组织。同时，静安区秉持包容审慎监管原则，保持街区活力。石二街道依托街道网格化管理，对房屋性质有瑕疵的沿街小店，在不影响居民日常生活的情况下，采取“纳管备案＋重点网格巡查”的模式，有效保护一批美誉度高的特色小店，保留街区商业活力。[4]

二、 上海夜市主要类型

（一）夜市分类

夜市按形成方式、业态状况等，可以分成不同类型，不同分类夜市的经营特征、目

---

[1] 陈颖婷.“夜经济”不是“熬夜经济”[N].上海法治报，2020-06-08(A05).

[2] 同上。

[3] 同上。

[4] 同上。

标客群都有所不同。

1. 按夜市的形成方式分，可分为商圈夜市、观光夜市和流动夜市

商圈夜市指城市内商圈延长营业至深夜，此类夜市内商家包括自有或租赁店铺，及受商圈客流吸引而来的路边摊贩。商圈夜市的优势在于繁荣当地商业，缺点在于多为自发形成，管理协调、环境方面存在问题。

观光夜市是由政府规划设计，结合商圈夜市，强调游览特色的夜市。相较于商圈夜市，观光夜市有更好的环境，更丰富的商品结构，融入地域民俗文化，客群偏向于游客。

流动夜市多于市郊或城市广场等空地经营，一般在特定日期营业。其特点为商家全为摊贩形式，经营时段从傍晚至午夜。这类夜市经营灵活，便于管理，与环境协调性好，对顾客吸引力大，但对周围居民有较大的影响。

2. 按照业态丰富度、时间维度、夜间经济集聚度分，可分为延伸型、专项型和综合型

夜间延伸型是指餐饮、购物等以白天活动为主的服务行业向夜晚延伸，延长营业时间，以美食街、夜市等业态为代表，在众多国内外城市存在，内容较为单一，代表区域包括北京簋街、成都宽窄巷子等。[1]

夜间专项型是指酒吧、KTV、俱乐部、剧院等活动时间以夜晚为主、白天为辅的服务行业，专为傍晚和深夜打造，吸引特定人群，代表区包括伦敦西区、东京新宿红灯区、阿姆斯特丹红灯区等。[2]

综合型则指以城市夜景灯光和地标性建筑为特色，结合文化娱乐、餐饮休闲、观光表演和生活配套等，形成综合型集聚区，代表区域包括东京六本木、新加坡滨海湾、上海新天地等。通常由地方政府统筹发展，受众广泛，营造舒适的消费和休闲氛围。[3]

传统模式下的夜市多为商圈店铺延长营业，或自发聚集形成一定规模的美食街，商户主要由饮食摊档和日用小商品“地摊”组成。例如最早的七浦路夜市，浦东新区东昌路地铁站、昌里路夜市、老闸北区彭浦新村临汾路夜市，杨浦区中原路、通北路海鲜夜市，虹口足球场周边、东余杭路等。此类自然形成的夜市往往人气爆棚但随之而来的问题颇多。一是占道导致交通拥堵，公交车被迫改道；二是摊位过多难免良莠不齐，质量安全难以管控；三是夜市经营产生的垃圾、烟尘和噪声污染，影响周边社区居民生活。最后在争议声中，彭浦夜市黯然退场，七浦路、昌里路夜市也逐渐式微。究

[1] 柳牧宗.北京掘金夜经济的“新姿势”[EB/OL].(2019-07-17)[2019-12-25]. http://www.myzaker.com/article/5d2ee2438e9f095ccf17383c/.

[2] 同上。

[3] 同上。

其原因，还在于繁荣与秩序之间的平衡难以把握。

新时期的夜经济不仅仅是吃、喝、玩、游、购、娱，更要有文化的支撑。人们传统印象中低端夜排档模式的夜市早已不再适合推广，未来上海的夜市经济应遵循城市建设、规划、改造的总体要求，建设立体化、国际化、满足多元化需求的标杆型夜市商圈。[1]而今，夜市不应再成为城市与社会治理的痛点，而是应当抓住契机进行规范化与合理升级，为消费者提供多元化的夜生活方式和内容选择，同时将传统文化、海派文化、潮流文化等文化强属性的夜市集不断做大做强，成为夜上海的文化符号。

（二）上海夜市类型

根据近几年上海夜市发展空间结构、内容供给的差异，我们将上海夜市划分为四种类型，主要包括：依托市区级商圈的后街夜巷、依托城市景观或历史文化 IP 的文商旅综合型夜市、依托社区商业的微型“流动”夜市、依托公共文化场馆的“精神文化”夜市等。针对以上四类夜市，分别探讨其发展模式和典型案例。

1. 依托市区级商圈的“后街”“夜巷”

夜间经济最活跃区域绝大部分以市区级商圈和主干商业街为核心，但纵观国内外，几乎每一条世界级商业街的繁荣都不仅仅局限于主街，那些各具特色的“后街”、支马路才真正划定了商圈的影响力半径。大型综合商业体的运营空间受到 10 小时的效益边界限制，延长营业时间至深夜并不能带来成比例的收益；而“后街”作为一种非商圈的、更加社区化的场景，蕴含着巨大的夜间消费潜力。上海社科院社会学研究所研究员陆晓文提出了一种“深度消费者”的概念。大型商业体提供的商品和服务日趋同质化，难以满足“深度消费者”个体化、差异化的消费需求。毛细血管一般的后街则提供了更多样的选择空间，让不同类型的后街能够为不同圈层的消费者提供圈层化的消费模式。有专家指出，圈层效应还能吸引年轻人离开互联网，到室外消费。

本质上，后街是主街功能的延伸、拓展与互补，两者在经营规模、供给内容等方面存在显著差异，但在空间上彼此连通，人流与商流可以在其间来回流动，形成主街与后街互补互促的良好发展格局，即各种业态之间的协同效应。近年兴起的“夜巷”，虽作为分时段步行街，时间、空间上受限，类似于“微缩版”的后街，但其与毗邻商圈之间的关系同样是互补和联动，寻求协同。而且与支马路“后街”相比，夜巷具有体量轻、内容灵活多变的优势，管理成本也因内部化而有所降低。

---

[1] 今非昔比的吴江路美食休闲街.（2010-08-16）[2020-01-08]. http://www.360doc.com/content/11/0909/22/3084733_147154020.shtml.

在商圈内的商业综合体周边设置周末夜巷,无疑是上海夜市具有代表性的发展模式。市区不乏成熟的高品质商圈和别具特色的支马路,“国际范”的商业体与“烟火气”的夜巷正好相映成趣,在15分钟步行范围内满足消费者“夜食”“夜购”“夜游”等多重需求。但夜巷又超越了普通的商业活动,如何在定位和调性上与主体商业保持高度一致,同时深度把握目标客群的消费心理需求,在细节上做到精致、极致,是夜巷模式的瓶颈所在。

上海夜市中,“安义夜巷”与“外滩枫径”是“商圈—夜巷”模式的范本。

“安义夜巷”位于南京西路商圈,是贯穿于静安嘉里中心南区与北区之间的一条小马路,全长264米,是仅在周末和假日特定时段“开市”的限时步行街,被称为“上海最洋气夜市”。始于2019年10月的安义夜巷,设有花市、休闲区、市集、花园舞台等多个区域,根据不同的季节和节日举办特色鲜明的主题活动。因新冠疫情关闭后,2020年5月30日重新开放,并且从主题、氛围、业态、艺术文化、社群活动和社交互动等层面全面升级,焕新回归的首个周末就迎来了45 000人次的客流,同时嘉里中心商场客流量相较2019年同期也上涨了25%左右。目前,安义夜巷商户数量在40家左右,精心甄选后,引入知名个性化、小众化品牌,绝大多数是引导生活方式的创意店铺,且每周根据实际情况不定轮番上新,让安义夜巷“常逛常新”。夜巷花园、有机农场、南广场、花园舞台、迷你高尔夫、娱乐互动等特色板块构成了升级版安义夜巷的新布局,消费者不仅可以感受到吃喝玩乐新体验,更能在这里找寻到美好生活的灵感来源。[1]“安义夜巷”定位于“服务城市生活”,即面向拥有高品质生活的社群,探索兼具先锋感和本土化的城市生活。“安义夜巷”的设计直接对标英国、美国的项目,确定了“国际化”和品质感的调性。在提供啤酒、音乐、鲜花等时尚夜生活元素之外,还设计了大量隐藏的舒适休息区,优化消费体验的同时延长了驻留时间。最终将生活方式、艺术文化、餐饮等有机融合,打造沉浸式场景体验,并在视觉上运用黄、黑、绿三种颜色为色彩主基调,包含了希望、夜经济和可持续的美好寓意。[2]

“外滩枫径”位于黄浦滨江地区,位于BFC外滩金融中心南北座之间,全长360米,包括150米长的枫泾路,以及广场区域210米步行街道。“外滩枫径”2020年6月6日正式揭幕,每周五18:00至周一凌晨5:00“开市”,是外滩区域的首个分时段步行街。BFC遴选超过110家品牌商户,其中美食占近一半,构成户外景观酒吧区、世界美食大赏、游戏嘉年华、全天候表演、时尚文创商品、空中露台派对等6个体验板块,

[1] 顾一琼.安义夜巷回来了!不仅“太好逛”而且“常逛常新”[N].文汇报,2020-05-30(005).
[2] 同上。

还有近景魔术、福利赠送等快闪惊喜活动。夜购、夜食、夜游、夜娱等多元化主题内容在外滩的沿江景观下呈现给消费者，是“外滩枫径”项目的最大特色。

“夜巷”在工作日和白天不必沉寂，“夜巷”与“后街”合二为一，是“商圈—夜巷”模式的另一种范本。例如“五角场大学路后备箱市集”。五角场商圈大学路本身属于“文艺范”后街，烧烤、酒吧、咖啡厅等夜经济元素，与“后备箱市集”“文创市集”等潮玩或文艺特色夜市相叠加，对大学生、白领、创客和国外年轻客群有强大的吸引力。大学路是创智坊街区内增建的新路，2006 年才建成投入使用。作为创智坊的主街，东侧连接地铁站和创智天地广场，西侧通往复旦大学。初期商业布局属于社区配套型，2012 年升级改造后，将“文艺、小资”作为特色标签和发展方向，与五角场商圈的大型综合商业体形成了有效互补。“五角场大学路后备箱市集”规划中，首先将单向车道改为双向、路面改为硬地广场，在 700 米内设置 6 个红绿灯，有效阻隔来自主干道的过境车辆，为人车慢行混合交通创造了条件。其次，创智坊的开放式围合街区布局，使大学路将校区、社区和创业园区串联起来形成一个有机整体，不同人群在此汇聚，进一步聚拢了人气。此外，2012 年经营方与街道办、城管部门主动协商申请外摆位，形成了与开放式街区相适应的“户外餐饮”模式，为目标客群提供舒适的驻留空间。大学路锦嘉路街心广场还设有全国首个常态化“后备箱市集”，首届上海夜生活节期间，市集开放时间延长至晚上 9 点。一车一店、流动性极强的小微业态，商品新奇多变。加上每周末的“天地创市集”、创智天地广场“纳凉游园会”，平价小吃、文创、手作配饰和玩具，均能精准满足年轻客群的“夜游”“夜购”和“夜食”需求。此外，投影在人行道路面的诗句、酒吧乐队现场演出的爵士乐、露天咖啡和深夜书店等，从多感官体验入手，营造出全方位“文艺范”消费氛围。

商业体内部“快闪市集”则是对于暂不具备开发后街夜巷条件的商圈，在大型商场或商业综合体的天台、中庭、步行街等区域开展各类“特色小夜市”“快闪市集”，由此与主体形成差异化和互补效应。这种商业体“天台经济”实为一种“内部化”的夜巷模式，同样需要精准定位、明确主题特色，在商户甄选、消费体验设计、推广营销和动态管控方面进行周密策划和高效管理。例如静安大悦城在其独有的屋顶摩天轮下设置“摩坊 166 街区”创意集市，虹口北外滩白玉兰广场 B2 层“HONG 潮国际潮流文化展”市集推出“Z 世代”年轻人喜爱的众多新国潮品牌等。首届“上海夜生活节”期间，静安区久光百货、大融城、兴业太古汇，长宁区虹桥南丰城、黄浦区第一百货商业中心、闵行区爱琴海购物公园，以及百联集团旗下的百联 TX 淮海、杨浦滨江百联购物中心、百联金山购物中心等数十家大型商业体分别推出了以美食、文创、手工艺、花市、潮流 IP、游戏等为主题内容的一批特色夜市集，并联合美团点评、小红书、抖音等流媒体发布了必逛集市指南、集市之旅打卡路线等进行线上推广。据统计,6 月 6 日至 30 日上海地区夜间到店餐饮、休闲娱乐线上消费额同比 2019 年增长 37.4%和 20.1%;支付宝数据显示,上海夜生活节期间,夜间消费环比增长超过 10%。据阿里巴巴《2020 年夜经济报告》,上海夜间消费总金额居全国首位。[1]

2. 依托城市景观、历史文化 IP 的文商旅综合型夜市

夜经济不仅仅是吃、喝、玩、游、购、娱,更要有文化的支撑。从供需角度来看,随着人们消费能力和物质生活水平提高,对于体验式消费和精神文化产品需求日益强烈,"夜游""夜娱""夜秀"等夜间消费内容在夜间经济中的比重不断加大。目前,不少城市正在探索一些提升夜间经济文化内涵、塑造具有城市文化特色的夜间体验项目,越来越多夜游项目被推出。北京古北水镇的星空夏季活动、上海的夜游黄浦江、重庆两江夜游、西安的"大唐不夜城"、西双版纳的"澜沧江湄公河之夜"都格外火爆。[2]

上海不仅是国际消费城市,也是文化底蕴深厚、旅游资源丰富的城市。拥有国家 A 级景区 101 个,特色文化博物馆 120 个,人文历史建筑遍布市区。上海发展夜间经济应当利用好这一"显著优势",以城市景观或历史文化景点为平台,完善和创新夜间消费场景,使各类旅游资源成为体验式产品的组成部分,在夜经济的内容供给上综合旅游、文化、美食、购物等,为上海夜市注入更多的文化价值,形成一批高质量的文商旅综合型夜市。

从空间上,可以将依托旅游资源的综合型夜市分为两大类,即城市文化景观型夜市和自然历史景观型夜市。前者是以现代城市文明为背景,将上海所特有的海派文化、时尚文化融入属于城市的夜间消费场景之中,如新天地(石库门)周末步行街、浦江夜游、外滩源夜市集等;后者是指以天然景观或历史古迹为背景,将有别于现代城市生活的传统文化、江南水乡文化等符号注入夜市文旅产品之中,如嘉定州桥老街夜市、豫园"老字号国潮"游园会等。

第一类城市文化景观型夜市主要分布在浦江沿岸、人文历史建筑街区,其中,近代人文历史建筑形成的景观文化 IP 对于近现代海派文化和当代时尚潮流文化往往兼收并蓄。因此,我们选取以下三种典型文化消费场景下的夜市加以分析。

沿江岸线夜市:世界许多著名城市是沿河而建,河流犹如城市的主动脉,如法国巴黎的塞纳河、英国伦敦的泰晤士河、德国汉堡的莱茵河等,形成了城市经济与文化生活的脉搏。水岸天然适合夜市,夜间水面倒映的灯光效果、水对气温的调节、水边

[1] 徐晶卉.以"夜"为媒,用"滨江"相联,申城点亮"夜上海仲夏季"[N].文汇报,2020-07-20(002).
[2] 孙亚华.多地出台措施丰富"夜生活"夜间经济成消费新亮点(2019-10-12)[2019-11-18]. https://news.stcn.com/news/202003/t20200325_1277502.html.

露天活动的独特休闲感等等诸多因素共同形成了沿岸夜经济空间的特色。作为上海的地标，黄浦江既是上海“夜色美”，也是“江南美”的重要组成部分。[1]浦江沿岸已有外滩、徐汇滨江、虹口北外滩等开发成熟的商业区，通过游船、步行桥、亲水栈道等设施，可与沿岸商圈、休闲区、文娱场馆等组合形成以“夜游”“夜购”“夜演”“夜秀”为主题各具特色的夜市。浦江游览与传统文化、沿岸夜市可以碰撞出多种可能性。例如，上海昆剧团与携程集团联手打造的“浦江兰韵”昆曲演出项目，2020 年 7 月 18 日起在网红游轮“船长 8 号”每周末驻场演出。传统经典的戏剧在浦江夜景下让观者产生丰富的沉浸式观演体验，打造上海浦江游览文化新 IP。乘坐游轮到十六铺码头下，即可到达“外滩枫径”继续逛夜市，多元化夜间消费得以无缝衔接。此外，徐汇滨江作为上海四个“全球新品首发地示范区”之一，近年积极聚焦新品消费、做强首发首店经济。2019 年至今，西岸艺术中心举办“走进香奈儿”大展、在油罐艺术公园举行路易威登大秀、克里斯汀·迪奥在龙美术馆西岸馆举办“梦之设计师”亚洲首展……“西岸美术馆大道”已成为“夜展”“夜秀”和时尚文化的绝佳平台，年轻人的网红打卡地。附近的绿地缤纷城作为大型商业中心，提供了夜间餐饮、休闲和购物功能。同类型夜市集还包括外滩“老码头嘉年华”、杨浦区上海国际时尚中心“SFC‘造’节集市”、浦东老白渡滨江“ART TONE 东岸夜上海生活节”集市等。如何利用浦江沿岸商业区更好实现优势互补、加强联动效应，是依托岸线景观的综合型夜市发展所面临的主要挑战。

海派文化建筑中的夜市：上海由于其城市历史发展的特殊性，保留了大量的海派文化历史建筑，梧桐树、老洋房形成了独特的城市韵味，兼具海派风情和商业活力的特色街坊也是夜间消费的重要据点。思南公馆、圆明园路外滩源、衡山路—复兴路等是上海市中心具有代表性的海派建筑历史风貌区，街区内分布的餐饮、购物、休闲等不同业态店铺与主街互补发展，形成完整的商业生态群落，增强了整个商圈“黏性”。近几年，思南公馆一直积极打造地标性夜生活集聚区，首届夜生活节期间，每逢周五、六、日开出特色夜市。“思南夜派对—生活市集”是原有“海上思南市集”的夜间升级版，分为匠心创意区、国际美食区、美术馆派对区、环复特色小店区和思南美好生活区等 5 个特色区域，各区域有不同音乐主题的露天音乐派对；主办方还特邀 5 家当代艺术画廊，在思南公馆复兴中路 529 号花园洋房中举办免费特展。思南公馆副总经理范美辰表示，“思南夜派对”汇集了 100 多位生活家参与集市，其中设计师品牌占比 80%[2]，艺术类品牌占比近 50%，使思南公馆夜市充满“文艺风”“国际范”。黄浦区

[1] 顾一琼.安义夜巷回来了！不仅“太好逛”而且“常逛常新”[N].文汇报，2020-05-30(005).
[2] 徐晶卉，唐玮婕，史博臻，等.夜生活市集逐个点亮，展现城市新“夜”态[N].文汇报，2020-06-07(005).

圆明园路步行街“外滩源艺术集市”由上海中央商场投资有限公司、上海外滩源发展有限公司主办。全球美食美酒、街头表演、文创、音乐、潮品、直播、涂鸦互动等内容,为夜间消费者提供了有趣有品质的城市公共空间。衡山路—复兴路地区有一系列“小而美”的创意园区,开出了涵盖电影、音乐、时尚等文化艺术特色夜市集。例如,位于安福路武康路交会处的“永乐汇 322 园区”,在一幢建于 1932 年的西班牙风格优秀历史建筑中开设了上海首电影专业书店,成为电影点映赏析、导演见面会等活动的“夜沙龙”场所。位于建国西路岳阳路交界处的建业里是上海现存规模最大的石库门里弄建筑群,建业里嘉佩乐酒店推出住宿 SPA 早餐优惠,距离建业里不远的草婴书房、夏衍旧居、衡复风貌馆也加开夜间专场,满足高品质“夜宿”“夜游”体验需求。位于嘉善路的“尚街 Loft 园区”借助国家级纺织服饰创意设计试点园区的资源优势和老厂房改建而来的独特形态,夜生活节期间推出“尚花街夜市集”。位于复兴中路历史建筑黑石公寓的“黑石 M+音乐园区”内,由摄影展、沙龙、艺术电影放映、威士忌品鉴等夜间主题活动组成的“夏日艺术季”,是文化艺术体验型“夜市”深度介入时尚街区的另一典型代表。

水乡古镇夜市:江南水乡古镇历史悠久、风貌宜人,是我国传统文化的精粹之一,也是近年来吸引城市居民和游客回归自然、追忆乡愁的休闲旅游标的。上海地区水乡古镇旅游资源丰富,文化遗迹充盈,具有深厚的人文底蕴。青浦朱家角、金山枫泾、闵行七宝、浦东新场、嘉定南翔、松江泗泾等古镇景点,开发较为完善,均在距市中心 50 千米范围内,是市民游客夜间旅游首选地之一。嘉定州桥是国家 AAAA 级旅游景区,始建于南宋,保留着明清时期江南传统小城市中心民居特色,传统街巷建筑群结合大面积古典园林构成了独特的风貌。2020 年 6 月首届上海夜生活节期间,嘉定博物馆在有 800 多年历史的法华塔周边,围绕江南水乡的古建筑群落,复原了宋代“州桥夜市”的繁华。州桥老街夜市以传统文化为特色,设置了当地传统小吃、手工染色、徐行草编、安亭药斑布、掐丝珐琅画等传统技艺体验项目和科举互动小游戏等,与周边的孔庙、秋霞圃园林一起构成了水乡古镇文化夜市的丰富内容。总体上看,在文旅融合和全域旅游蓬勃发展的背景下,依托景观和文化 IP 的综合型夜市文化内涵不断提升,消费形态更加丰富,新文化消费场景不断涌现,给游客带来更加丰富的体验的同时,也展现出更强的消费带动能力。[1]如何进一步丰富夜游产品、形成常态化和差异化发展,同时进一步优化夜间消费体验,是此类夜市面临的主要挑战。

3. 依托社区商业的微型“流动”夜市

以社区商业或生鲜市场为依托的微型夜市,主要满足周边街区居民日常采购、休

[1] 胡娜.将产品和消费场景创新相结合[N].光明日报,2019-10-13(05).

闲和生活服务需求，具有分布广泛、规模较小、功能复合化的特征。与市中心夜市集的时尚文艺风格不同，社区夜市往往空间有限但功能上必须精准、全面又“接地气”。夜市管理层面，需要社区对口居委、街道与社区商业经营主体密切配合，以社区居民实际需求为导向，综合考虑各方面因素对夜市加以整体规划。

一是旧菜场改造升级，为“小而美”夜市搭台。通过旧菜场改造、功能整合升级为社区睦邻中心，以此作为平台开发社区夜经济、打造“小而美”夜市，是一项拉动高频消费和提升周边社区生活品质的重要举措。位于杨浦区殷行路新村中心街区的阳普生鲜勤海店，前身是一家传统老菜场，于2019年底完成升级改造，变为一家社区商业中心。该改造以“政府引导、市场运作、共商共建、共治共享”为特色、以社区商业载体为依托、集公益性与商业化为一体的睦邻中心新模式，引入全新的睦邻融合和社区服务理念，在将生鲜销售面积缩减到全部面积1/3的同时，引入特色餐饮、修理服务、鲜花销售等店家，还考虑到附近居民家庭面积普遍较小，需要一个公共会客厅的实际需求，打造了共享厨房、共享会议室和健身房、儿童娱乐场所。改建完成后，这里成为附近居民日常休闲的好去处。在新冠疫情发生前，几乎每天都有法律咨询、志愿者服务、文艺团队排练、读书会等社区活动，并且具有丰富的配套服务。“不像菜场”的勤海菜场正式告别菜场定位，转而升级为勤海社区商业睦邻中心，辐射周边1 500米半径的3万居民，不仅满足日常生鲜采购需求，也为周边社区提供了更加多元丰富的睦邻服务。其开设的“勤海夜巷”每天晚上从5时营业到8时，引入15个涵盖非遗、便民、美食、休闲娱乐的夜市摊位，让周边居民享受“‘勤’系殷行，睦邻‘海’淘”的社区夜市。市集的主入口是一个主题餐厅和便利店。后面一排是对外的档口，售卖包子、煎饼、奶茶等餐饮，方便路人直接消费。传统的捏面人、手工首饰、卡通棉花糖、现场理发等摊头吸引了不少消费者驻足、拍摄和亲身体验，人气颇高。内部的空间设置了餐馆、面食店铺。中间的流线作为主要的通行线路，链接另外一个南面小区的出入口，形成人流的循环。室内和室外形成联动，把沿街夜市的人气引入市集之中，使业态呈现出全面复苏的趋势。

二是面向特定人群，营造特色主题“流动”夜市。以硬件设施相对较成熟的社区商业中心为依托，面向特定消费人群，营造创意市集、怀旧主题、国潮主题、城市文化季等多元化特色主题和场景。本次首届“上海夜生活节”涌现出诸多的微型短期夜市，开拓了具有国际范、上海味、时尚潮的更为丰富的夜经济空间。2020年6月，上海市各个区均举办了一系列各具特色的街区夜市集。以长宁区为例，位于安顺路九华邻居里的美天“阿拉夜市”是以社区商业（安顺美天菜市场）为基础，通过将老上海的怀旧与新青年的潮流融合，同时结合长宁的地区特色，打造出专属于阿拉上海的夏季夜市。除了啤酒、烤串、小龙虾等夜市标配美食,美天阿拉夜市首月还以“阿拉小辰光”为主题,推出童年小卖部、小辰光童年挑战、酒王争霸赛等具有 80 后、90 后特色的活动,吸引中青年客群。后续还有“端午粽意浓”“阿拉的游戏”“阿拉的庙会”等主题活动,持续突出上海特色。位于虹口区临平路 123 号的瑞虹坊,紧邻地铁 4 号线临平路站出口,2019 年全面焕新升级后定位为“家门口的生活驿站”,通过引进更多优质品牌,满足附近居民日常生活之需的同时,也力求成为虹口区的品质消费首选地。以瑞虹坊为平台的潮流时尚主题“好涩集市”的举办,带动市民夜间休闲消费的热情。占地3 000平方米的好涩集市,于 9 月 1 日起至 10 月 31 日晚间 4 时至 10 时对市民开放。集市涵盖文创产品、珠宝首饰、夏日冰饮、亲子互动、生活用品等多种夜市活动,更有光明冷饮、百事等品牌增设“网红打卡点”与俄罗斯知名网红冷饮店集结在此,令“好涩集市”成为瑞虹坊商场方打造的高品质又有辨识度的商业夜市。

4. 依托公共文化场馆的“精神文化”夜市

作为国际化大都市,上海的夜生活不单单是物质消费,文化元素必不可少。而文化与消费相结合,能够提升夜生活艺术含量、为市民提供更丰富的夜生活选择。[1]上海市商务委十分重视夜间“精神文化”产品供给,大力推广文博场馆等公共文化场所的夜间开放运营模式。在 2020 年 6 月首届上海夜生活节期间,全市 47 家文化场馆每周五晚上开放夜场、特展,设置各类特色主题活动,夜场门票、文创产品、餐饮等商品 6.6 折优惠。上海美术馆、上海自然博物馆、上海中国航海博物馆、闵行博物馆、嘉定博物馆、钱学森图书馆、上海震旦博物馆、中共一大会址纪念馆、上海复兴艺术中心、上海艺仓美术馆、星空错觉艺术馆等文化场馆联合推出“博物馆奇妙夜”夜场活动,受到夜间消费者欢迎。6 月下旬,大隐书局、读者书店、思南书局、衡山和集等近 30 家书店联合举行“深夜书店节”,推出一系列线上阅读、展览展销、惠民促销活动,并在整个 6 月延长营业时间至次日凌晨两点。公共文化场馆的夜间开放突破了传统模式,在时间上为更多人提供参观便利,以休闲定位改变文博类场馆固有的说教形象。在新冠疫情逐步缓和的情况下,人们更需要有内涵的夜生活来提振信心、滋养精神,助力上海经济持续健康发展。[2]但要注意的是,针对夜间开放面临的场馆安全、人员调整、内容创新等问题,各场馆仍要以自身条件为基础、充分调研选择开放模式,合理利用志愿者力量,根据夜间独特氛围设计特色活动内容,呈现“精神文化夜市”的多样性。

2020 年是打响“上海购物”三年行动计划的收官之年,上海夜间经济要在对标国

---

[1] 李婷.博物馆里逛夜市,历史也新鲜![N].文汇报,2020-06-07(002).

[2] 同上。

际最高标准、最好水平上找差距，在补齐短板上下功夫。夜间经济不仅要进一步挖掘内需，成为推动上海经济可持续发展的重要力量，更要进一步提升优质多样的商品和消费环境供给，不断满足人民群众美好生活的需求。[1]

第三节　上海夜市发展研究

一、区域规划

自《关于上海推动夜间经济发展的指导意见》发布以来，很多夜市已经展开经营活动。从图 4-5 可以得出几个简单结论：一，上海缺乏传统型、文化内涵深厚、品牌影响力大的夜市。其实国内大部分城市大都如此，源于前面二十多年对夜市的治理态度，导致国内没有系统传承的夜市实体和夜市文化。因此，上海可以从品牌经营的角度打造夜市，为夜市注入文化内涵。二，在城市空间分布上，夜市集中于上海市中心区域，以黄浦、静安两区最为密集，向东西两头延展，数量上长宁、浦东、闵行次之，其他区相对较少，夜市整体从浦江西侧起呈带状分布。三，大部分夜市是在政策指引下，结合市场商机，最近一两年内建立起来的，在规模、经营方式、知名度、对消费者的吸引力等方面都还有很大的发展空间。四，部分夜市是自然形成的，但受空间、周边环境局限，发展情况不尽如人意，甚至有中断消失的可能性。

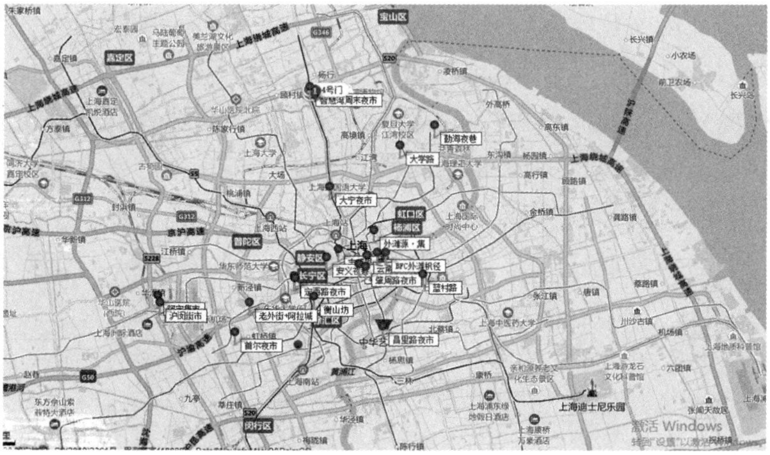

图 4-5　上海夜市分布情况

[1] 吴卫群，唐烨.大力发展"夜间经济"，上海有了新目标：打造具有全球影响力的夜生活地标[EB/OL].(2020-01-02)[2020-01-21]. https://www.shobserver.com/zaker/html/198139.html.

上海夜市区域分布极不均匀,这与上海各区功能定位、商业文化资产等有很大的关联性,应尽力打破这种不均衡性,让夜市经济尽可能多地服务于上海居民和外来游客。一是要结合现有居民分布、城市功能划分、商业设施、城市就业等情况,合理规划新建夜市,覆盖更多城市居民和消费人群;二是要将夜市规划与城市公共交通相结合,上海地铁已经形成纵横环相结合的放射性网状格局,夜市规划建设应优先考虑地铁与公交线路节点;三是嘉定、青浦、奉贤、浦东、崇明等区存在卫星城镇和郊区,部分地区人口密度相对较低,可通过在人口相对集中卫星城镇建设夜市或运营品牌流动夜市服务于该类区域居民;四是上海当前的商业设施,特别是地区商业中心,是夜经济的重要组成部分,但商业中心夜间经营行为与夜市还是有一点区别的,夜市开启和运营可以考虑与商业中心或其他现有商业设施联动,相互导流,经营内容互补,增加夜市经营活力、增强成功率。

二、 空间规划

(一)夜市空间营造

场景理论是夜市空间规划的一个很好的依据。场景理论由以特里·克拉克和丹尼尔·西尔为代表的新芝加哥学派提出,指一个地方的整体文化风格或者美学特征。该理论把文化、消费和空间整合起来解释当代社会的文化经济现象。场景理论认为,一个经营场景是由消费行为、消费者体验、社会价值观和人们的文化生活方式组合起来的特定历史节点的文化空间。根据该理论,夜市场景应包括:特定的社区范围、明确的实体建筑、特定的夜市经营和消费人群、夜市活动,这些要素综合起来在当前历史节点上表达特定的时代风味,在实现具体满足人们商品服务需求的功能上,也传递着文化和价值观。在这场景中,经营者与消费人群一起互相传递文化、行为模式和价值观信号,同时也彼此影响着消费心理与行为。

一个场景包含“戏剧性”“真实性”“合法性”等三个大的要素,每个要素又可细化,“戏剧性”表现为迷人、睦邻、越轨、正式和炫耀等特征,“真实性”表现为本土性、族群性、国家性、企业性和理性主义,“合法性”则表现为传统主义、领袖魅力、功利主义、平等主义和自我表达等特征。

1. 夜市真实性营造

夜市规划和存在形式本身要体现真实性,就是要与公众对夜市整体环境的期望相符,不存在大的违和之处。比如一个以古镇为基础打造的夜市,出现大量西餐厅、酒吧,公开表演多以模特走秀、喧闹的现代舞蹈为主,商品多为现代风格工业化廉价量产品，或假玉等伪劣产品，建筑过新，现代电气设备没有任何遮掩呈现于众，则游客与消费者进入夜市多有出戏感觉，觉得场景不真实，夜市所有商品与服务的存在目的是骗钱。

营造夜市的真实性，就要让夜市的环境、建筑、整体氛围体现当地文化特点或夜市主题思想，与夜市服务目标相统一。如古镇夜市，其商品与本地民俗商品一致，表演形式增加本地曲艺剧种，或用现代表演形式展现地域、时代风貌。

2. 夜市戏剧性打造

夜市戏剧性，是指夜市对消费者展示如戏剧冲突般的场景、活动、商品服务，引发消费者在夜市环境中不同的直观感受。如果一个夜市建筑繁华、灯光灿烂，且与周围环境融洽，则有了真实性，然后在某一处店面中向逛夜市人群展示某个文化商品的制作过程，甚或邀请顾客参与制作，则夜市在消费者眼里不再平面，具有起伏回转的戏剧性。

围绕主题打造夜市戏剧性的方式多样，如沪剧滑稽戏剧场、夜市快闪活动、传统商品工艺流程展示、民俗表演、与游人互动游戏、新技术场景应用等。与真实性一样，戏剧性能增强夜市品牌影响力和消费者黏性，提高消费者体验感。

3. 夜市合法性维持

此处合法性不限于夜市经营活动遵守现行的相关法律制度，而应表达为夜市的存在与经营不与外部环境冲突，具有正当性。当然，经营行为合法是前提，同时夜市本身及存续要符合公序良俗，营造的氛围和传达的理念要积极健康，夜市不同商户经营行为保持堂皇大气，消费者在夜市活动的结果是可预期的，不应有不可预知的后果。此处举例假设福州路(有很多经营文化用品商家)开设文化夜市，必然绕不开文玩这一品类商品，但文玩品类商品鱼龙混杂，把很大一部分有消费能力与消费意愿却没有精力去分辨的潜在顾客赶出市场。文化市场如接纳这类商品，按文玩商品老路经营，必然让消费者质疑此类商品质量，甚至可能质疑此地夜市经营不具合法性(不正当性)。

(二) 夜市形态规划

夜市形态根据规划和自然形成状态可分为街巷型、广场型、商业区域型和室内型。决定夜市采用什么样的形态的因素包括:基础环境状况、交通情况、社区状态、物业产权状态、商业利益追求。以室内型夜市为例，多为大型物业开发持有者决定开办，目的多为吸引人流，增强交易量，这样的夜市优先考虑商业利益。政府主导开发的夜市则会考虑区域整体利益，包括经济利益、就业、服务社区、提升城市品牌形象等社会效益。

(三)辅助设施配置

夜市有效运转,需要各类辅助设施配套。功能型辅助设施包括水电煤网络相关的基础设施。这类设施在上海基本做到隐形化,但夜市的开设会极大增加基础设施的用量,在夜市规划调整时应注意该类设施的扩容。另一类为环境辅助设施,如垃圾箱、垃圾站、公共灯光设备等,这类设施要求布局合理、有效,能够经常性维护,确保设施能帮助提升环境质量。还有一类设施为消防安全设施,夜市为人流密集、建筑密集、活动频繁之地,消防安全责任重,灭火器材、监控、防护栏等设备的安装要点面结合,不留死角。

(四)道路交通规划

夜市运转必然带来大量人流,从而引发区域性交通压力,所以夜市在规划之初就要考虑交通问题。夜市交通应注意几个问题:一是夜市应靠近已有的公共交通节点,也即在夜市周边有一定数量的公交站台、地铁站台,方便出租车停靠之处;二是夜市区域范围内或周边有一定数量的停车场,应鼓励这些区域开发建造地下、立体停车场、停车库;三是有效规划夜市范围内和周边交通运行体系;四是区分以夜市为目的地的交通需求和途经夜市的交通需求,利用高架、主干道等交通设施让两者有效分离;五是投入一定的人力和技术手段对夜市交通进行引导管理;六是鼓励夜市目的人群多利用公共交通设施。

三、营商环境

(一)市场准入

市场准入概念来源于《服务贸易总协定》,是指一国允许外国的货物、劳务与资本参与国内市场的程度,后引申为一般国内市场管理者准许公民和法人进入市场,从事商品生产经营活动的条件和程序规则的各种制度和规范的总称。规范对象从外国货物、劳务与资本转变为包括本国的市场主体、商品、服务等。

市场准入制度有如下几类:自由放任模式、特许主义模式、准则主义模式、行政许可主义模式、混合模式。混合模式在执行过程中结合了前述几类模式的市场准入模式。我国早期的市场准入以行政许可为主,结合一定的特许主义和准则主义模式。近几年各级政府对市场准入的认识不断加深,为营造良好的营商环境,转向以准则主义模式为主的市场准入制度。表现为在一些新兴市场领域,行政管理者对市场认知处于初级阶段时,往往采用有限度的自由放任模式,在合法前提下对市场准入与经营主体的行为不加以干预。在很多经营领域,对经营主体进入由原来层层审批的模式转向简化审批程序,按准则登记即可的模式。

夜市经营商户的市场准入也应采用准则主义与市场手段相结合的方式,并应遵循以下思路:

1. 夜市招商应与夜市主题、品类规划相符

夜市经营需要大量入驻商户支持,但经营规模与商户总量又是有限的,因此,夜市招商应结合夜市主题,考核商户经营内容,与夜市品类规划相符,并在品类角色定位不同的基础上有意识地引入重点商品与服务经营商户,保证一定数量的支持型商户。如夜市既要引进与夜市经营主题一致的商户,也要引进经营内容为辅助支持服务或商品的商户,如住宿、交通等,夜市经营者可引导这些看似与主题不相关的补充服务型商户加入与主题相关的经营元素,烘托夜市的主题特色。

2. 简化入场手续与程序,采用市场原则招商入驻

夜市商户入驻应采取准则主义,夜市经营者应向社会公布夜市入驻条件,符合条件的商户即取得竞争入驻资格,无须再由夜市经营者批准。但获取竞争资格并不必然能入驻夜市,毕竟夜市能接纳的商户不是无限的。此时,夜市经营者应根据市场原则,运用如招标等市场手段,有计划地根据前述夜市商品与服务的品类角色定位需求招商。

入场手续中必须包含商户信息采集事项,以备后续监管。对有意入场的商户应进行公示,以便后续公平招商。

3. 入驻商户及其工作人员应符合夜市健康要求

夜市是人流高度密集之处,同时夜市必有餐饮服务,对经营者及工作人员有较高的健康要求。此要求应集中于相关工作人员无传染性疾病方面,而不得扩大至身体残缺、虚弱、非传染性疾病,后者是社会相对弱势群体,为他们提供公平竞争环境本就是夜市及其背后政府部门的社会职责之一。

4. 经营商户应具严格信用条件

夜市维护其品牌形象,保持其品牌影响力,除要求夜市经营者依法诚信经营外,对商户也有同样要求,尤其是所有夜市都会提供餐饮等商品服务,对消费者可能造成不可逆伤害,对商户的经营方式和服务质量的要求尤其高。规范商户商品与服务质量,建立完善的信用体系是关键手段。在招商之初,夜市经营者就应调查商户征信记录。经营过程中,夜市应利用网络数据库技术,完善所有商户的信用数据,给经营过

程中的不良或不法行为打分，设定严格周期内分值限制制度。当商户在一定周期内，如一年，扣分超过一定数值即强制解除合同，并按招商合同要求商户承担民事赔偿责任，严重至触犯刑法者，按法律规定处理。

（二）建立完善的夜市运营监管体系

夜市相关主体有三：夜市管理者、商户和消费者。其中夜市管理者相对于商户和消费者来说处于管理优势地位，同样商户相对于消费者普遍处于市场优势地位，按经济法律的调节原则，法律和管理规范应偏向于弱势地位者，以求交易公平，这就需要建立相应的监管体系。

夜市管理者的身份有几类，一类是行政执法部门，作为政府一部分存在；另一类是由政府部门授权组建的市场实体，以企业身份出现，得到行政部门授权按市场原则行使经营权。还有一类是商户自治组织，以协会等形态出现，与前两类在夜市管理与自我约束方面呈互补状态。无论是哪种形式的夜市管理者，得到行政授权使其天然获得一定的优势地位，以此作为管理权限的渊源，这也让这类主体因地位而存在滥用权利，造成不公平竞争的可能性。所以夜市监管体系首先要把夜市管理者作为监管对象的一部分，以确保其能公平公正高效行使管理和经营权限，保证夜市的健康发展。对夜市管理者进行监管的直接主体为上级政府主管部门或授权设立夜市经营者的行政部门。另有工商、消防、食品安全等相关职能部门有权对夜市在其职责范围内依法行使监管职能。

夜市入驻商户因其直接面对消费者，所经营商品与服务的质量瑕疵会对消费者造成人身或财产损失，对夜市的形象造成伤害，故是监管体系监管的主要对象。

夜市运营监管体系应包含以下内容：

1. 完善的监管规则。夜市监管体系应有完善的监管规则作为监管体系有效运转的准则性文件，并向所有利益方公布。监管规则内容应包括夜市相关利益方主体的权利义务，违反监管规则、有悖夜市健康发展和正常运营事项所应承担的责任，争议解决方法等内容。

2. 有效的监管程序。依托监管规则，夜市应建立有效的监管程序。夜市运营监管从规划招商就已开始了，但日常运营监管则主要是对商户经营行为的监管，监管程序启动于商户信息采集过程，就商户的经营行为、商品与服务质量、商户信用行为等，公开、全面、有效地依公示流程进行监管。监管程序应包含信息采集层、监管层责任处理层（见图 4-6）。

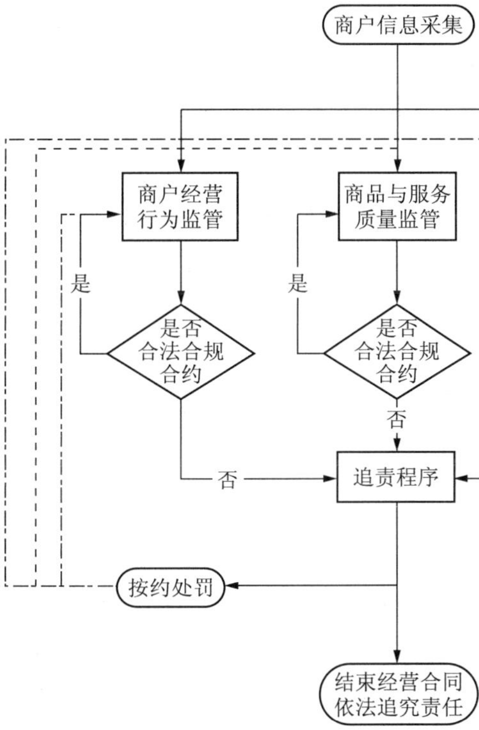

图 4-6　夜市运营监管体系

（三）夜市环境、商品与服务质量

从消费者的角度评价夜市，其基本依据是夜市环境及夜市商品与服务质量，其中商品与服务质量本身也是夜市环境的一部分。消费者对质量的认知本身并不固定，是对商品与服务满意度的感受。如一件民俗工艺品，其设计与消费者认知中的民俗风格一致，甚至超出其要求，用料与工艺也得到消费者的认可，消费者就会认定其质量是好的。所以商品与服务的质量应控制在多数消费者认知的质量水平之上。当前消费者对质量的认知从原来的性价比、材质等因素进化至商品与服务体现的设计感、质量感、内涵、文化等偏精神方面的因素，所以夜市经营管理机构在规划、运营夜市过程中应对夜市整体环境、商户商品与服务质量有一定宏观上的把控能力。

四、 夜市经营

（一）夜市市场定位与经营主题确定

营销学上的市场定位是针对产品来言说的，应当让产品的品牌形象、质量甚至产品背后代表的文化形象方面具有高度识别性，与目标市场(顾客)需求产生高度重合，认可所营造的产品形象。同时市场定位还有一个辨识维度，即与竞争产品进行比较，形成不同的形象与理念表达，以此占据特定的市场位置。总结起来就是在目标顾客心目中树立产品独特的形象。

夜市是一个提供商品与服务交易的平台，但从更高的层面上看，某地的夜市本身就是一个特殊的产品，融入城市旅游生活服务中，成为城市旅游生活产品的一部分，与其他城市展开竞争，所以夜市仍需要像商品一样进行市场定位，以便占据更好的市场竞争位置。

上海这样的城市，夜市如果定位过于一致，最终结果就是形成一个新的夜市业态，类似于打造一个个不同区域的社区商业中心，又不具备社区商业中心的消费刚需性，且在商品与服务提供方面与社区商业中心存在高度同质化甚至弱质化，经营必然会受影响，且浪费社会资源，增加城市管理难度。

而良好的市场定位，能让夜市有效开展差异化经营，增强城市魅力。夜市作为城市服务商品的一部分，可以与城市旅游、文化服务、商品供给等形成有效互补与融合。

传统夜市的市场定位多以提供特色餐饮及小商品购物为主，典型者如我国台北地区士林夜市、台中地区逢甲夜市、西安回民街等。近几年国内各大城市为活跃城市经济，倾力打造的夜市则融入了更多的传统文化等因素，如苏州西塘街夜市，依托古镇建筑打造充满传统文化氛围的夜市。但大多数夜市建设的市场定位思路仍没有完全打开，表现出一定的局限性。

上海夜市的发展应结合上海城市形象、城市文化背景、城市定位和发展规划有选择性地对夜市进行规划定位。

对自发形成的夜市雏形，结合城市管理需求，在自发形成的定位基础上，强化夜市特色，增强新的有益的定位功能。需要指出的是，基于早期的城市管理理念，多年前自发形成的夜市多为被管理调控的对象，有些在形成初期就被取缔，或在规模、发展形式等方面被限制，这类夜市主要以餐饮和小商品零售为主，在协调好城市管理需求，所在地业主权益的基础上应强化其餐饮与小商品零售功能，适当融入文化商品等特色功能，结合所在地街区特色引导形成明确的市场定位。

就城市规划中涵盖的有目的打造的夜市来说，应放开思维限制，结合城市区域特点有意识地对夜市进行独特定位。至此，首先要做的是进行市场细分。

夜市按目标顾客的来源可分为外来旅客与本市居民，其中外来旅客又可分为国内旅客与国外旅客，本市居民又可分为夜市商圈内居民和夜市商圈外的本市居民，不同来源的居民对夜市的商品、服务和文化精神需求是不同的。如国外旅客，包括游客或商务旅客，对夜市的需求更多可理解为对中国文化和国情的体验，进行餐饮消费除品尝美食外，本身就是一种文化体验，同样，购买本地特色商品，对商品内含的文化因素需求可能超越了对商品的使用价值的需求。对国内旅客来说，夜市独特的饮食、商品或特色服务则会让他们体验到上海地区文化的风采，这是国外旅客无法精细体验的。而本市居民本身就是上海区域文化组成的一部分，对美食与商品文化属性的感受不一定比外来旅客强，他们的消费需求则更集中于商品与服务本身。

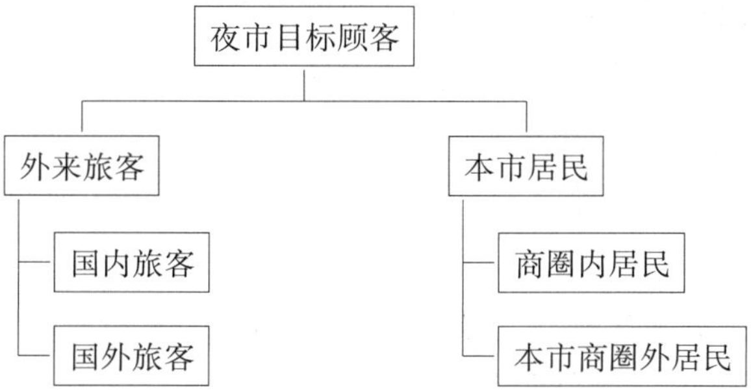

图 4-7　以地域分布情况对夜市目标顾客分类

夜市的目标顾客还可按其他维度，如年龄、性别、经济状况、学历等进行细分，不同维度影响作用会对夜市提供的商品与服务产生不同的需求。

夜市可以在市场细分的基础上进行市场定位，进而确定夜市经营主题，与本市其他夜市或长三角经济圈，甚至全国的其他夜市形成差异化竞争与互补。对于夜市主题的选择，应突破思维限制，从消费者生活场景需求出发进行细致分析寻找切入点。如具有高支付能力的都市女性是消费市场的活跃群体，围绕这类人的需求可打造医疗美容主题夜市，以高质量、富文化内涵、个性化设计的服装、化妆品为主的夜市等。传统文化街区福州路，则可打造文化主题商品夜市等。在此举一例说明：

假设要构筑一个以高新科技为主题的夜市，首先要确定这样的主题所吸引的消费人群，目标顾客在性别上以男性为主，年龄段更偏向低年龄群体。设想他们的消费场景，少年为找到心仪的产品，如一架有一定技术含量的无人机，或某个特定的元器件，在节假日拉上父母或朋友一起逛夜市。其初始购物目标带动了一家人在机器人餐厅进行餐饮消费，看了无人机表演、玩了 AR 游戏，父母体验了 3D 电影等。这就是生活场景引发的消费需求，这种消费需求产生于符合夜市目标顾客生活需求，以目标顾客的生活需求为切入点引发一系列的商品与服务消费。

确定夜市的市场定位、主题和目标顾客后，这样的高新技术主题夜市的选址应该有一定的城市产业基础与目标市场相关联。上海有这样产业基础的如张江工业园区、漕河泾等,再综合考虑居民、交通等要素,形成最终选址。在此主题定位下构筑夜市环境、管理方式及商品与服务结构等。

(二)夜市品牌建设

夜市的品牌很重要,是城市或者地区品牌的重要一环,是城市魅力重要组成部分。如我国的台北地区士林夜市、台中地区逢甲夜市等,以小吃餐饮为主,掺杂以小商品销售,商品与服务较为单一,环境一般,没有明显的主题特色。与一些新兴夜市相比较,在商品与服务组合、夜市环境、文化特色等许多方面并不具有优势,甚至有明显短板,但由于发展较早,品牌影响力较大,对城市形象的提升,本身的吸引力及产生的经济效益有决定性的增值作用。因此,品牌建设对夜市规划建立与长远发展非常重要。

品牌建设立足于准确市场定位之上,通过结合夜市经营主题对品牌进行规划、设计、宣传和运营。主要包括几个方面:

1. 打造能够体现夜市主题所涵盖的核心价值体现的品牌识别系统。夜市的名称、标识、设计风格应与夜市主题保持一致,与所在城市街区文化和谐相融,并符合夜市消费人群某一具体方面的消费需求。

2. 夜市提供的商品与服务围绕凸显夜市品牌布局,实现夜市平台品牌与夜市商品及服务品牌联动,互相增持。夜市的定位、主题与品牌本身已经限定商品与服务的范畴,如为了经营效益突破这一框架,则会导致主题模糊化,冲淡品牌内涵。反之,与夜市品牌形象契合的商品与服务能有效烘托主题气氛,增强夜市的品牌形象。

3. 通过夜市品牌延伸带动城市区域经济、增强城市形象定位、扩大城市影响力。企业商品的品牌延伸,常见于企业把有市场基础的某一商品品牌延伸用于新商品上。夜市同样也可以让品牌延伸应用,但与商品品牌不同之处在于,夜市品牌延伸不在于把品牌交付另一夜市使用,而在于通过夜市在经营范围内的不同维度增加品牌价值。如推出以夜市品牌命名的纪念品、文创商品,或在夜市品牌的支持下进行文娱商业活动,带动产业链或区域经济等。

(三)以零售品类管理理念优化夜市商品与服务结构

夜市确定市场定位和经营主题后,需要通过商品与服务的组合让此具现化,通俗讲就是用商品和服务组合告诉顾客夜市有什么特点,能满足消费者何种类型的需求,结合零售领域品类管理理念，优化夜市商品与服务的品类结构，能够突出夜市主题，满足消费者特定方向的消费需求。

现有的夜市提供的商品与服务大类，按物质到精神需求这一逻辑或可分为几类：餐饮、商品、旅游、娱乐、文体、展览等大类，但大类之间如何互补、大类之内如何细分，则要根据零售品类管理理念加以合理规划。

品类是消费者对同类商品或服务在某些特性上有共同认知，认为该类特性能够让商品或服务相互替代或互相促进，且品类商品和服务能让销售者更好地锁定目标消费者，更好地对该商品进行管理以便促进销售。即商品与服务的类似或互补特性能让消费者高度认可并增强消费意愿，也能更好地满足消费需求。品类管理是以品类为策略性事业单元，在零售商与供应商有效合作的基础上，通过数据收集与分析应用，充分挖掘与满足消费者需求，从而达到优化盈利能力的零售管理流程。

夜市商品与服务品类应围绕夜市主题和顾客的消费场景展开设置，在品类管理理论中，要对夜市商品与服务进行定位，确定其品类角色。品类角色是零售商从自身市场定位出发，确定品类在其经营结构中的角色，以追求不同的销售目标。对夜市来说，不同的品类角色对夜市的形成与经营有不同的作用。按毛利率与销售额高低不同，商品与服务可分为旗舰品类、吸引客流品类、提款机品类、受压潜力品类、维持观望品类、待救伤残等不同的品类商品与服务(见图 4-8、表 4-2)。其中旗舰品类能为零售商带来高利润和高销售额，吸引客流品类则带来人气，提款机品类带来利润。关键在于这些品类商品与服务划分虽然是拿利润率与销售额作为标杆，但最终不同品类商品与服务的作用不限于带来的利润，如吸引客流品类商品与服务为零售商带来大量人气，顾客消费就不仅限于吸引他们过来的商品或服务。另一些商品与服务销售周期长，利润率低，但能补全品类，维持顾客忠诚度，也即有它不能带来很多经济效益，没它则会影响消费者购物意愿和忠诚度。

图 4-8　零售商导向品类角色矩阵

零售商导向品类角色具体特点如表 4-2 所示。

表 4-2　零售商导向品类角色特征

品类角色	表 现 特 征
旗舰品类	销量大、高毛利
吸引客流品类	低毛利的敏感品牌商品
提款机品类	高毛利的销量一般的商品,对吸引客流商品予以毛利上的补偿
受压潜力品类	毛利率与销量一般的商品
维持观望品类	高毛利销量低商品
待救伤残品类	销售额和毛利额低,做补充或可淘汰的品类或者小商品

按品类理念,夜市商品与服务进行粗略分类有:餐饮、商品销售、娱乐、文体活动、表演等。每一大品类项下按不同标准又可细分出许多小品类项,如餐饮,按服务规模与形式可分为摊位、小型餐馆、中型饭店、大型饭店,按不同人均价格根据夜市情况也可划分不同档次,按口味流派又可分出不同菜系、不同口味的餐饮提供者,还可按提供服务方式不同进行品类划分,不同的品类餐饮服务会满足不同消费需求,引来特定消费人群,或散客、或家庭用餐者、或朋友同学相聚、或游客等。

基于此,夜市在招商过程中应适当有意识地控制,如引入特定的餐饮、表演品类商品与服务作为旗舰品类商品与服务,产生引流作用,并能大量提升夜市交易量,提高顾客满意度,并对夜市品牌的形成与强化起到大的支持作用。另一些服务与商品,可能不会产生巨大的交易额,也不引人注目,但是整个夜市商品服务体系有益的补充,能够提升顾客忠诚度,营造夜市氛围,也是夜市不可或缺的。

在品类管理理念下,除了进行商品与服务的有效组合外,还可考虑以下两个问题:

1. 引入主力商品概念,打造引流服务与商品

主力商品是对零售商经营起关键作用的商品,具有主要获利能力。从商户的角度有两个功能,引流和产生利润。从夜市整体经营角度来说,对所有的商品与服务进行分析,定位主力商品,承担着为整个夜市引流的功能。围绕夜市主题,在不同品类的商品与服务中,都可能产生主力商品,起到引流作用。如前面提到的科技主题夜市的机器人餐厅,主打传统文化夜市的地方戏曲表演、大型文艺活动等。

2. 政府主导打造特色、品牌、文创商品开发经营平台

在品类商品与服务中,有一类被定义为差异商品的品类角色,其主要功能是突出零售商的经营特征,让零售商与竞争对手区别开来,吸引目标消费者。这类商品与服务并不一定为夜市带来多少交易量或利润,但能够有效突出夜市主题与品牌,有助于经营夜市形象。夜市商户出于种种原因可能不愿意经营这类商品,或者由于思维局

限没能开发这类商品与服务，这就需要夜市的管理者主动去引导商户、必要时成立市场实体直接参与打造特色文创商品。如在夜市不同入口处向游客赠送体现夜市主题的精美文创小礼品，这一行为的直接经济效益是负的，商户完全没有动力去做，但间接效益如宣传效果、顾客忠诚与亲和力等虽无法量化，但实际会很高，只有政府主导的夜市管理者才有动力使用公共开支去做这些事。

在夜市经营者不便于过多介入具体经营的情况下，可打造开发平台，规划设计好的特色、品牌、文创商品与服务，和商户合作开发，提升夜市的经营特色与质量。

（四）夜市经营发展与零售新模式、新技术的结合

夜市的存在本身并不以技术先进与否为先决条件，只要不像中国古代社会对城市夜间生活进行强力管制，夜市作为市场的一部分自然会产生并发展起来。技术的发展会影响到夜市的运营，促进夜市从自发形成、自然经营过渡到有意识有效率的开发管理。

1. 夜市经营中积极主动运用新技术

电脑、互联网等技术已经完全融入生产经营中，所以夜市在规划发展经营过程中使用这些技术不算是新技术的应用。区块链、大数据、虚拟现实、增强现实、地理信息系统等技术，也可在夜市经营中深入应用。如区块链、大数据技术可用于夜市管理，包括商户管理、商品服务质量管理、交易行为管理等，大数据还可用于消费者行为分析、商品分析；虚拟现实、增强现实技术可用于夜市宣传、商品与服务促销、开发特色商品与服务等。

2. 夜市与零售新模式的互动互促

近年得益于技术发展，零售领域新的商业模式层出不穷。新商业模式不但满足了不同的消费需求，还开发了以前没有的新需求。传统夜市经营的商业模式主要为实体店和摊位经营，将来的夜市经营可以引入新的零售商业模式，如夜市可以与网络直播结合，扩大夜市影响力和商户销售能力，同时无人店、虚拟现实（VR）/增强现实（AR）试衣镜、全渠道等技术和技术孕育的商业理念都可与夜市经营相结合。

3. 夜市应加强与新技术、创新型、平台型企业合作

一些创新型企业技术与业务能力初看与夜市经营没多少关联度，但深入挖掘可能会找出合作亮点，能够为夜市经营带来极大效益。如夜市可以与经营导航软件的技术公司合作为夜市导流，与支付平台合作增强夜市服务能力，与大型零售综合技术平台如阿里等合作对顾客数据进行分析、夜市推广甚至直接为夜市商户提供技术帮扶等。

(五) 增强夜市体验性

夜市本质上是一个零售交易平台,仍可用商业零售的技巧、经验去套用。夜间经济以时间段划分,晚 6 点后都可归类为夜间经济,夜间经济范围内有各类零售商业模式同时发生,如超市卖场、百货、餐饮、线上销售、网约车等。但夜市的业务较集中,在夜市场范围内发生的交易行为,同时公共交通、周边餐饮、酒店等围绕夜市经营业务发生的配套服务也可算夜市业务范畴。这就导致了夜市一些明显特征,如以实体经济为主、区域范围明显、商品与服务销售并重、商圈范围(辐射影响力)大、消费者商品与服务购买随机性强等。这些特征指向消费者对夜市的消费需求包含强烈的休闲娱乐因素,换言之,消费者对夜市的体验性要求高。反过来,夜市要形成自己的特色,增强对消费者吸引力,应增强自身体验性。

夜市体验性来自这几个方面:餐饮,所有的夜市都涉及餐饮,根据夜市主题特征和地域特点提供让消费者满意的餐饮服务;商品与服务组合;夜市环境,包括夜市景观营造、环境整洁程度、配套便利设施等;文化环境营造……以上每一项都应契合夜市主题。

VR、AR、第五代移动通信技术(5G)等新技术运用到夜市环境营造和运转中也能有效提升夜市体验性。

五、 自然形成夜市的升级改造

自然形成的夜市是由市民实实在在的夜间消费需求催生,以餐饮夜市为主,也有一些小商品销售夜市,餐饮夜市多以路边摊、路边小店的形式呈现,商品销售夜市则以便利餐饮和低价地摊混杂形式呈现。这些自发聚集形成的夜市绝对是市场需求的结果,从迎合消费需求的角度看,选址非常好,但由于没有事前规划,存在影响周边交通、影响市容、扰民等诸多问题,在以前这类夜市一直是被管制清理的对象。

在城市管理思路发生转变,对夜市的经济社会效益认识充分的情况下,自发形成的夜市不应再成为被清理的对象,但这类夜市的负外部效应仍存在,这就涉及如何引导、升级改造自然形成的夜市的问题。

自然形成的夜市往往有如下特征:以餐饮或小商品零售为主聚集而成,对周边环境造成诸多不良影响,与周边社区业主存在一定的权利冲突,服务门类品种单一,层次不高,存在商品服务质量问题或没法确定商品服务质量好坏,没有明确的经营主题,没有统一的管理。为了解决上述问题,自然形成的夜市应从以下几个方面进行升级改造：一是根据夜市周边环境和夜市自然功能，明确或深化夜市主题，加强夜市功能发挥，提升夜市品牌影响力；二是建立夜市管理制度，搭建管理架构，变被动市政管理为主动经营管理；三是改变夜市因人流聚集或商业经营引发的与周围环境的冲突；四是协调夜市经营导致的与社区居民的权利冲突，减少或消除扰民现象；五是建立商品与服务质量监控制度，提升夜市商品与服务水准。

六、 外部效应

外部效应是指个人或群体行为对外界的影响，这种影响可能是好的，也可能是坏的。夜市经营也会产生外部效应，在经济上会促进消费进而提升社会经济效益，增加就业，带动产业发展，活跃市场。但夜市经营也可能引发不利的社会后果，如产生扰民现象，增加交通压力、社会管理难度，也可能引发治安问题。其中一些有利效应应通过一定的行政与市场方式增强，更好地发挥其作用，如促进就业和消费，有些不利因素也应通过制度建设、预先规划等方式尽量协调和消弭。就此将一些可能的重点问题加以讨论。

（一）让夜市成为产业融合、多方联动的节点平台

夜市作为城市经济的一个结点，是多个维度社会经济关系的汇集之处。从夜市所涉主体来看，夜市上承管理经营机构，由入驻商户形成经营主体，为消费者提供商品与服务；从供应链角度看，夜市也有上游商品与服务提供商，经营主体为商户，下游向消费者供应商品与服务；从零售服务方式的角度看，夜市本身采用招商入驻的方式呈现售卖方式，表现为传统实体商铺的形式，但也可以融入直播零售、线上线下融合销售、无人店铺等新零售形式；把夜市置入整个城市经济运行的环境下考察，夜市是夜间经济重要的一部分，与城市文化产业、旅游业、城市工农业都能产生联动效应相互融合、相互促进发展（见图 4-9）。作为一个结点平台，夜市有拉动一“片”经济发展的功能。但现实是由于之前城市管理思路的原因，自发形成的夜市没有得到有效发展，现存夜市多为发展思路转变后，最近几年在城市管理者主导下发展起来的，数量有限，与多方产业联动的优势还没有完全显现。基于以上思路，上海夜市通过增加夜市数量，明确夜市主题，提升夜市品牌影响力，强化夜市运营能力以助推城市在文化旅游、工农业等方面的发展，拉动夜市商品与服务供应链的生产能力与市场竞争能力，为外来游客和本地消费者提供更好的商品与服务。

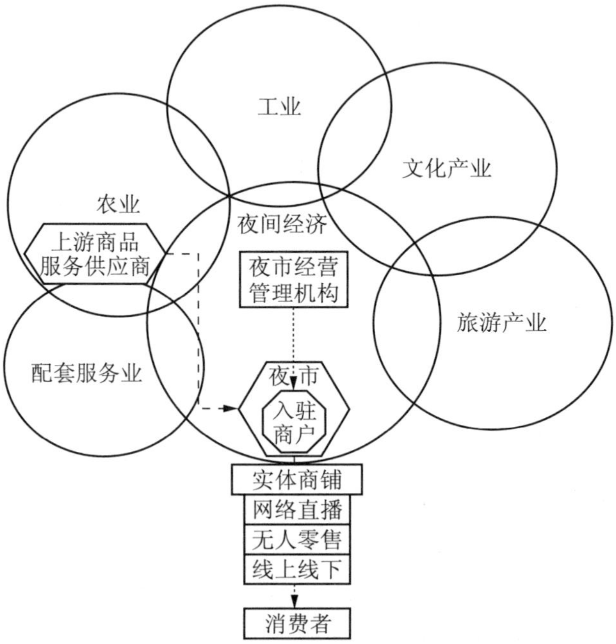

图 4-9　夜市结点平台功能

（二）与周边城市夜市形成互增互促，良性竞争的态势

上海城市夜市与周边城市夜市的互促与竞争是在城市产业互补与竞争的大环境下进行的，在两类人群中展开，一类是外部游客和其他原因旅行人士，一类是本市和周边城镇域内居民。面对外部人群时，长三角城市圈以一体的经济圈和江南文化圈呈现出来，各地夜市作为经济文化旅游资源的重要部分，可以以一体方式呈现出来，形成共同的文化品牌对外展示。介于当前交通的便利性，外部旅客被吸引至周边城市圈后，圈内城市会展开竞争，争夺客源。同样对城市圈内部客源来说，对夜市的消费需求处于便利与趣味之间，平时去夜市以便利为主，距离成为主要考虑因素，偶尔追求趣味，则夜市主题、品牌影响力能够吸引更多消费人群，此时夜市之间会形成竞争关系。

以苏州为例，苏州工商业、文化旅游产业都很发达，外来旅行人士数量多，本地人口消费能力强，这两年苏州夜市发展速度较快，并形成有特色、多样化的夜市。如以小吃餐饮为主的生活夜市，有庄先湾路夜市、观前街大成坊夜市、吴趋坊、学士街夜市等；以主打旅游文化的古镇夜市，如西塘街夜市等；有生活情调夜市，如阳澄湖半岛湖畔夜市等；有节庆夜市，如业泊枫桥夜市等。节庆类夜市往往是临时性的，有时间限制，配合城市文化特色、节假日，对市民有很强的吸引力，节庆夜市中还有一类体现市民文化娱乐活动的文娱夜市。总体上苏州夜市对外来旅客和本地居民，甚至上海等临近城市的居民形成了相当的吸引力，效益明显，在区域内对上海夜市形成有力竞争，进而影响到区域内城市吸引力竞争。

（三）处理好夜市经营者与夜市范围内业主的权利冲突

夜市无论是自发形成还是规划建设，一般都处于城市范围内，周围存在各类商业、办公、文体设施和居民区，会与这些城市功能设施和居民区的业主产生权利冲突。如夜市经营产生的噪音、光污染，夜市经营所需配套设备如消费设备、水电设备安装维护等也会影响到原居民和其他权利主体的日常权利。因此夜市管理经营者应在合法的框架下，做好公关工作，与权利主体进行有效沟通甚至按市场原则分享、让渡部分利益。

新的《中华人民共和国民法典》第七章相邻关系的第二百九十条到二百九十二条规定，不动产所有人在用水、排水、通行、建造、修缮建筑物以及铺设电线、电缆、水管、暖气和燃气管线等方面必须利用相邻土地、建筑物的，该土地、建筑物的权利人应当提供必要的便利。这可以看作夜市权利主体在必要的经营活动方面可要求周围物业权利主体配合。之后民法典的规定则对不动产所有人的相邻权作了限制，可以看作对夜市管理经营者对社区权利主体要求配合经营业务的权利作了限制。第二百九十三条规定，建造建筑物，不得违反国家有关工程建设标准，不得妨碍相邻建筑物的通风、采光和日照。第二百九十四条规定，不动产权利人不得违反国家规定弃置固体废物，排放大气污染物、水污染物、土壤污染物、噪声、光辐射、电磁辐射等有害物质。第二百九十五条规定，不动产权利人挖掘土地、建造建筑物、铺设管线以及安装设备等，不得危及相邻不动产的安全。第二百九十六条规定，不动产权利人因用水、排水、通行、铺设管线等利用相邻不动产的，应当尽量避免对相邻的不动产权利人造成损害。

因此，夜市管理经营者应通过市场的方法和手段，如与相邻业主签订合同等方式，对侵犯对方的民事权利通过补贴等方式进行补偿，或通过改造相邻主体物业形态等方式将其纳入夜市经营范围，形成事实利益共同体。

总之，夜市管理经营者不能侵害相邻物业主体的权益，如因经营原因必然造成侵害的，在法律框架内达成意见一致的情况下给予足够的补偿。

（四）通过事前规划和制度设计解决夜市经营带来的环境与交通问题

夜市经营本身需要改变原环境，同时较大的人流量也会带来环境及交通压力。对此，可通过提前规划，如增加交通路线和公交设施、改变街区空间结构、增加环境维护设施等方式，也可通过制度规划，如要求经营商户遵守夜市环境公约、变普通道路为单行道或步行街等，解决环境和交通问题。

第五章　上海商业发展展望

第一节　新冠疫情对上海商业的影响

一、新冠疫情对经济的总体影响

21世纪20年代，农历庚子年，一场突如其来的新冠疫情毫无征兆地暴发了，人类社会几乎处于“停摆”状态。在世界卫生组织发出最高级别警报6个多月后，2020年8月11日，全球新冠肺炎确诊病例突破2 000万，死亡病例接近75万，而且目前疫情尚未结束，疫情或许会以一种“常态”的方式与人类共存相当长一段时期。

谈及疫情对经济的影响，我们往往会以历史上公共突发事件对经济的影响作为分析依据，通过对过往历史的梳理、归纳、总结，提炼出此番疫情对当今经济的影响。回顾历次公共突发事件，我们会发现诸如地震、海啸、冰雪、龙卷风等自然灾害对经济都是“一过性”的影响，不会伤及经济本身，即便是如瘟疫一类突发公共卫生事件影响也只是“当季性”的，后续经济会报复性反弹，甚至个别情形下出现“正向反转”。发生在巴西的“塞卡”疫情和发生在中国的“非典”疫情就是例证。

2016年巴西“寨卡”病毒肆虐，但巴西经济增速并未下滑，疫情结束的2017年甚至扭亏为赢，同比增长1.06%。金融市场表现也不例外，继2016年1月20日股市落至最低点位后，圣保罗IBOVESPA指数一路上扬，开启长达5年的“牛市”之旅。2003年中国爆发了“非典”疫情，但疫情同样未能改变当时中国经济上行趋势。2004及2005两年里，中国实际GDP分别增长10.1%和11.4%，两位数的增长率远高于前(2001和2002年经济增长率分别为8.3%、9.1%，2003年疫情暴发当年经济增长率达10%)。具体到细分产业，2003年“非典”对第一产业几乎没有影响，第二产业也只回落了0.5%，对第三产业影响较大，回落1%。第一、二产业的影响均在当季，影响时长约为一个季度。第三产业降速明显，影响最早出现，在下滑两个季度后开始企稳回升。从行业看，2003年“非典”对旅游业、交通运输业、公共消费业、房地产建筑业打击较大。就2003年“非典”对中国金融的影响而言，资本市场短期还是受到了冲击，“非典”期间，主要股指从高点到低点回调幅度约8%～10%，之后股指一路上扬，2006年A股指数一路攀升，达到了历史高点。

历史经验告诉我们，公共突发卫生事件对经济的影响是短暂的，非长远的；对金融的影响是“情绪使然”，非决定性因素。经验表明：对于金融市场而言，在疫情发生后的3—6个月，股市大概率会迎来两位数的反弹。在疫情发生6个月之后，平均收益达到8.5%。对于经济增长率而言，疫情发生当季GDP会收缩，但全年GDP会恢复正常，极端情形还会绝地反弹。

但这一次真的不一样了。虽然“非典”的案例有一定的参考意义，但绝不能简单照搬复制，这是因为：

一是新冠疫情被证明是“百年未遇”的公共卫生事件，与人类之前遭遇的疫情都不一样，没有可比性。目前，人类对此病毒的遏制还未找到特别有效的方法，有观点认为疫情可能伴随人类“一直到天荒地老”。这样的观点未免有些悲观，但比较普遍的观点认为，此次疫情与百年前的“西班牙流感”类似，会持续多年，反复发酵可能是种常态。

二是SARS疫情已经过去了十多年，我国的经济结构、体量，以及面临的内外环境都已发生了深刻的变化。首先，当前我国已经由以第二产业为主转型为以第三产业为主的经济体，投资对经济拉动逐步走低，消费对经济的拉动稳步提升，消费已成为拉动经济增长的主要动力。相较于2003年第一、二、三产业分别占比12.35%、45.62%、42.03%，今天三大产业的占比已变为7.11%、38.97%、53.92%。消费对经济的贡献也由之前的35.3%，上升为如今的57.8%。我国经济结构已经由投资驱动型转变为消费驱动型。而公共突发卫生事件，尤其是传染性疫情对第三产业的影响显然更大。其次，今天中国的经济体量远超2003年，目前中国在全球GDP的占比较当时翻了两番，2003年中国GDP总量为13.6万亿元，2019年的GDP总量已经超过99万亿元。

三是内外环境发生了深刻的变化。2003年中国经济处于“入世”红利获得期。彼时外需强劲、贸易井喷、投资旺盛、人口红利巨大，经济处于快速上升期。而目前中国经济外遇经济“逆全球化”、贸易摩擦期；内处转型调整“空窗期”和经济弱企稳阶段，经济上行动能力不足。在此情形下，经济复苏更为艰难。

二、 新冠疫情对商业的影响

今天的商业并非是我们以前认知的传统意义上的商业，它的外延已经拓展到了整个消费行业。因此，要完整地了解新冠疫情对商业的影响，必须全方位剖析新冠疫情对消费行业的影响。

EMIS Insights《中国消费品及零售行业研究报告(2020 年第二季度版)》显示：2020 年第一季度，全国批发与零售业同比下降 18.8%，消费者支出同比下降 8.2%，其中城镇地区和农村地区分别下降 9.5%和 5.4%。2020 年第一季度零售额同比缩水 19.6%。根据“凯度消费者指数”发布的数据，2020 年第一季度快消品的总消费同比降低 6.7%。国家统计局发布的最新数据显示：2020 年上半年，我国社会消费品零售总额同比下降 11.4%(图 5-1)。负向影响程度远远超越“非典”时期。2003 年 4—6 月，“非典”疫情最为严重的时期，社会消费品零售总额同比分别为 7.7%、4.3%、8.3%，较 2002 年同期分别减少 0.5、5 和 0.3 个百分点。

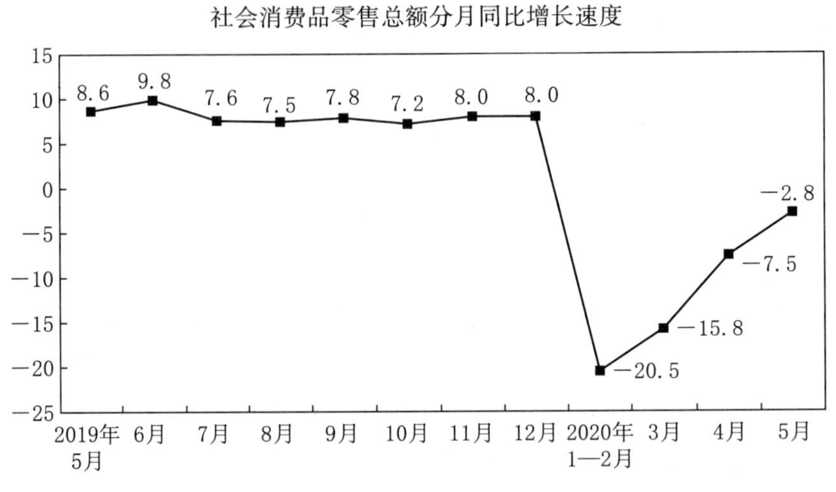

图 5-1 社会消费品零售增速变化图

资料来源：国家统计局。

网易定位与央视市场研究曾共同推出过一份《2020 新冠疫情消费者行为态度影响与趋势报告》，该报告对近万名实名注册用户相关数据进行了分析。西北大学经济管理学院城乡一体化研究团队通过对全国各省区问卷调查也整理出了《新冠疫情影响中国城乡居民消费》的研究报告，综合两份研究报告，得出如下结论：

(一) 新冠疫情对消费影响远超生产和投资领域。主要反映在新冠疫情对消费影响的持续时间超过生产和投资。这是因为消费纯属个人行为，而生产和投资是有组织的活动。集体组织活动往往在防控疫情上更具优势，所以疫情对消费的负面影响可能持续更长时间。近期国内疫情得到基本控制后，复工复产产生的投资和生产的回升速度快于号召性消费就是最好的例证。

（二）从不同维度考量，疫情对不同类型消费影响程度不一。从消费场所维度考量，居家消费部分替代了外出消费，线上消费全面碾压线下消费；从商品服务维度考量，商品消费影响小于服务消费，商品消费部分替代服务消费；从必要必需维度考量，可选消费影响大于必需消费，可选消费恢复迟于必需消费。

（三）消费信心不足，实际消费增速降幅大于名义消费增速。具体表现为：一是消费增速降幅大于收入降幅，调查结果显示，人均可支配收入增速从 2019 年第四季度的 9.1%降至 2020 年 1 季度的 0.8%，人均消费支出从 2019 年第四季度的同比增速9.4% 转为 2020 年第一季度的同比下降 8.2%（图 5-2）。二是在居民收入下降的同时，居民储蓄不减反增（图 5-3），储蓄率同比上升了 5.8 个百分点，可能的原因为居民为保护家庭免受日后不确定冲击而做了预防性储蓄；三是居民可支配收入中位数增速降幅大于居民人均可支配收入增速降幅（图 5-4），表明低收入人群收入下降幅度更大，使原本消费“需求弹性”不大的“必需消费”部分亦受到了打击。

（四）补偿性消费较难启动。以往的经验告诉我们，疫情过后消费会迎来一波“井喷行情”，“井喷行情”的发生往往源于“压抑”已久的补偿性消费行为。以“非典”为例，2003 年 6 月疫情得到有效控制后，消费需求得到了极大的释放，7 月社会消费品零售总额同比迅速攀升至 9.8%。但本次疫情恐怕不同以往，西北大学城乡一体化研究团队 3 319 份有效问卷显示：疫情过后人们大多不会进行补偿消费，相反会选择减少不必要开支增加储蓄（图 5-5）。

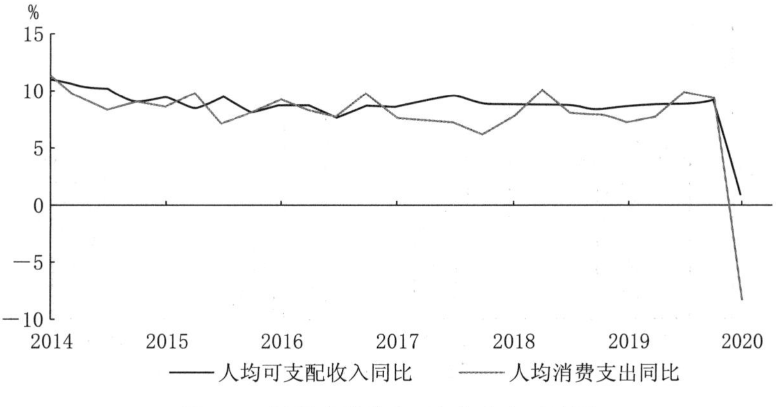

图 5-2　居民人均收入、消费支出对比图

资料来源：CEIC、中金公司研究部。

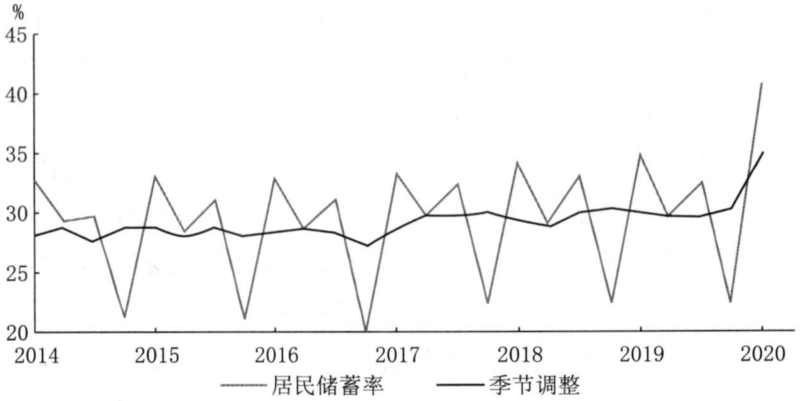

图 5-3　居民储蓄率变化图

资料来源:CEIC、中金公司研究部。

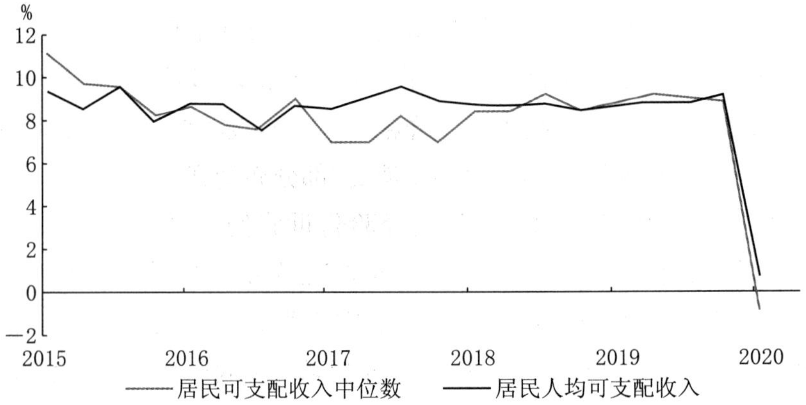

图 5-4　居民可支配收入中位数与平均收入对比图

资料来源:CEIC、中金公司研究部。

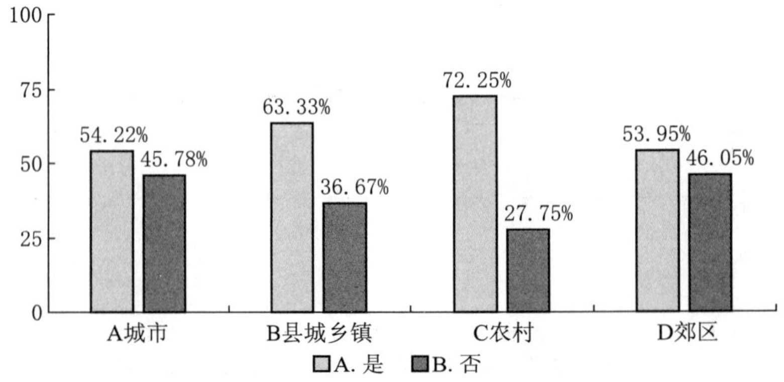

图 5-5　居民未来消费倾向调研

资料来源:西北大学经济管理学院城乡发展一体化研究团队的研究报告。

综上所述，在有效疫苗问世或全球疫情得到控制前，非必须的外出服务消费受疫情的影响可能持续较长时间，新冠疫情对商业的总体影响不容小觑。经历了如此打击，现代商业如何“修复”？我们必须对后疫情时代的商业谋篇布局，唯有此，才能减低疫情的不利影响，才能重振商业繁荣。

第二节　后疫情时代上海商业发展研究

国家统计局2020年7月发布的2020年上半年宏观经济数据显示，中国经济已由一季度的萎缩转为二季度的全面转正。中国经济基本摆脱新冠疫情严重冲击影响，呈现了比较明显的持续恢复回升态势，但供给端的恢复情况远好于需求端，由此形成新的去库存压力，供需缺口较前有所放大，这将严重影响后续经济“修复”的进程，导致后续经济“复苏”动能减弱。因此，重振商业，扩大消费，充分释放超大规模国内市场潜力是题中之义。上海商业在全国占据举足轻重的地位，需要深入研究后疫情时代上海乃至全国、全球的经济背景、消费特征、商业模式，从而突破消费增长瓶颈、寻求商业发展模式、发现经济恢复路径。

一、几点基本认知

经济复苏“步履艰难”。进入2020年下半年，新冠疫情还在继续蔓延，世界卫生组织警告：疫情峰值尚未到来，疫情暂时控制的国家，病毒还可能卷土重来。这场罕见的全球公共卫生突发事件迫使全球大多数国家、大量人口陷入国际货币基金组织所称的“大封锁”，全球经济复苏“如爬楼梯般艰难”，2020年全球经济全面复苏已几无可能，2021年经济能否触底反弹依然成谜。我们面临的是前所未有的困难局面，这将严重影响我国经济恢复进程。

消费修复“进程曲折”。之前的研究表明，疫情过后的经济恢复是有规律可循的，尽管历史不可能完全重复，尽管此次疫情有点特殊，但内生的机理应该是一致的。如果说这次的疫情与100多年前发生的“西班牙流感”有些相似，那么对诸如“西班牙流感”这种在过去100年中发生的罕见的全球大流行病过后的经济修复进行研究将是有意义的。研究表明疫情后的经济修复遵循如下规律：消费重挫—消费逐步修复—消费停止—再恢复，这是因为疫情造成许多人失业或收入减少，公众边际消费倾向长期处于低位，结论是消费修复“进程曲折”，往往过程非常痛苦，甚至需要长达一年的时间窗口。

“储蓄飙升”全球怪相。新冠疫情暴发以来，与人们之前认知不一的是全球储蓄率飙升。欧盟统计局的数据显示:2020 年一季度欧元区家庭储蓄率从 2019 年四季度的 12.7%攀升至 16.9%,创 1999 年有记录以来的历史新高。美国和其他世界各地存款的增长情况用经济学家蒂姆·康登的语言来表述即为“在当今和平年代亦前所未有”。中国的情形亦是如此,我们在本章第一节中已做过类似的分析(见图 5-3 的数据)。由于尚不清楚“储蓄飙升”属于“非自愿储蓄”还是“预防性储蓄”,增加了后续各国政策出台的难度。

“补偿消费”难见踪影。经济界几乎达成一个基本共识:由“报复性”情绪推动,疫情过后会出现一轮消费“井喷行情”,所谓的“补偿消费”由此产生,通常“补偿消费”不仅会修复之前的“消费缺口”,还会牵引消费“爬坡升级”。但对于此次疫情,消费拉升这一“灵丹妙药”恐怕失灵了。我们看到的情形是相较经济复苏,消费依然疲软乏力,之前乐观估计的“报复性消费”尚未出现,消费低迷成为宏观经济循环“关键堵点”,消费作为中国经济增长第一引擎的作用有待进一步发挥。

政策助力“催化”消费。虽然本轮疫情在全球范围内还难见以往“补偿消费”情形,但这并非意味消费不可“刺激”不可“催化”,事实上好的政策举措依然有效。刚刚落幕的上海“五五购物节”就是最好的例证。作为全国首创的大规模综合性消费节庆活动,上海“五五购物节”仅仅两个月时间实现线下实物消费总额 2 846 亿元,网络零售消费 2 551亿元,环比增长 11.6%,同比增长 23.5%的好成绩,市场的人气、商气重新汇聚,消费由复苏步入反弹区间。事实证明,刺激政策措施是可以促进消费回补的。

二、 几点政策建议

(一) 找准“堵点”,精准发力

只有找出“商业难振兴,消费难回补”背后的真实原因,才能激发人们消费热情,才能重振商业雄风。

首先,要恢复公众良好的心理预期。一个良好的预期是战胜疫情的良方,所谓“信心比黄金更重要”,在历次危机修复中都不断地被证实。但这种预期必须建立在科学的推论基础之上。目前大众对未来预期普遍不佳,如何纠偏? 一是要“调”预期。当务之急是要将预期调到正确的方向上来,之后才是对正确预期的“维稳”。二是要做好经济群体的心理的调查理解预测工作。此项工作,在当前情形下比掌握那些经济基本数据和要素更为重要。三是要有效管理公众情绪,阻止至少是降低负面甚至恐慌情绪的蔓延。因为无论是国内的个人消费、企业投资,还是进出口贸易都容易受情绪性负面预期的影响,甚至陷入持续悲观或时而恐慌的情绪里面出不来,而这才是新冠病毒对中国经济影响的致命打击。四是政府、媒体、学者都要从专业的视角分析,给出专业的观点,坚持正确的舆论导向,让谣言止步。要让公众达成共识,即从长期来看,中国经济的成长空间、内生动力依旧。

其次,找准储蓄飙升的真实原因。原因不明会使各项政策的出台失去方向或不够精准,所以必须分清储蓄飙升的类别。若属“非自愿储蓄”(即由于“封锁隔离”造成的暂时消费减少甚至终止,并渴望封锁隔离结束后释放受抑制的消费),则创造“解锁”机会,创设“无触”消费模式;若属“预防性储蓄”(即由于预期不佳而为家庭未来安全保障所设的预防安全保底资金),则应出台社会保障托底政策及实施社会救助基本方案;若两者兼有,则应判断哪种情形更占上风,并实施不同政策。

(二)“打包”政策,集中火力

自新冠疫情暴发以来,各部委都出台了各类“救市”“兜底”政策,这些政策无疑对于疫中、疫后的经济修复起到了一定的作用。反观这些政策,就单一政策而言,似乎没有特别问题,但将各种政策汇聚一起,我们发现有些是多重嵌套,有些是多层叠加,有些是互相矛盾,有些是相互抵消。政策多点散发,系统集成不够,政策间的协同协调、组合配合不尽如人意。因此,现阶段的任务是分门别类地梳理各项政策,将原先政策主要关注于“对冲”转化为如今政策主要聚焦于“落地”。改变原先政策“单打独斗”套路,坚持政策“打包组合”,集中火力,精准发力。就商业发展、消费提升而言,不是简单的出台减税、促销政策,而是要从根子上找寻问题产生的原因。我们认为:必须构建高质量的社会保障体系,解除百姓“后顾之忧”;完善收入分配机制,扩大中等收入群体;加大终端消费刺激,在关注传统消费存量的同时,更关注新型消费的增量,充分发挥新型消费乘数带动效用。

(三)创新手段,改变打法

实施商业模式再造计划。未来我们更该关注下列商业模式:一是推出强调“人群”,同时又关注组成人群的“个人”的“众人经济”;二是改变“免费导向”商业模式,启动“脱免经济”;三是创新顾客关系管理,聚焦“意向经济”;四是变“简单提供商品或服务”为“综合提供方案”,让企业成为“方案经济”的实施者;五是提升“可持续性设计”,推出“功能经济”;六是发挥“社交经济”的影响力。

(四)顶天立地,助推消费

消费是有层次的,消费又是有层级的。消费的助推不能只关注“高精尖”的高端消费,同时也要关注适合民生民意的“小而美”消费,所谓“两手抓,两手都要硬”,所谓“顶天立地”表达的都是这个意思。因此,上海必须抓两头,一头是国际消费中心城市建设,一头是社区商业建设。

1. 国际消费中心城市建设

就国际消费中心城市建设而言,要围绕特征做文章,瞄准不足“补短板”,突破瓶颈“争示范”。

国际消费中心具备三大特征:一是全球消费市场的制高点,具有强大的消费实现功能;二是全球消费资源的集聚地,具有高效的消费配置和带动功能;三是全球消费发展的风向标,具有突出的消费创新和引领功能。[1]因此,上海必须在风向标、影响力、引领度、辐射力上具有不可替代的“权威性”。

上海的国际消费中心建设已经取得阶段性成就,但距离国际消费中心城市,我们依然有不小的距离,具体表现在:一是从消费群体看,外来消费中境外消费有所提高但仍占比不足;二是从国际消费城市的基本构成要素来看,世界级商圈、具有国际影响力的本土消费品牌的供给不足。因此,上海需要在品牌锻造、多态融合、共生消费上下功夫。

上海国际消费中心建设面临瓶颈制约。具体而言,促进消费升级和创新面临体制机制障碍,相关法律法规不健全。在新业态、新模式不断涌现下,一些现行法律法规已不适应创新发展需要,或者在执行过程中存在配套法规不完善、与其他法律缺乏协调等问题。一是标准体系建设滞后。与近年来服务业快速发展相比,服务标准体系建设明显滞后,新兴行业标准缺失,现行服务标准和规范整体水平不高,可操作性不强,宣传力度不够等,也导致一些标准在实施过程中效果不明显。二是市场监管有待进一步改革。部分服务行业依然面临行政审批过多、相关限制性条件过严等问题。部分服务行业还存在垄断,民营资本进入仍受到一定限制。[2]

我们认为:上海在国际消费中心建设过程中,可以在以下几个方面发力:一是打造具有全球影响力和美誉度的标志性商圈;二是营造多行业融合互动的消费生态;三是以文化为基准点,形成具有代表性的本土特色品牌、商品;四是完善高效便捷的消费环境,要加快利用现代信息技术,提升消费便利性和智能体验;五是实行有利于消费集聚和实现的税收政策;六是倡导新型消费观念,力促消费升级(扩大服务消费,升级信息消费,优化体验消费,扩大健康消费)。

---

[1] 刘涛,王微.国际消费中心形成和发展的经验启示[N].中国经济时报,2017-03-23(005).

[2] 王微,王青.对培育建设国际消费中心的政策建议[N].经济日报,2017-04-03(007).

2. 社区商业建设

就社区商业建设而言，要在功能上进行拓展，在模式上进行优选，在定位上更加精准，在作用上更加彰显。社区商业属于属地型商业，服务半径 5 千米，核心辐射圈 1—1.5 千米，便民利民是其宗旨，服务居民日常生活消费、满足居民对高质量生活品质追求是其目标，但这并非是社区商业的全部。社区商业除了服务民生的基本功能以外，更重要的是承担着实现综合消费的基础功能。社区商业是城市消费的毛细血管，是实现商品消费、商业服务的“最后一公里”。社区商业对消费的拉动贡献卓著。有研究表明：在欧美国家，社区商业占据社会商业支出的 60%～70%，而我国的这一比重不足 30%，因此，发展社区商业对于激发消费、促进消费意义重大，后疫情时代尤为如此。

反观历次危机，我们都能发现一个奇特现象，那就是危机后社区商业往往能迎来一个发展黄金期。1928 年美国金融危机后出现了连锁超市社区商业业态；2003 年中国“非典”后出现了阿里、京东等电商新模式。

社区商业起步于欧美，发展于全球。目前国际上公认的有两种模式：一是市场演进型的欧美模式，二是政府推动型的新加坡模式。两种模式各有利弊，两种模式都符合彼国彼时的具体情况。就我国而言，尤其是在疫情当下，我们认为新加坡模式更值得借鉴。新加坡社区商业模式由政府直接规划定位、布局实施，并间接管理、委托运营，它分成邻里商店、邻里中心、新镇中心三个层级。邻里商店便是我们所熟知的社区便利店，类似于快客、全家等家门口的 24 小时便利店，新镇中心也是我们目前常见的区域商业综合体，类似于居民居住集聚区的万达广场等大型商业综合体。唯独邻里中心模式，目前在我国还不多见，对于上海而言，这可能是我们未来社区商业建设的方向。

邻里中心究其本质而言是一个服务型的新型社区，是社会生活共同体，聚焦服务区域居民日常生活消费必需。邻里中心不是“社区内的商业”，而是“服务于社区的商业”。邻里中心的规划应该体现集约，体现融合，体现绿色。

邻里中心应规划为集约型的商业业态。邻里中心主要的服务人群为社区内的活动人群，因此规划策略上需特业突出、业态组合、社群匹配。突出生鲜、便利店这两个核心业态，配备高频消费的轻餐饮、药店、教育、娱乐、银行、医疗等业态，总之在满足“刚性需求”的同时，围绕社群细分、消费习惯、客户黏性、活跃客户等方面匹配合适的业态；邻里中心应规划为融合型的商业业态。体现线上与线下的融合，个性与品牌的融合，个体与社群的融合，据此留住家门口的客流；邻里中心应规划为生态型的商业业态。邻里中心的规划必须关注绿色与可持续发展,诠释绿色生态带来的社交安全感,做到自然与商业的和谐共生,这在疫情之下尤为重要。社区商业建设要做到“离尘不离城”,植入绿色生态元素,建设绿色生态走廊,实现绿色生态与商业和谐共生,打造有态度、有温度的社交商业空间。

参 考 文 献

[1] 蔡鸿生主编.城市商业发展的规模、规划、规范[M].北京:中国商业出版社,2002:129—130.

[2] 蔡文聪.Z城市品牌发展战略研究[D].广州:广东工业大学,2016.

[3] 曹剑涛,冯叔君.上海实体商业转型升级困境及对策建议[J].现代管理科学,2017(04):112—114.

[4] 常亮.西安世界城市品牌定位与建设路径探究——基于文化与创意的视角[J].现代商业,2015(32):60—61.

[5] 陈波,吴云梦汝.场景理论视角下的城市创意社区发展研究[J].深圳大学学报(人文社会科学版),2017, 034(06):40—46.

[6] 陈晖.进一步提升福州市夜间经济发展的建议[J].福州党校学报,2018, 173(04):69—72.

[7] 陈莉莉.城市非正式公共空间潜力评价及优化策略研究[D].武汉:武汉大学,2017.

[8] 陈晔.我国城市品牌建设的战略思维与策略建议[J].现代管理科学,2010(08):96—98.

[9] 陈颖婷."夜经济"不是"熬夜经济"|各区精准打造"夜上海",提升品质感,而不是无限延长时间[N].上海法治报,2020-06-08(A01).

[10] 陈育群.晋江市流动摊点治理研究[D].福建:华侨大学,2018.

[11] 陈跃兵.论中国城市品牌的发展[J].生产力研究,2004(11):46—48.

[12] 邓源,李竹芳,东美红.激活城市记忆,复苏城市品牌——广州北京路商业街区品牌研究[J].装饰,2016(02):78—79.

[13] 董晓峰,董妮,刘理臣,等.敦煌市夜晚经济时空变化规律研究[J].城市发展研究,2018, 25(09):143—147.

[14] 董宇澜,张蕾,陈涛.杭州城市品牌战略的大数据分析[J].宏观经济管理,2018(07):79—85.

[15] 杜青龙,袁光才.城市品牌定位理论与实证分析[J].西南交通大学学报(社会科学版),2004(06):105—108.

[16] 杜睿云,蒋侃.新零售:内涵、发展动因与关键问题[J].价格理论与实践,2017(02):139—141.

[17] 杜漪,许慧新,吴军.推进我国城市品牌化发展的思路与对策研究[J].未来与发展,2006(01):12—14.

[18] 樊文萃.城市集市空间调查及优化策略研究[D].合肥:合肥工业大学,2018.

[19] 冯韶丹.文化创意产业与城市品牌传播的实践探索[J].传播与版权,2016(06):148—149,152.

[20] 傅碧东."夜经济"应增添更多文化业态[N],昆明日报,2019-12-24(006).

[21] 高宏强,刘家旺.基于空间句法的合肥夜市空间活力探究[J].南方建筑,2017,000(003):101—105.

[22] 高翔,吕庆华.城市品牌依恋影响机理研究——基于上海、泉州、兰州、岳阳的实证分析[J].中国流通经济,2012(07):83—88.

[23] 顾一琼.安义夜巷回来了,不仅"太好逛"而且"常逛常新"[N].文汇报,2020-05-31(001).

[24] 郭国庆,钱明辉,李光明.关于开展城市品牌管理的战略思考[J].国家行政学院学报,2009(03):60—63.

[25] 郭君平,荆林波,张斌.新消费环境下中国百货业的发展现状及未来路径[J].商业经济研究,2015, 000(025):04—07.

[26] 郭颖.北京东路"生产资料一条街"将改造成 24 小时活力街区[N].青年报,2018-01-04(A07).

[27] 国务院办公厅.关于进一步激发文化和旅游消费潜力的意见[EB/OL].(2019-08-23) [2019-09-03].www.gov.cn.

[28] 国务院办公厅.关于印发完善促进消费体制机制实施方案(2018—2020 年)的通知[EB/OL].(2018-10-11) [2019-10-11].www.gov.cn.

[29] 杭政办.杭州市人民政府办公厅关于鼓励培育市区夜市发展的若干意见[EB/OL].(2010-04-20) [2019-09-20]. http://www. hangzhou. gov. cn/art/2010/4/20/art_

808037_1087.html.
[30] 郝胜宇,白长虹.从顾客视角建设城市品牌[J].城市发展研究,2008(01):60—67.
[31] 郝胜宇,白长虹.顾客视角城市品牌概念模型探析[J].城市问题,2008(05):16—22.
[32] 河北省人民政府.河北省人民政府关于加快发展城市夜经济的指导意见[EB/OL].(2010-09-02)[2019-08-10]. https://www.lawxp.com/Statute/s587623.html.
[33] 胡鸿影.基于微博模式的城市品牌营销[J].学术交流,2013(11):222—225.
[34] 胡金林.系统论与城市品牌建设[J].湖北社会科学,2009(07):99—102.
[35] 胡梅,苏杰.基于顾客价值视角的城市品牌感知影响因素研究[J].北京交通大学学报(社会科学版),2014(02):58—64.
[36] 黄璐.论基于城市核心竞争力的城市经营[J].经济体制改革,2004(05):151—153.
[37] 黄琴,孙湘明.城市品牌定位的视角探析[J].湖南文理学院学报(社会科学版),2007(01):78—80.
[38] 黄洋,廖一洁. 国内博物馆夜间开放的实践、问题及思考[J].东南文化,2017(01).
[39] HKPIP·深圳理工主编.释放中心价值:商业街设计趋势与分析[M].南京:江苏凤凰科学技术出版社,2015:26—34.
[40] 姜智彬.城市品牌的系统结构及其构成要素[J].山西财经大学学报,2007(08):52—56.
[41] 姜智彬.城市品牌建设中的政企激励设计及信度分析[J].经济问题,2007(01):58—60.
[42] 金定海,聂艳梅.中国城市品牌传播困境的思考[J].广告大观(综合版),2009(07):139—153.
[43] 赖盛中,缪飞.基于"中国—东盟"的广西南宁城市品牌定位研究[J].特区经济,2009(12):222—224.
[44] 李尘.深圳城市品牌定位浅析[J].特区经济,2010(02):39—40.
[45] 李隽."一带一路"倡议下连云港城市品牌传播策略研究[J].中国商论,2017(36):141—145.
[46] 李垒垒.基于网络的城市品牌传播模式研究[J].广告大观(理论版),2010(04):69—80.
[47] 李玲,冯叔君.危机中的契机:迎接社区商业黄金期的几点建议[R].商务智库,2020(08).
[48] 李晓明.从无到有 20 年变迁,大学路夜经济是如何炼成的?[EB/OL].(2019-12-

09)［2019-12-15］. http://sh.people.com.cn/n2/2019/1209/c134768-33617098.html.
［49］梁明珠,蒋璐.生态竞争力视角下的城市品牌定位——以广州市为例［J］.城市问题,2015(04):23—27.
［50］廖秉宜.中国城市品牌传播的战略与路径——以武汉城市品牌传播为例［J］.品牌研究,2017(02):86—91.
［51］凌燕.新消费结构下上海商业品牌建设［J］.上海商业,2020(04):78—83.
［52］刘建梅.城市品牌成长机理与培育路径研究——以"科技北京"品牌建设为例［J］.城市发展研究,2012(09):129—131.
［53］罗纪宁,彭颖.城市文化资源与城市品牌定位［J］.上海城市管理,2017(03):11—17.
［54］马瑞华.城市品牌定位与品牌溢价［J］.商业研究,2006(08):161—164.
［55］马亚华,胡少廷,管光扬.城市品牌对工业企业绩效影响的研究——基于工业品质量信息传递的视角［J］.城市发展研究,2016(01):116—124.
［56］闵琦.浦东谋篇建设上海"四大品牌"核心承载区［EB/OL］.(2018-03-01)［2019-10-01］. http://www.chinadevelopment.com.cn/news/zj/2018/03/1239267.shtml.
［57］宁海林.杭州城市品牌论——兼论城市品牌定位［J］.城市学刊,2016(05):80—84.
［58］潘红虹,李清娟.在线经济促进新业态快速发展［J］.中国中小企业,2020(07):13.
［59］潘红虹.商业网点开发运营和规划管理的国际经验及对上海的启示［J］.上海商业,2017(06):18—20.
［60］齐严,司亚静,吴利红,等.数字技术革命背景下零售业商业模式创新研究［J］.管理世界,2017(12):182—183.
［61］钱明辉,徐枫,李妍嫣.城市品牌化战略执行层面影响因素的实证研究［J］.财贸经济,2009(10):113—119.
［62］钱智,史晓琛,宋琰,黄佳金.新形势下上海智能制造发展瓶颈与对策［J］.科学发展,2018(10):5—12, 50.
［63］秦虹,苏鑫.城市更新［M］.北京:中信出版社,2018:15—30.
［64］秦霄,伍青生.城市品牌经营机构的组织模式研究［J］.经济体制改革,2008(05):170—174.
［65］饶鉴.从符号学角度看景区品牌与城市品牌的传播意义［J］.湖北社会科学,2013(10):92—95.
［66］任洁.陪都抗战文化对重庆城市品牌定位的价值［J］.重庆交通大学学报(社会科学版),2016(04):25—30.
［67］任寿根.品牌化城市经营研究:基于行为区位理论框架［J］.管理世界,2003(05):

52—59.

[68] 莎伦·佐金，菲利普·卡辛尼兹，陈向明.全球城市，地方商街，从纽约到上海的日常多样性[M].张伊娜，杨紫蔷，译.上海：同济大学出版社，2016：30—50.

[69] 上海市经济和信息委员会.上海市推进信息化与工业化深度融合“十三五”发展规划[EB/OL].（2017-06-01）[2019-09-01]. http://www.sheitc.gov.cn/cyfz/674039.html.

[70] 上海市人民政府.上海市制造业转型升级“十三五”规划[EB/OL].（2017-06-05）[2019-09-05]. http://www.shanghai.gov.cn/nw2/nw2314/nw2319/nw12344/u26aw48101.html.

[71] 上海市人民政府发展研究中心.建设卓越的全球城市：2017/2018 年上海发展报告.上海：格致出版社，2018.

[72] 上海市统计局.企业集团科技创新稳步发展“＋互联网”建设初见成效[EB/OL].（2016-12-29）[2019-09-09]. http://www.stats-sh.gov.cn/html/fxbg/201612/291996.html.

[73] 施春来.基于国际化视野的城市品牌建设的思考——瑞士巴塞尔城市品牌运作的启示[J].福建论坛（人文社会科学版），2014(07)：31—35.

[74] 石磊，刘蓉洁，朱庆伟.城市品牌的塑造[J].城市问题，2007(05)：19—22.

[75] 舒抒，吴卫群，唐烨.申城“夜间经济”业态多元化发展[N].解放日报，2019-10-27(02).

[76] 宋欢迎，张旭阳.城市品牌形象利益相关者感知度测度[J].城市问题，2017(05)：26—34.

[77] 宋欢迎，张旭阳.中国城市品牌形象受众感知评价研究——基于全国 36 座城市的实证调查分析[J].新闻界，2017(03)：33—41.

[78] 宋会敏.从“犯罪之都”到“安全城市”[D].上海：华东师范大学，2010.

[79] 宋青.2016 中国城市品牌建设研讨会在京召开[J].中国品牌，2017(02)：94.

[80] 孙丽辉，史晓飞.我国城市品牌产生背景及理论溯源[J].中国行政管理，2005(08)：52—54.

[81] 孙云. “网红”勤海菜场升级：家门口轻松逛街，孩子放学有去处[N].新民晚报2020-09-05(005).

[82] 谭术魁，张伟民.城市品牌生态系统的协同演化——城市品牌理论与实践的新视角[J].城市问题，2009(08)：32—36.

[83] 万燕.微博情境下的城市品牌传播——以江西省宜春市为例[J].传播与版权，

2014(12):151—152.
[84] 王晖.城市品牌战略的规划方法刍议——以内蒙古自治区包头市为例[J].经济与管理研究,2006(03):45—48，94.
[85] 王建彦,孙宜君.论大数据在城市品牌形象传播中的运用[J].现代传播(中国传媒大学学报),2015(05):102—104.
[86] 王茂华,张金花.明清城市与市镇夜市探析[J]. 中国社会经济史研究,2016(01):14—23.
[87] 王孟璟.场景理论助力城市社区空间发展与升级[J],城市规划研究,2020(03):37—38.
[88] 王微,王青.对培育建设国际消费中心的政策建议[N].经济日报,2017-04-03(007).
[89] 王薇.亮起来的夜间经济[J],西部大开发,2019(08):58—63.
[90] 王颖聪.城市品牌整合营销必要性及对策探讨[J].企业经济,2009(07):46—48.
[91] 王中亚.两宋时期迅猛发展的“夜经济”[N],中国商报,2019-12-18(008).
[92] 吴保春.建筑艺术在城市品牌营销中的应用探究[J].广西民族大学学报(哲学社会科学版),2017(03):179—183.
[93] 吴清.全力打造“上海制造”品牌提升国际竞争力和影响力——在上海市经济信息化系统2018年工作会议上的讲话摘要[A]//《上海信息化年鉴》编纂委员会.上海信息化年鉴[Z].上海:上海人民出版社,2018.
[94] 吴卫群,李晔.上海首届夜生活节成绩单靓丽[N].解放日报,2020-07-20(001).
[95] 伍岳,汤寿旎.基于人因工程学角度的公共空间市场研究——以上海和台北夜市为例[J].城市建筑,2019(07):05—07.
[96] 肖林.上海迈向全球城市的战略路径[J].全球化,2013，000(002):96—103.
[97] 肖文金.城市品牌战略与我国新型城市化进程[J].求索,2011(06):82—84.
[98] 肖文金.中国欠发达地区城市品牌定位研究——以湘西吉首市为例[J].当代经济,2013(26):56—58.
[99] 熊铮铮.论媒介传播与城市品牌构建[J].河南社会科学,2012(05):98—100.
[100] 徐晶卉.“上海夜生活活力指数”首发,十大夜间活力区揭晓|人民广场——外滩区域夜间‘最亮’[N].文汇报,2020-06-07(005).
[101] 徐蒙. 半年指标出炉,二季度转正后,为什么说上海经济是“水落石出”?[EB/OL]. 2020-07-21[2020-09-30]. https://www.shobserver.com/news/detail?id=271647.

[102] 徐维晨.优质品牌、时尚潮流……瑞虹坊升级亮相，精彩不断！|人民城市人民建[EB/OL]. 2020-09-01[2020-09-09]. https://www.thepaper.cn/newsDetail_forward_8977050.2020-09-01.
[103] 徐薛艳，徐畅，高峻.基于 VEP 实验法的江南水乡古镇游客感知意象研究——以上海枫泾镇为例[J].地域研究与开发，2017，36(05)：121—126.
[104] 许峰，贺震，秦晓楠.区域城市品牌结构识别与发展战略研究——以山东省为例[J].中国软科学，2009(05)：82—88.
[105] 许峰，秦晓楠，张明伟，漆睿，李静.生态位理论视角下区域城市旅游品牌系统构建研究——以山东省会都市圈为例[J]. 2013(09)：43—52.
[106] 闫金秋.品牌与竞争力：城市发展的动力之源[J].税务与经济，2015(01)：59—62.
[107] 闫云霄，朱亚利.城市品牌的文化基础[J].现代传播(中国传媒大学学报)，2014(12)：161—162.
[108] 严亚.视觉表征视野中的城市品牌构建[J].湖北民族学院学报(哲学社会科学版)，2016(04)：161—166.
[109] 杨媛媛.城市品牌定位方法研究[J].中国市场，2014(51)：57—59.
[110] 依绍华，郑斌斌.日本百货业发展演进特征及其对我国的启示[J].国际贸易，2019(11)：29—35.
[111] 于艳楠，张玉虎.景观设计在提高城市品牌建设中的作用[J].河南科技，2013(09)：199.
[112] 雨辰，龚常.城市天际线期盼与守望中的世纪重塑[J].上海城市管理，2013(03).
[113] 元媛，刘向前，梁留科.基于 IPA 法的特殊兴趣旅游目的地游客满意度评价——以开封专业美食夜市为例[J].洛阳师范学院学报，2018，37(09)：24—29.
[114] 张炳发，张艳艳.基于居民感受的城市品牌评价指标体系构建[J].统计与决策，2010(09)：60—62.
[115] 张锐，张燚.城市品牌——理论、方法与实践[M].北京：中国经济出版社，2007.
[116] 张玮，伍青生.长三角地区城市品牌定位研究——以吸引旅游为例[J].上海管理科学，2008(03)：92—97.
[117] 张小开，尚金凯.城市品牌战略下的城市景观形象建设[J].商场现代化，2010(10)：60—61.
[118] 张雪.拿什么点亮夜间经济[J].中国中小企业，2020(01)：40—43.
[119] 张媛媛.上海智能制造装备产业竞争力研究[D].上海：上海工程技术大学，2016.

［120］张跃国，陈杰，荀振英主编.广州蓝皮书：广州商贸业发展报告（2018）［M］.北京：社会科学文献出版社，2018.
［121］张仲超.上海加快建设国际消费城市实现"买全球卖全球"［EB/OL］.（2018-05-07）［2019-09-07］. http://news.zgswcn.com/2018/ 0507/829141.shtml.
［122］赵勍升.城市品牌与城市顾客互动作用机制［J］.现代经济探讨，2010(09)：36—39.
［123］赵子军.中国城市品牌建设需要标准化引领［J］.中国标准化，2015(12)：54—55.
［124］郑建鹏.我国中小城市品牌化的策略与方法［J］.中国包装，2012(03)：58—61.
［125］支军.基于城市品牌定位的城市核心竞争力的培育与构建——以烟台市为例［J］.江苏商论，2007(06)：148—150.
［126］钟羽.新媒体环境下的城市品牌传播创新策略［J］.安顺学院学报，2016(04)：107—109.
［127］朱戈亮，冯叔君.促进新一轮消费结构升级，加快培育上海国际消费中心建设［R］.商务智库，2018(03).
［128］庄德林，韩荣，王春燕.中国城市软实力竞争：动因、瓶颈与营销战略［J］.青海社会科学，2014(01)：38—43.
［129］庄德林，许基兰，陈信康."一带一路"倡议与中国节点城市营销战略［J］.青海社会科学，2018(02)：44—50.
［130］庄国栋.国际旅游城市品牌竞争力研究［D］.北京：北京交通大学，2018.
［131］Buhalis D.Marketing the Competitive Destination of the Future［J］. Tourism Management, 2000, 21(01):97—116.
［132］Castells M. The rise of network society［M］. Oxford: Blackwell, 1996:56—59.
［133］Cohen R B.Urban size and a Munity Structures of City［J］. Journal of Urban Economice, 1981(08):350—361.
［134］Crouch G L, Ritchie J R B.Tourism, Competiveness, and Societal Prosperity［J］. Business Research, 1999, 44(08):137—152.
［135］Davies T, Cahill S.Environmental implications of the tourism industry［J］. Annals of Tourism Management, 2000, 21(01):19—22.
［136］Dwyer L, Edwards D, Mistilis N, et al. Destination and enterprise management for a tourism future［J］. Annals of Tourism Management, 2000, 21(01):09—22.
［137］Eduardo P I, Mercede M N. A competive study of two tourism destination

through the application of conjoint analysis technique. The case of Canary island[J]. Annals of Tourism Research, 2004, 02(02):163—177.

[138] Eleonora Pantano, Charles Dennis. Store buildings as tourist attractions: Mining retail meaning of store building pictures through a machine learning approach[J]. Journal of Retailing and Consumer Services, 2019, 51:304—310.

[139] Gellers S. Urban on Top at Off Price Show[J]. Daily News Record, 2003, 33(35): 12.

[140] Gibson, Tinothy A. Selling city living: Urban branding campaigns, class power and the civic good[J]. International Journal of Cultural Studies, 2005, 08(03): 259—280.

[141] Goeldner C R, Ritchie J R B. Tourism: Principles, practices, philosophies [M]. New York: John Wile & Sons, 2009:89—110.

[142] Hankinson G. Relational Network Brands: Towards a conceptual model of place brands[J]. Journal of Vacation Marketing, 2004, 10(02):109—121.

[143] Kavaratzis M. Place branding: a review of trends and conceptual models[J]. The Marketing Review, 2005, 05(04):329—342.

[144] Kim S S, Gou Y, Agrusa J. Preference and Postioning Analysis of overseas Destinations by Maniland Chinese Outbound Pleasure Tourists[J]. Journal of Travel Research, 2005, 44(11):212—220.

[145] Kotler P, Gertner D. Leveraging export brands through a tourism destination brand[J]. Journal of Brand Management, 2002(09):249—261.

[146] Lloyd. What's Hotin Atlanta: Denim Urban Brands[J]. Daily News Record, 2003, 33(31):8.

[147] Mac Fadycn, Kenneth. Trimaran Fits Into Urban Brands[J]. Buyout, 2004, 17(10):10—12.

[148] Melian-Gonza Lez A, Arci a-Falcon J M. Competitive Potential of Tourism in Destination[J]. Annals of Tourism Research, 2003, 30(03):720—740.

[149] Michael J, Enright, Newton J. Tourism Destination Competiveness: a quantitative approach[J]. Tourism Management, 2004, 25(09):777—778.

[150] Peter Hall. The World City[M]. New York: McGraw-hill, 1996.

[151] Porter M E. The competitive Advantage of Nation[M]. New York: Free Press, 1990:256.

[152] Raaf D I de. Protecting Brands: How to Respond on Adverse Brand Publicity [D]. Rotterdam: Erasmus University Rotterdam, 2000.

[153] Ritchie J R B, Ritchie R J B. The branding of tourism destinations: Past achievements & future challenges[A]//Proceedings of the 1998 Annual Congress of the International Scientific Experts in Tourism, Destination Marketing: Scopes and Limitations[C]. Marrakech: International Association of Scientific Experts in Tourism, 1998: 89—116.

[154] Saskia S. On Concentration and Centrality in the Global City[M].Cambridge: Cambridge University press, 1988:124—135.

[155] Whitfield, Paul. Belfast visitors bureau goes direct to tourist industry to develop city brand[J]. Marketing(UK), 1999:13.

[156] Wober K W. Standardizing city tourism statistics[J]. Annals of Tourism Research, 2000, 27(01):51—68.

[157] Wollf. World city formation: an Agenda for Research and Action[J]. International Journal of Urban and Region Research, 1982(06):33—35.